The Unique World

方
寸

方寸之间　别有天地

献给筒

For Profit
逐利而生

3000年
公司演变史

A History of
Corporations

William Magnuson
〔美〕威廉·马格努森 著

张 洁 黄志华 译

社会科学文献出版社
SOCIAL SCIENCES ACADEMIC PRESS (CHINA)

For Profit: A History of Corporations

Copyright © 2022 by William Magnuson

This edition published by arrangement with Basic Books, an imprint of Perseus Books, LLC,

a subsidiary of Hachette Book Group, Inc., New York,New York, USA.

Simplified Chinese Edition © 2024 by Social Sciences Academic Press (China)

目　录

引　言

查尔斯·狄更斯（Charles Dickens）在1839年发表的《尼古拉斯·尼克尔贝》（*Nicholas Nickleby*）*长篇小说中，讲述了一家股份公司的故事。他使我们对公司对于"国家的重大意义"深信不疑，公司业务有利于"一个伟大的独立自主的民族的财富、幸福、舒适、自由和生存"。议员们公开发表支持言论，投资者们蜂拥而至以参加该公司的第一次会议。人们对"联合京都改良热酥饼松脆饼烤制与准时供应公司"（United Metropolitan Improved Hot Muffin and Crumpet Baking and Punctual Delivery Company）的未来满怀期待。

一位公司董事对此大为不解，惊呼道："为什么仅靠公司名

---

* 关于此小说内容的翻译参考自杜南星、徐文绮译《尼古拉斯·尼克尔贝》，上海译文出版社，1998。——译者注（书中脚注皆为译者注，后不再标示）

称就能让股票涨价？"

在一次面向投资者的演讲中，董事们一开场就谴责了困扰当时酥饼交易的罪魁祸首。一位董事曾探访伦敦的贫民家庭，他回忆道："那些家庭一贫如洗，家中没有半点酥饼的痕迹，这足以证明贫民们一年到头也吃不上一块酥饼。"另一位"满面愁容、看上去像牧师"的董事，也站起来详细描述了酥饼男孩们在伦敦街头叫卖酥饼的悲惨境遇："在一年中天气最为恶劣的季节，那些倒霉的年轻人每晚都被赶到阴湿的街道上四处游荡，他们顶风冒雨，甚至在冰雹或风雪中也得连续工作好几个小时，他们既无遮风避雨的容身之所，也没有冬衣和食物。在座的各位，你要知道，热酥饼尚有被毯来遮盖，那些孩子却饥寒交迫，只能依靠跑腿谋生。（岂有此理！）"听到这里，现场的女士们无不潸然泪下。

董事们继续表示，万幸的是，联合京都改良热酥饼松脆饼烤制与准时供应公司为了改善酥饼男孩的悲惨生活，设计了一个方案。首先，董事们许诺将取缔各种私人酥饼交易，违者将被处以重罚。其次，将为民众供应质优价廉的酥饼。最后，他们提议将购买酥饼和松脆饼作为"各阶层的义务"。董事们接着向大家宣布，关于该义务的法案已提交议会。

董事们的话在投资者中产生了巨大反响。"这些话如此鼓舞人心，以至于投资者们深信再没有像联合京都改良热酥饼松脆饼烤制与准时供应公司这样前景光明、值得赞颂的公司了。"一位董事悄悄地对同事说:"这场演讲将使公司的股票价格飙升25%。"在一片欢呼和赞美声中,董事们宣布演讲结束,并迅速前往另一个地方吃午餐(费用由公司承担)。

在联合京都改良热酥饼松脆饼烤制与准时供应公司的故事中,狄更斯以紧凑的情节对资本主义时代进行了无情的批判。丧尽天良的经理人、腐败的政客、轻信的投资者、专横的垄断企业,无一置身事外。他在书中展示了对劳动阶层深深的同情。该公司的董事之一恰好是小说的主要反面人物拉尔夫·尼克尔贝(Ralph Nickleby),但狄更斯无意从哲学层面对其个人进行更多的批判。与构建一个宏大的资本主义理论相比,他更关注禁锢在资本主义围墙内的人们——伟人和平民、富人和穷人、工厂主和工人的生活图景。为了生动地刻画该书中的角色,他不吝笔墨地描述了公司的细节,因为只有通过分析公司的内部结构,审视其运作模式,揭示其运营方法,才能充分展现资本主义释放的巨大力量。狄更斯心里十分清楚:归根结底,资本主义的故事就是公司的故事。

本书将主要介绍公司的演变史和其中涉及的各种角色——从资助公司的股东、管理公司的高管,到维持公司运转的员工。换言之,本书是关于人性的故事,细细讲述了形形色色的商人、银行家和投资者在不同时期如何绘制现代经济图谱。本书还淋漓尽致地叙述了关于富人、权贵和天才的故事,以及关于阴谋、欺诈和邪恶的故事。在本书中，我们不仅会与臭名昭著的奴隶贩子和强盗大亨相遇，也能同贡献卓越的科学家和创新者对话。我们将从罗马宫殿的大厅移步到底特律工厂的流水线，洞察企业如何运转，又因何失败，还能了解是什么造就了伟大的企业领袖，而失败者又是怎样步步走向衰败的。

　　在公司的演变进程中有一个事实是永恒不变的：它们始终对世界局势产生着巨大而深远的影响。在古罗马时期，是公司使罗马军队成为人类历史上已知战斗力最强的军队；在文艺复兴时期的佛罗伦萨，是公司见证了艺术天才的辉煌时代，这在历史上也前所未有；在接下来的科技巨头时代，是智能手机和互联网改变了人类与世界互动的方式。不可否认的是，公司在这些历史性的变革中并不总是起到正面和积极的作用。罗马税吏因贪婪和腐败而闻名，他们在《圣经》中便永远只能以罪人的形象出现；佛罗伦萨的美第奇银行（Medici Bank）因放高利贷而受到谴责；多明我会（Dominican）修士萨伏那洛拉（Savonarola）带领童子军，在佛罗伦萨市政广场上点燃了"焚烧虚荣之火"，以此反对追求享乐的生活方式。大型公司在很多方面会受到谴责，比如用户隐私保护、企业垄断地位、对言论自由的态度，公司有时是英雄，有时则是恶棍，但不管怎样，它们一直都是历史舞台上备受关注的角色。

　　本书分为八章，每章专门讨论一种公司。公司是资本主义的基本组成部分，但它们在历史上的运行模式却与如今截然不同。在农业经济发达的罗马共和国时期，公司仅同政府在诸如修路和征税等事务上合作；在伊丽莎白时期的英国，公司迎合重商主义经济，致力于探险和贸易，常常从事那些被人们定义为"海盗行为"的经济活动；在当今错综复杂的全球经济体中，公司则提供着令人眼花缭乱的商品和服务，并有机会获得前所未有的大量资本。我们将通过本书的故事和读者一起探讨导致公司演变的原因。

阅读正文前，我们有必要先来了解一些概念。首先，公司到底是什么？如今，人们常把公司和商业混为一谈，但公司实际上是一种有特定形态结构的特殊商业形式。公司的概念最早可追溯到罗马共和国时期，人们通常认为"corporation"（公司）一词来源于拉丁语 *corpus*（身体）。也就是说，公司是由一群个体按照法律法规组成的整体，是从不同个体的集合转变成可以统一行动或被施为的单一实体。其次，在其他一些语言中，公司一词更接近早期的罗马文——*societas*（合伙）。例如，在意大利语中，公司叫作 *società per azioni*，即股份公司。这样，我们就知道了公司的第二个重要特征：具有股份和股东。公司可以面向公众投资者发行股票，而后者可为他们提供资金作为回报，如此一来，公司就能充分利用大众所拥有的巨额资本，而并非仅仅依靠高管们的钱包。最后，公司的另一个特征使其成为极具吸引力的商业载体：有限责任制。合伙企业一旦破产，各个合伙人都可能被起诉，然而有限责任公司的所有者没有义务承担公司未来的财务需求。只要股东购买了公司股票，公司的所有者就可以放宽心：无论公司陷入多么糟糕的境地，他们自己的钱包都不会被债权人捏在手里。

当以上所有属性结合在一起时，公司就成了强大无比的商业引擎。事实上，这种结合体相当特殊。18世纪，英国法学家威廉·布莱克斯通（William Blackstone）在其著作《英国法释义》（*Commentaries on the Laws of England*）中花了大量篇幅来描述一个现象："公司一旦拥有特权和豁免权、地产和财产，便永久持有这些权益，且无须转让给任何新的继任者；从创立公司开始的所有个体，以及现在和今后的所有个体，在法律上均为一体——一个永不消亡的统一体。这就好比尽管泰晤士河中的水每时每刻都在变化，但泰晤士河仍然是泰晤士河。"另一位著名的英国法学家爱德华·柯克（Edward Coke）爵士则使用更简练的语言来描述：公司是"无形且不朽的"。[1]

公司的发展为一个全新公民阶级——资本家的诞生铺平了道路。虽然富人阶层在历史上一直存在，但公司提供了新的渠道使他们的财富得以扩张。他们可以将既有所得投资于一家公司，而并非只限于囤积财富或过穷奢极欲的生活。一个标志着商业性质巨变的现象紧接出现：作为公司股东，他们隐身在幕后安然享受着与日俱增的投资回报，所有一切都通过他人劳动来实现，股东本人则不用付出任何实际努力。随着新资产阶级的出现，经济活动中诞生了一股强大的、依靠自有逻辑和方法成长的新生力量（他们仅持有股份但不参与管理）。事实证明，资本家往往更关心股息和股价，而不是工资或长远的商业成功，这不利于公司的发展。再者，公司还为新型欺诈创造了可乘之机，资本家可以通过操纵股价来改变大众对其公司价值的评估，从而实现财富积累。东印度公司的股东乔西亚·查尔德（Josiah Child）爵士便是在这方面臭名昭著的一个典型。他散布了印度爆发战争的虚假信息，导致公司股价下跌，当股价下跌至低点后，他再以低价买入大量优质股票。几个世纪以来，这种操纵市场的行为严重破坏了股票市场，让普通投资者损失惨重。

那么，又该如何理解资本主义制度的崛起呢？亚当·斯密（Adam Smith）认为，一切都是最好的结果。他在《国富论》（*The Wealth of Nations*）中提出了一个著名观点：有一只"看不见的手"在监管市场。这只"看不见的手"确保了那些只关注自身利益的个体最终能够促进整个社会群体的利益。人们对这种机制是怎样发挥作用的并不十分清楚，但总体来说，它就是一种市场供求机制——面对消费者的需求，公司相互竞争，最终为社会提供价格合理、质量上乘的商品和服务。这一观点与世界各国的经济学家、政治家和企业高管的愿景不谋而合，因而频繁出现在总统竞选纲领、政府政策和智库白皮书中。我们几乎每天都能听到这样的呼声："让市场自己来解决问题。""我们需要以市场为基础的办法。""我们应该实施私有化。"经济学家米尔顿·弗里德曼（Milton Friedman）由此得出结论："企业只有一种社会责任，即在商业竞争规则范围内，通过利用资源并开展活动来牟利。"该理论对世界经济产生了深远影响，在经济学领域，几乎没有其他任何理论能与之相提并论。[2]

另外，许多观察人士对"看不见的手"也曾提出质疑，甚至怀疑其是否真实存在。数百年来，人们一直谴责公司，认为它们是灾难的根源，这一观点如今仍然屡见不鲜。对利润无止境的追求驱使公司剥削工人，对原材料的需求导致公司对自然环境索取无度，资本家卑鄙狡诈的手段损害消费者的利益并使物价飞涨……这样的案例数不胜数，成为观察人士抨击公司的佐证。托马斯·杰弗逊（Thomas Jefferson）总统曾写道："我希望那些胆敢和政府较劲、蔑视国家法律且拥有资本的公司贵族，在诞生之初就被粉碎掉。"卡尔·马克思（Karl Marx）则将公司描述为"以发起人、投机者和徒有其名的董事形式存在的新型寄生虫，是建立在公司推广、股票发行和投机上的一整套欺诈体系"。还有不少五花八门的针对个别公司的批评。埃德蒙·伯克（Edmund Burke）描写东印度公司时是这样总结的："这个背负诅咒的公司最终会如同毒蛇一般，将孕育并保护它的国家毁于一旦。"就在最近，记者马特·泰比（Matt Taibbi）还将国际投资银行高盛集团描述为一只"吸附在人们脸上的巨型乌贼，它无情地将吸血管插到任何有金钱味的东西上"。[3]

不过，对公司最为持久和破坏力最大的批判是它们利用既得利益破坏了民主制度。公司通过贿赂政客获得政府合同，雇用游说者歪曲舆论，资助竞选以换来友好监管。在这一点上，西奥多·罗斯福（Theodore Roosevelt）总统的说法堪称一针见血。1910 年，他在堪萨斯州奥萨沃托米城的约翰·布朗纪念公园（John Brown Memorial Park）发表演讲，宣告自己支持"公平交易"，即让政府摆脱"特殊利益集团的邪恶影响或控制"。对于罗斯福口中邪恶影响的引发者指向何方，公众心知肚明，早已不是秘密。

> 公司出于政治目的的开支……是我们政务腐败的主要源头之一。真正的财产之友，真正的保守主义者，应是那些坚称个体财产应服务而非主宰公共财富的人，应是那些坚称人类的创造物应服务而非奴役人类的人。美国公民必须有效控制他们所创造的各种强大的商业力量。

在公司对政府所产生的巨大支配力方面，许多人忧心忡忡，罗斯福不是第一个，也绝不会是最后一个。威廉·莎士比亚（William Shakespeare）在《李尔王》（*King Lear*）中就以直接的语言进行了阐释，他写道："罪恶镀了金，公道的坚强的枪刺戳在上面也会折断；把它用破烂的布条裹起来，一根侏儒的稻草就可以戳破它。"*

---

* 译文引自朱生豪译本。

公司演变为强有力的政治角色是理所当然的。民主政府应体现它所代表的社会及其利益、偏好和抱负。随着公司发展成为社会中不可或缺的组成部分，其利益必然在政治舞台上产生更大的影响。话说回来，如果政府没有调整政策以回应其辖区内大型公司的利益，恐怕会让人觉得更加不可思议。然而，如今迫在眉睫的问题并不在于公司是否改变了民主，这已是毋庸置疑的，而应关注它们在这个过程中改变了多少，又是以什么方式来改变的。对于很多观察人士，包括大量亲历公司实际运作的内部人士而言，答案显然是负面的，他们曾目睹公司强大而残酷的力量。公司这个为扩大和丰富共和制而创造出来的新事物，如今却反过来控制并削弱了共和制。

009　　　愤世嫉俗的人们面对这样的情形，可能会耸耸肩说："这很正常，公司踩着别人的苦难发家致富，贿赂政客并腐化民主，你还能指望它们干什么好事呢？"但是，公司的历史告诉我们不应匆忙下结论。每当新的丑闻或滥用职权事件被曝光，社会总是会直面挑战并寻求解决办法。当奥古斯都发现资本家利用为政府征税的权力（"包税人"）压迫罗马各行省后，便将征税权转移到帝国自己的代理人手中；当东印度公司意识到股权结构会激发员工之间的内斗后，就创建了能更好地协调激励机制的永久性股票。1929年，在美国股市大崩盘暴露出公开出售股票过程中的欺诈泛滥后，美国国会连续颁布了《证券法》（Securities Act）和《证券交易法》（Securities Exchange Act），以追究资本家误导公众的责任。令人唏嘘的是，人们常常忽视这些在资本世界中产生的巨大变革。如今，向公众征税的是政府而不是公司。大部分公司持有永久股份而并非依靠单一项目收益，公司必须向股东提供信息，我们以为这一切都是理所当然的。但事实并非如此。

本书的核心观点简单直接。很多人认为公司是没有灵魂的实体，视利润为最高且唯一的目标；有些人则更为极端，声称公司的职责就是将利润置于其他一切考量之上。事实上，这两种观点都错了。从诞生之日起，公司就是一种为促进公共利益而存在的机构。从古罗马到文艺复兴时期的佛罗伦萨，再到伊丽莎白时期的英国，公司一直是共和国任劳任怨的主力军，承担着建设社会并保持其繁荣的重任。作为具有公共目标的公共实体，公司之所以能享有特权和优待，是因为政府相信公司将为国家的富强做出贡献。尽管它们有时或是常常偏离初衷，但其独特且持久存在的合理性一直在于：公司具有增进人类福祉的能力。

资本主义之父亚当·斯密对此有深刻洞见。在《国富论》这本阐述"看不见的手"的著作中，他在一段不太引人关注的段落里提出了谨慎而严厉的警告，反对把资本主义当作包治百病的药方，因为"看不见的手"并非永远正确。他写道："当以一种切近效益最大化的方式来运营［他的］产业时，其目的仅在于自己的收益；而无论是在哪种情况下，他总会被一只'看不见的手'引导，最终实现其并没有打算过的意图。对社会而言，这种意料之外并不总是坏事。他追求自己的利益，往往使他能比在真正出于本意的情况下更有效地促进社会的利益。"这一论述的精彩之处恰恰在于其中的言外之意：亚当·斯密没有说追求利益者总是能促进更大的利益，他只是说结果常常如此。更重要的是，他很清晰地解释了利润动机仅仅是达成目的的一种手段，而非目的本身。我们允许公司通过努力赚取利润，因为我们相信这最终会使所有人受益。在亚当·斯密看来，公司具有一个公共目的，即促进公共利益。

　　回顾历史，我们会发现公司和公共利益之间的关联曾经如此清晰。起初，公司必须向君主或政府申请特许状。为此，它们得让国家相信它们的业务不仅能获取利润，而且对国家发展也大有裨益。1600 年，东印度公司向女王伊丽莎白一世承诺，它将"为了英格兰王国的荣誉和提升航海实力"而行事。美国南北战争中期，国会授予联合太平洋铁路公司（Union Pacific Railroad）特许状。该公司的赞助人声称，一条横贯大陆铁路可以把这个四分五裂的国家紧紧联系在一起。

　　进入 20 世纪，我们已经偏离了成立公司的宗旨和精神，将追求利润从一种手段变成了目的。一方面，法律的改变在某种程度上推动了这种转变：公司无须向君主申请特许状，只需向当地政府提交一些文件就可以成立。另一方面，公司也不再需要花费精力证明其存在的合理性。但除此之外，还有一个更重

要的驱动力，那就是政治。共产主义和冷战带来的生存挑战迫
使西方国家更加相信资本主义的优点。公司不再如亚当·斯密
所认为的那样，是一个虽有缺陷但能引导人类努力的有益组织。
它已被视为西方世界的一个典型特征。当民主和资本主义画上
等号，公司也从工具变成了英雄。公司定义了我们，而我们将
它们奉若神明，以此作为对它的回报。

公司史上的这场革命造成了危险的后果。公司不断发展壮
大，却很少有人要求它们在决策时顾及公共利益，使市场道德
让位于市场效率。如果一家公司能赢利，那它一定是高效的，
而效率正是我们所追求的好处。这种信念不仅渗透至整个社会，
也影响着公司领导者——他们不再反思社会生活中的重大问题，
只关心谋取利益。这种信念使金融资本主义这种致力于金融体
系而非物质生产的企业活动得以快速发展，使硅谷形成了"快
速行动，打破常规"的风气，即更注重促进技术进步而不是履
行社会责任。虽然公司领导者偶尔会在口头上说公司的角色是
公共利益的守护者，但除了几个值得一提的案例外，他们似乎
自己都越来越不相信自己说过的话。

我们正亲历这样一个时代：公司和"巨人"掌握了难以想
象的财富和权力，其数量和影响力远远超过人们所能想象的东
印度公司时期。由于我们放弃了公司为促进社会繁荣而生的成
立宗旨，所以我们不可避免地面临着各种风险。随着公司的不
断演变，毫无道德底线的经理们想出了各种办法，企图通过

"操纵体制"来榨取他人的财富。全球经济接下来将走向何方，取决于我们是否能回到公司诞生的初衷。若不能，我们将会永久陷入不惜一切代价实现利润最大化的"沼泽"。

在本书中，我力图描述公司的世界，这也是我职业生涯中一直关注的研究领域。

从哈佛大学法学院毕业后，我在华尔街最负盛名的律师事务所之一——苏利文·克伦威尔律师事务所（Sullivan & Cromwell，S & C）担任兼并与收购组的合伙人。该所律师曾为巴拿马运河的建设和美国钢铁公司（U. S. Steel）的创建提供咨询服务，在此工作过的著名人士包括美国最高法院法官、中央情报局局长以及国务卿。如今，它为世界知名大公司就其最重要的交易提供法律咨询，我在任职期间曾参与其中一些交易项目。虽然我最终离开了律师事务所，后来一直从事学术研究，但我永远感谢自己在律所的工作经历。作为亲历者，我深入了解到公司是如何运作、是什么推动了公司运转，以及公司想要的是什么。

事实上，我在律所工作时就产生了写此书的念头。记得那是在某个工作日的凌晨1点左右，我坐在 S & C 36 楼的某个著名并购小组的办公室里。办公桌上剩着公司报销购买的泰国料理，身后的墙上挂着一幅马克·罗斯科（Mark Rothko）的画。同事们已下班回家，四周一片寂静，我紧张而疲惫，在浏览当天匆忙写下的任务清单时，发现还需要工作好几个小时才能完成当天的工作任务。我脑海里产生了强烈的生存危机感，于是推开椅子走到窗前，凝视着远处闪着亮光的自由女神像，在楼下，长长的一列黑色汽车停在路边，等待着和我一样晚归的同事。这个画面让我产生了某种宏大感，但也让人十分压抑。

　　我不禁想：是什么造成了这一切？我们是如何走到这一步的——整整一代聪明尽责的年轻人，把一天中的每个清醒时刻都用来为公司牟利？这一切意味着什么？那一刻的顿悟让我明白了写本书的必要性：我们需要讲述公司的故事——把它们置身于历史背景中，展示它们的演变历程，无论好坏。这终将有助于我们理解我们自己的故事。

　　最后，我离开了苏利文·克伦威尔律师事务所，成为一位法学教授。现在我教授的课程涵盖公司法、兼并与收购，以及国际贸易等主题。我会讲述我在华尔街的工作经历，尽可能地给学生们提供建议，告诉他们如何在这个由公司主导的世界里"航行"。但是，我从未忘记在这些表面现象之下更宏大的主题。每年，在我教授的关于公司法的课堂上，我都会在第一节课向学生们提一个简单的问题：公司的目的是什么？绝大多数人会这样回答：为了"赢利"。再追问时，他们可能会解释说是为了"给股东们带来利润"。通过整个课程的学习，我们知道这个答案在现代法律中或多或少是正确的。法院一再表明，首席执行官（CEO）有义务保护股东的利益，股东对利润的兴趣高于一切。然而，我们将在本书中看到，从历史的角度来看，这样的理解显然是错误的。这会让女王伊丽莎白一世或亚伯拉罕·林肯（Abraham Lincoln）大吃一惊：她特许成立东印度公司，却充实了一群伦敦商人的口袋；而他组建联合太平洋铁路公司，却让波士顿的几个资本家赚个盆满钵满。但他们追求的是更宏大、更重要的东西——国家的共同利益。

我希望本书能为读者提供一部多样化指南，它将展现公司如何随着时间的推移演变为今天的模样——它们在哪些方面蓬勃发展，又在哪些方面出现了失误；它们使哪些领域得到了高贵的地位，又使哪些领域受到了腐蚀。最重要的是，为了再现狄更斯的智慧，本书将揭示公司在创造和维持"一个伟大的独立自主的民族的财富、幸福、舒适、自由和生存"方面所扮演的复杂、冲突并不断变化的角色。

第 1 章

经济体

公元前 215 年，欧洲各国战火纷飞，罗马和迦太基两大强国也陷入了激烈的生存之战。这场史诗般的冲突越过了西班牙海岸，一直扩散到希腊乃至突尼斯的国土之上，将高卢、努米底亚、马其顿和锡拉库扎的人民卷入了战火之中。胜者有望对欧洲、非洲和亚洲的大片领土宣示主权，而败者则可能从此湮灭于人间。这无疑是一场争夺西方世界未来霸权的竞赛。

罗马和迦太基之间的战争持续了数十年。在军事天才汉尼拔（Hannibal）将军的率领下，迦太基距成功仅一步之遥。公元前 218 年，汉尼拔铤而走险，率领一支由重步兵、骑兵和大象组成的庞大军队翻越阿尔卑斯山，进入意大利，迅速击退了数批前来迎战的罗马军队。在特雷比亚河战役和特拉西梅诺湖战役中，他给予罗马军团毁灭性的打击，而自己的军队伤亡率极小。后来，在战争史上著名的坎尼会战中，他赢得生平最惊人的胜利，一举击败了罗马共和国有史以来最庞大的一支由8.6万人组成的军队。罗马军队损失惨重，死亡人数高达7.6万余人，被俘1万余人。一天之内，1/5的罗马青壮男性殒身战场，仅元老院300位长老中就有80人阵亡。此后，汉尼拔在意大利南部如入无人之境，到乡间搜刮田地，在城镇招兵买马，募集军队。随着胜利的天平逐渐倾向迦太基，罗马的盟友们顺应局势，纷纷转而支持迦太基。年轻的共和国面临着一场关乎生死存亡的危机。

至于罗马是如何恢复元气的，又是如何将汉尼拔率领的迦太基大军赶出意大利并最终将其摧毁的，凡是学过西方古代史的学生对此都十分熟悉——那就是著名的"费边战术"（Fabian Strategy）*。罗马摒弃了之前采用的导致重创的大规模集结战，只进行小规模周旋战，延长了战争时间，使汉尼拔的部队不得不长期耗在远离本土的战场上。极富才智的罗马将军西庇阿·阿非利加努斯（Scipio Africanus）在西班牙战胜了迦太基的部队后，没有赶往意大利与汉尼拔对抗，而是率队动身前往非洲，直捣迦太基的大本营。于是，汉尼拔不得不撤离意大利捍卫家园，最终在扎马会战中被西庇阿彻底击败。

很少有人知道在这段历史中资本家所扮演的角色，正是

---

*   指一种拖延迂回的战术，不急于达到目的，用时间拖垮敌人。

他们让罗马从奄奄一息中恢复生机，继续战斗。公元前215年，汉尼拔在意大利肆意纵横。此时，身在西班牙的普布利乌斯·科尔内利乌斯·西庇阿（Publius Cornelius Scipio，西庇阿·阿非利加努斯之父，也被称为大西庇阿）带来了坏消息。他在给元老院的信中写道："部队补给严重不足，难以继续维持。"如果罗马不尽快提供资金和粮草，无论是他的军队还是整个西班牙，都将覆灭于迦太基的铁蹄之下。但当时罗马的国库空空如也，元老院也有心无力。情急之下，元老院孤注一掷，向公民发出请求：愿意捐赠私人衣物、粮食和装备的公民，国家将在国库充盈时给予偿还。危急关头，3家共计19人的公司（拉丁语原文为 *societates*）挺身而出，响应了元老院的号召。他们同意提供军队需要的物资，并希望以免除兵役作为回报。此外，他们还要求不论因为风暴还是敌方行动，一旦货物葬身大海，元老院必须赔偿他们的损失（他们没有对陆运货物提出类似的要求，表明当时的罗马陆运十分安全）。元老院同意了他们提出的条件。

017

这些公司如约兑现了承诺。李维（Livy）在其著作《罗马史》（*History of Rome*）中写道："慷慨的合同条款确保了补给能够按期交付。对士兵而言，还有什么能比和国库充盈保持补给时一样更仁慈的事情呢？"物资已顺利到手，西庇阿兄弟便展开攻势。他们在一场场激战中屡次击败由汉尼拔的弟弟哈斯德鲁巴（Hasdrubal）指挥的军队。一系列的胜利使"几乎所有的西班牙人"背叛了迦太基，转而与罗马共和国结盟。李维认为，这一事件证明了罗马公民的美德。私营企业之所以介入军事供应，并非出于对利润的卑劣渴望，而是出于对国家的责任感。他在书中写道："这样的品格与爱国之情深深渗透在罗马社会的各阶层中。"[1]

先抛开罗马公民的品格不谈，这一事件还充分揭示了罗马社会的另一个重要特征：经济和私营企业的力量。仅仅3家公司就能为大西庇阿驻西班牙的部队提供所需物资，这些公司的规模是多么可观啊！一方面，它们必须提供所需的资金、粮食、衣物、船只、海员等；另一方面，元老院之所以愿意和它们签订合同，是因为这些公司在罗马的社会组织结构中享有良好声誉。正是由于它们的介入才改变了战争的进程。

这是罗马共和国历史上的荣耀时刻。当政府在崩溃的边缘摇摇欲坠时，一群实力雄厚的公司伸出援手。正如李维在书中写到的那样，在最艰难的危急之时，"罗马共和国依靠私人资金化险为夷，渡过难关"。[2]

※ ※ ※

如今，我们把公司定义为具有一系列特质的商业实体：它拥有股东，存续期无限制，所有者被赋予有限责任；它还具有人的特征——至少它和人一样，可以被授权、以自己的名义进行交易且自行负责。最高法院法官安东尼·肯尼迪（Anthony Kennedy）在著名的联合公民诉联邦选举委员会案（Citizens United v. Federal Election Commission）的裁决中曾这样阐释，公司甚至享有宪法规定的言论自由权。我们也可以轻松地根据名字识别公司——它们通常以"Inc.""Corp.""Co."，或由此产生的变体结尾。

当然，当时的罗马公司是截然不同的。它们仅同政府合作，签订诸如修铁路、征税和支援军需之类的合同。而且，它们仅由一个社会阶层运营——罗马骑士*，也并非所有公司所有者的个人资产都可以免于承担责任。此外，这些公司也因好战而臭名昭著，人们常常指控公司管理者游说政府发动新的掠夺战争。

尽管如此，罗马公司也给我们留下了许多宝贵遗产。它告诉我们公司为什么可以一直存在，以及为什么会成为如今的形态。从更宏大的视角来看，罗马共和国和公司是亲密无间的伙伴：它们共同致力于构建一个繁荣兴旺的社会。罗马共和国授予公司各种特权，公司以服务国家作为回报，这是一种互惠互利的关系。特权有助于提高公司的效率和稳定性，从而使它们更高效、更忠诚地为国家服务。

但丁·阿利吉耶里（Dante Alighieri）在《帝制论》（De Monarchia）一书中对罗马人做出了如下评价："神圣、虔诚而光

---

*　　罗马的一个社会特权阶层，位于元老之下。

荣的罗马民族克制着他们所有对社会不利的贪婪。他们如此向往世界的和平与自由，甚至宁愿牺牲自我利益，也要实现全人类的共同福祉。"尽管但丁是不可多得的天才，他也在这里犯了错。纵观罗马历史，这个民族对财富始终持有强烈甚至可称为惊人的欲望，与此同时滋生的则是暴力和残酷。这样的例子不胜枚举：罗马最伟大的征服者尤利乌斯·恺撒（Julius Caesar）曾经在接受高卢一个反叛城镇的投降后，下令砍掉了城内所有处于兵役年龄男性的双手；罗马首富马库斯·李锡尼·克拉苏（Marcus Licinius Crassus）创建过一个私人消防部，消防人员确实会在房屋起火时赶到现场，但前提是主人愿意以几分钱的价格把房子卖给他们，否则他们绝不会帮着灭火；罗马最杰出的政治家老加图（Cato the Elder）在看到毗邻城市迦太基的兴旺发展后，无论演讲的主题是什么，他都会以这句话结束：迦太基必须毁灭（*Carthago delenda est*）。但丁笔下所书写的罗马为了全人类的幸福而摒弃贪婪、牺牲自己，不得不说这需要极丰富的想象力才能构思而成。[3]

客观而言，但丁对古罗马的见解触及了一个重要真相，不过人们对此常常视而不见。尽管罗马人可能并没有消除贪欲和占有欲，但他们敏锐地察觉到了利用这种本性来促进公共利益的重要性。事实上，罗马共和国政府和公司之间的关联是如此紧密，以至于在历史上的某些时刻，两者之间毫无区别。正如李维所述，在第二次布匿战争期间，罗马共和国依靠私人资金才能维持运转。公司在罗马的战事中起着不可或缺的作用，有时是煽动发起，有时则是维持其运行。随着时间的推移，私营企业和公共政府之间的这种关系导致罗马发展出一套复杂而精妙的机制，允许公司以有利于国家的方式谋取利润。如今，我们把现代文明的一切——从语言到政府到法律都归功于罗马，那么我们也理应把现代公司的概念归功于罗马文明。

020

公司究竟在罗马共和国的发展中扮演着什么样的角色？这个话题一直饱受争议。首先，用现代术语来描述古代现象本身就存在问题。罗马公司和现代公司是一回事吗？显然不是。古罗马没有国务卿签发公司注册证明，也没有大量的商业法规来规范诸如证券发行、股东诉讼和董事职责等问题。但是，罗马公司是否具备了现代公司的许多核心特征呢？答案又似乎是肯定的，尤其是大税吏公司（*societas publicanorum*）这种特殊的罗马公司形式（后文会详细介绍）。另一个问题与罗马的商业结构和功能有关。一些学者以罗马作家的作品为佐证，认为古罗马有一个庞大而活跃的股票市场。公民可以在这个市场内买卖股票，就像现代的证券交易所一样。另一些学者对此则持否定态度，认为这种说法是对现有证据的夸大。本书不会解决这些争论，但我们应当牢记，在许多有关古罗马经济生活的重要问题上，仍存在众多分歧。[4]

那么，接下来让我们一起看看罗马公司到底是怎么回事吧。

从罗马神话中的双胞胎兄弟罗慕路斯（Romulus）和雷穆斯（Remus）建立罗马城（前753年），到奥古斯都建立罗马帝国（前27年），回顾这段历史，我们会发现一个惊人的事实：古罗马从未形成一个大政府。尽管它已经从第伯尔河畔的一个小村庄发展为幅员辽阔的世界帝国，统治着从西班牙高原到叙利亚海岸、从撒哈拉沙漠到法国沿岸的庞大领土，但罗马共和国的官僚设置始终极为精简，公务人员也非常有限，其政务主要由元老院以及少数由其指定的官员来管理运行。这就引出了一个问题：如果没有一个政务管理机构来处理共和国日益繁杂的事务，那么如何治理这样一个迅速扩张的国家呢？直到帝国取代共和国，并建立起庞大的行政体系，这个问题才有了确切的答案。但一个新的困惑又产生了：越来越多的私营企业开始履行政府职责，其中最具有代表性的就是大税吏公司。

根据字面意思，大税吏公司即指"税吏协会"。那么，什么是税吏呢？在基督教中，这个名称带有明显贬义。《圣经》中数次提到税吏（*publicani*，又称包税人），但没有一次具有褒义色彩。比如，圣徒路加讲过一个故事：耶稣来到一个名叫利未的税吏家里，与许多税吏一同享受了丰盛的筵席。法利赛人 * 看到

---

* 　法利赛人（Pharisees）是公元前2世纪至公元2世纪犹太教上层人物中的一派。据《圣经》载，耶稣指责他们是言行不一的假冒伪善者，西方文学中常用法利赛人来指伪君子。

耶稣与税吏同席，便质问道："你为什么和税吏并罪人一同吃喝呢？"耶稣是这么回答的："无病的人用不着医生，有病的人才用得着。我来本不是召义人悔改，乃是召罪人悔改。"从此，税吏和罪恶两个词便被紧紧联系在一起。[5]

然而，罗马共和国时期的人们对此的看法却迥异。在罗马的社会体系中，税吏是受人尊敬甚至是推崇的阶层，是为了国家的共同财富而设置的。税吏一词本身便蕴含着他们同国家之间的密切联系。publica 的意思是"公共的"，res publica 则表示"公共事务"或"共和国"。因此，这个单词本身就表示政府承包商，也就是与政府协商以履行公共职责的公民。由于当时没有足够的政府官员，罗马共和国就得依赖税吏来维持国家的正常运转。

税吏的起源最早可追溯到罗马共和国成立之初。布莱克斯通甚至声称，是传奇的罗马国王努马·庞皮留斯（Numa Pompilius）最先发明了这一职务。历史上第一次正式提到税吏的则是古罗马作家狄奥尼修斯（Dionysius of Halicarnassus）。他在著作中表示，公元前 493 年，罗马政府与私人团体签订合同，委托他们修建神庙以纪念掌管农业和生育的三女神——凯勒斯、利贝尔和利贝拉。普林尼（Pliny）也曾记载，税吏负责为马戏团提供马匹，以及在卡比托利欧山上喂鹅（喂鹅听起来可能不是什么了不起的事儿，但在罗马共和国时期，这是一项非常重要的活动甚至可谓虔诚之举。公元前 390 年，在高卢大肆劫掠罗马

022

时，正是朱诺神庙圣鹅的鸣叫声惊动了守卫，使偷袭高卢的行动以失败告终）。[6]

到公元前 3 世纪，税吏已经在这个国家的运行体系中站稳了脚跟。例如，在第二次布匿战争期间，他们已经充分组织化，以团体的名义游说政府延续其重建神庙和提供战车马匹的合同。但实际上，他们当时的业务已经非常广泛：他们向公众提供物资和服务（*opera publica et sarta tecta*），开发诸如矿山和采石场等公共财产（*ager publicus*）。如果我们惊叹于罗马城市的精妙绝伦，那么很大程度上要归功于税吏。几乎所有在城里散步时能看到的东西，包括街道、城墙、庙宇、市场、教堂、雕像、剧院、水渠、下水道和马戏团，都是由他们修建并维护的。并且，罗马军团的胜利也与他们的贡献有极大关联，即使在汉尼拔军队铁蹄的阴影之下，他们仍然为罗马军队提供了粮草、衣服、马匹和装备。[7]

但这些都不是税吏最引人注目的地方。他们最广为人知的，是承办的业务中常受诟病的那一面：征税。税收是税吏的主要收入来源，他们最重要的工作就是征税。事实上，许多人将税吏简单理解为"收税人"，这是因为不熟悉包税制这一在古代十分常见的制度。就罗马而言，包税是国家财政的基本（或许应该说是根本）手段。正如恺撒大帝所言："有两样东西能创造、保护和提升主权，那就是士兵和金钱，这二者相互依存。"罗马共和国有许多不同形式的税收。但总体而言，被征服的领土是罗马征税的主要对象。这些地区的税可能很高，比如西西里和亚细亚行省的农民被要求每年上交农产的10%。无论是通过征服还是兼并，每当有新的行省被纳入罗马的版图，就必须缴纳赋税。然而，罗马由于没有庞大的行政机构，也就没有能力强制执行和征收应缴税款。并且，随着罗马在欧亚大陆的不断扩张，这个问题越来越令人头痛。最终，元老院通过包税制解决了这个问题。在这种制度下，政府不直接收税，而是将征税权拍卖给私营企业。这些企业在利润的驱动下，会代替政府征收赋税。[8]

征税权的拍卖过程非常正式，通常在罗马广场进行，由监察官（负责调查公民户口和政府财政的文官）主持。同时，罗马相关法律规定：拍卖必须公开进行，以保证过程公开透明。监察官会提前列出合同条款，然后据此竞标。参加拍卖的各公司负责人以举手形式示意自己心仪的成交价，直到无人竞价。拍卖会结束时，中标公司需向罗马国库支付成交的合同额（有时是预付，有时是在合同期内分期支付）。作为回报，它有权在各行省向居民征收赋税，同时获取利润。无论是对于国家还是税吏公司来说，这都是一种互惠互利的制度——尽管对各行省的居民而言可能恰恰相反。通过这种方式，国库的收入得到保障，也不必费心管理繁杂的征税事务。事实上，鉴于罗马官僚设置极为精简，哪怕他们真的想亲力亲为，也是有心无力。如果行省的经济繁荣，公司的征收措施也足够有效，那么它们甚至可能数倍收回投资。随着时间的推移，罗马税吏公司逐渐演变为高度专业化的组织，某些税吏甚至获得了冠军竞拍者的美誉。[9]

税吏很快便成为罗马共和国重要而富有的阶层，当时不少政客在公共演讲中也广泛赞誉他们所取得的成就。马尔库斯·图利乌斯·西塞罗（Marcus Tullius Cicero）便是其中一个代表，他常常大肆称颂税吏在维护共和国运转中发挥的重要作用。在为被指控收受贿赂的公职人员格涅乌斯·普朗西乌斯（Gnaeus Plancius）辩护时，西塞罗强调了普朗西乌斯的父亲是一名杰出的骑士税吏。他说："在座的各位，谁能否认那群人[税吏]在我们追求荣誉的过程中所提供的重要帮助？罗马骑士的鲜花、国家的荣光，乃至共和国的伟大堡垒，无一不出自他们之手。"到了西塞罗、恺撒大帝和奥古斯都时代，税吏阶层已经发展成一种强大的政治和经济力量。[10]

话说回来，如果不是商业结构的强劲发展，税吏也不可能在公元前1世纪获得如此耀眼的权力和财富。他们很快就意识到，团结起来比单打独斗更有力量。以他们个人的资本实力，要支撑诸如军队供给和神庙修建等大规模的工程，几乎是天方夜谭。作为个体，他们不得不屈服于人类的宿命，任凭疾病、伤害和死亡将他们的雄心壮志消磨殆尽。但当他们凝聚为一体时，情况便大不相同。同样，对于罗马政府而言，成立一个致力于促进国家公共事务的税吏公司也极具吸引力。因为如果税吏只是作为个体存在，当他死亡时很可能会影响为政府提供的服务，甚至会切断财政收入来源，这是一个问题。

在这种情况下，享有特权的大税吏公司便应运而生。大税吏公司与现代公司有着惊人的相似之处。首先，它是一个独立于其所有者之外的实体，与典型的罗马合伙制有明显区别。在罗马合伙制中，合伙人可能因其他合伙人的所作所为而担责。比如，如果其中一个合伙人未能按时付款，另一个合伙人可能会因此失去自己的农场。大税吏公司能够以自己而不是其所有者的名义进行谈判，签订合同。罗马法的重要文献《法学汇纂》（*Digest*）认为，公司是一个独立于其所有者的实体，它可以"像自然人一样行事"。同时，这也意味着当公司成员（*socius*）去世后，其本身仍可存续并运行。其次，公司拥有股份（*partes*）。股份代表了公司的所有者权益，可以通过与其他股东交易获得，也可以直接从公司购买。股份具有波动性，西塞罗在其作品中也提到过一些当时非常昂贵的股份（*partes illo tempore carissimas*）。最后，由于许多股东不愿参与实际管理，大税吏公司逐渐形成了一个专门的管理层来负责经营。股东与管理者的分离引发了新矛盾，必须有相应的措施来规范、协调两者间的关系。例如，为了防止管理者携股东的钱潜逃，他们被要求公开出示公司的账目（*tabulae*），列明收入和支出。事实上，股东大会也已初具雏形，大税吏公司会召开管理者和股东的会议，共同商讨公司事务。[11]

大税吏公司的等级制度和现代公司也十分接近。公司有负责人，正如前文所述，他们可直接代表公司竞标合同，也同时承担为合同提供担保的义务，通常以个人拥有的土地为担保物。如果公司未能履行应尽的义务，罗马共和国政府有权没收他们的土地作为赔偿。公司负责人也包括合伙人（socii），他们为公司提供资金，有时（但不总是）会以质押财产的形式提供担保。以上两者共同创建公司，由监察官负责登记。合伙人和现代公司的股东一样，不直接管理公司事务，而是交由董事会（magistri）负责。董事会每年选举一次，成员更新和替换十分频繁。[12]

这种复杂精妙的结构使大税吏公司迅速发展扩张。它们的收益也非常惊人。公元前2世纪，一份购买托加长袍*、束腰外衣和马匹的合同金额高达120万狄纳里†，相当于1万名罗马士兵一年的军饷。一份修建玛西亚水道的合同金额高达4500万狄纳里，相当于古罗马首富马库斯·李锡尼·克拉苏的全部身家。大税吏公司的业务相当广泛，空间范围覆盖了从西班牙矿山到米特拉达梯六世（Mithridates）统治的地中海地区。也正因如此，它们建立了快捷高效的信使系统，实现了千里传音。这些信使以高效可靠闻名，甚至连共和国有时都会租借它们来为自己传送

---

*　托加长袍（togas）是古罗马男子的服饰，从宽度和装饰上可以看出穿着者在罗马社会中的地位。

†　狄纳里（denarii）是古罗马仿照希腊钱币发行的货币。

信息。[13]

　　一名公司高管拥有很多特权。除了大量财富，大税吏公司的经理在政治领域和社会生活上也享有显赫地位，在各个领域都能享受优待。人们总是把优秀（*maximi*）、荣誉（*ornatissimi*）、显贵（*amplissimi*）和一等（*primi ordinis*）这些词作为前缀来称呼他们。公元前 129 年，元老院甚至通过了一项法案，专门在比赛中为这些罗马骑士（大税吏公司的管理者）预留 14 排座位。[14]

　　大税吏公司的收益并不仅仅惠及高管，罗马的公众同样能从中受益，公众收益部分来源于国家税收的稳定增长，而另一部分则通过直接持股实现。根据罗马共和国的预算，我们大致可以了解当时的财政状况。公元前 3 世纪，罗马共和国的财政收入为 400 万～800 万塞斯特提*。公元前 150 年，这个数字已经激增至 5000 万～6000 万。到了公元前 50 年，大税吏公司达到全盛时期，国家收入已飙升到每年 3.4 亿塞斯特提。财富的剧增使罗马共和国的公共基础设施以前所未有的规模发展，包括道路、神庙、引水渠、下水道等，竞技场也在其中。罗马人通过在公司持股可获得可观收益。大税吏公司的股份在社会层面的分配十分广泛。波里比阿（Polybius）曾经写道："可以说，几乎没有任何人能抵抗这些（政府）合同以及背后巨大利润的诱惑。"股份允许在公民之间自由交易，罗马广场上的卡

---

*　塞斯特提（sestertii），古罗马货币单位。

斯托尔和波吕克斯神庙（Temple of Castor and Pollux）就是交易场所。在波里比阿笔下，我们可以对大税吏公司的业务之广略知一二。"整个意大利，数不胜数的合同经由监察官落到大税吏公司手中。这些合同几乎涉及罗马境内的方方面面，既包括公共建筑的维修和建造，也包括与耕种相关的业务，比如通航的河流、港口、花园、矿山和土地等。"或许正是基于现有的这些证据，许多现代学者得出结论：罗马拥有一个真正的资本市场。经济历史学家威廉·坎宁安（William Cunningham）在其著作《西方文明论》（Essay of Western Civilization）中写道："罗马广场，特别是它的长方形会堂，就相当于一间大型的证券交易所。在这里，各种各样的金融交易永不停息。"另一位评论家也绘声绘色地描绘了当时的情景："买卖包税公司股票和债券的人们成群结队，可供现金或贷款交易的商品五花八门，包括意大利和其他行省的农场和庄园，罗马和其他地方的房屋和商店、船只和仓库、奴隶和牲畜。"[15]

　　然而，随着大税吏公司的规模和权力与日俱增，它们对共和国的潜在威胁也越来越大，其中最大的问题是欺诈和腐败。李维的《罗马史》中提到一个故事，第二次布匿战争期间，罗马共和国不得不依靠私人承包商来供应军需。有两个包税人便利用这个机会，精心策划了一场骗局。在签订合同时，这两个精于投机取巧的人发现了一项条款中的漏洞：协议规定，若物资在运输过程中葬身大海，政府将予以补偿。但问题是，除了询问包税人，政府无法核实真正的损失情况。看到可乘之机，他们专门找了些破旧的船只，再装上些廉价低劣的物品，然后故意让船只沉没。之后，他们便向政府报告，声称丢失了一批价值不菲的货物。以这样的欺诈方式，利润滚滚而来。然而，纸包不住火，听到传闻的元老院察觉到了他们的背叛，决定起诉他们。但庭审时，许多包税人袭击了审讯现场，强烈抗议对"他们中的两名成员"的起诉。这场备受瞩目和期待的审判，最终在混乱中不了了之。然而，元老院丝毫不惧恐吓，重新定下审判日期。两个包税人于是流亡海外，以逃避法律的制裁。[16]

大税吏公司不仅因欺诈而被人诟病，还因残酷的商业行为而臭名昭著。公元前 104 年，罗马共和国要求其盟友比提尼亚国王尼科美德三世（Nicomedes Ⅲ）出兵，共同对抗边境的日耳曼部落。但尼科美德回复说没有可供派遣的人马，因为"大多数比提尼亚人早已被税吏掳作奴隶"。元老院知道真相后十分震惊，随即便颁布了法案，下令税吏不能奴役任何盟国的公民并立即生效。然而，整个事件中最值得关注的或许是：在此之前这样的行为是合法的。现实中的大税吏公司往往受利益的驱使，堂而皇之地进行人口掳掠，仅在新迦太基的银矿他们就有 4 万奴隶。这些奴隶在矿井里的生活堪称暗无天日、惨不忍睹。希腊历史学家狄奥多罗斯（Diodorus Siculus）对此有如下描绘：

029

这些奴隶为他们的主人创造了难以想象的收益，但他们本身却因夜以继日地在地下挖掘而奄奄一息，许多人甚至在极端的艰苦下失去生命。他们不能喘息，更不能休憩，在监工无情的鞭笞下，他们被迫忍受这种世间最可怕的不幸，如草芥般悲惨地结束一生。尽管也有少数人能凭借强劲的体魄和不屈的意志力熬下去，但因为遭受的苦难太深，他们宁愿死去也不愿苟活。[17]

从古到今，大税吏公司的残酷行为招致了评论家的严厉抨击。正如李维所言："只要有税吏，法律便是一纸空文，更遑论臣民的自由。"哈佛大学古典学家欧内斯特·巴迪安（Ernst Badian）也曾评述道："对被罗马征服的国家而言，税吏无疑是一种诅咒和灾祸。正是他们让罗马的名声在其附属国令人痛恨，或许罗马共和国的衰落也和他们脱不开关系。"罗马逐渐意识到，私营企业若误入歧途，后果将十分严重。[18]

巴迪安认为"或许"大税吏公司是造成罗马共和国衰落的根源。这个想法显然十分大胆。古罗马的衰亡另有更直接的罪魁祸首：贫富冲突、军事实力的增强、恺撒过度膨胀的野心，以及元老院的强烈疑心。但若仔细思量，几乎以上所有因素中都有大税吏公司的影子。

以公元前 1 世纪大税吏公司的发迹为切入点，观察从共和国垮台到帝国崛起的那段动荡岁月，我们会惊讶于两者间的密切关联。在当时的罗马，富有的元老和困厄的贫民之间的冲突是社会的根本矛盾之一。整个世纪，这两个群体间的权力此消彼长，平衡不断波动。在平民派领袖格拉古（Gracchi）兄弟的改革下，作为独立社会阶级的骑士阶层被赋予特权以制衡和削弱元老院的权力。改革中，最重要的举措是将罗马最富有的行省亚细亚的征税权转交给大税吏公司，使其成为利润和权力的长期源泉。加之规定元老院成员不得加入大税吏公司，他们的权力自然而然被削弱了。[19]

西塞罗是古罗马著名的演说家、哲学家和政治家。他与大税吏公司关系十分亲密，在其整个政治生涯也因善于博取公司的欢心而获得了不少好处。西塞罗本人是位骑士，他早期的许多演讲致力于在元老院面前倡导维护大税吏公司。公元前 66 年，第三次米特拉达梯战争期间，西塞罗在一群税吏的支持下发表了他最为著名的演讲之一——《论庞培的最高权威》（On Pompey's Command）。在这篇演讲中，他主张应该让身经百战的将军格涅乌斯·庞培（Gnaeus Pompeius Magnus）全权指挥战事。为了捍卫这一立场，他强调大税吏公司在亚细亚行省进行了大量的投资，如果米特拉达梯六世获胜，这些投资将受到威胁。如果大税吏公司陷入险境，罗马共和国也将危在旦夕。

高尚而卓有成就的税吏将他们所有的资源和财富带至行省，我们应当对他们的财产给予特别关注。事实上，如果我们始终把税收看作共和国的支柱，那征税人阶层便是共和国所有阶级的重中之重。……若能保护多数这样的公民免遭不幸，是各位的仁慈；认识到他们的不幸即是共和国的不幸，则是各位的智慧。……另外，我们应该铭记之前在亚细亚行省进行的战争所带来的灾祸，更应该从米特拉达梯六世身上吸取教训。我们要清楚地认识到，如果税吏在亚细亚损失惨重，罗马所有的信贷也将因付款受阻而付之一炬。而如果许多人在这个城市倾家荡产，更多的人也难免会被一起卷入这场灾难的旋涡。请保护共和国免遭此劫难。相信我（你们也一定清楚这一点），我们的信贷体系以及我们在罗马广场上的交易市场，都与税吏在亚细亚行省的投资息息相关，它们共为一体。只要我们的信贷没有受到同样的打击并与之一起消亡，我们的财富就不会受损。那么，诸位请考量，难道我们不应该毫不犹豫地将一腔热血投入这场战争，让诸位的光荣之名、盟友的安全、巨额的税收、若干市民的财产与共和国一起得到捍卫吗？

西塞罗十分清楚，大税吏公司与罗马共和国已经如此紧密地交织在一起，它们已成为社会体系中的重要组成部分。也就

是说，如果它们破产了，无数人也将被拖入灾难的漩涡。共和　032
国绝对不允许这种情况发生。[20]

　　同时，西塞罗也并非对大税吏公司的暴行视而不见。在给
弟弟昆图斯（Quintus Tullius Cicero）的一封信中，他谈到该如何
治理行省：

> 　　无论有多么坚强的意志、愿意付出多少努力，眼下你
> 都面临着一个巨大的障碍：税吏。如果要坚决抵抗他们，
> 那无论是我们自己还是共和国，都要与这个我们非常依赖
> 并早已同公共利益相互交织的阶层疏离。但另外，如果我
> 们始终盲目听信于他们，我们就不得不眼睁睁看着人民遭
> 受巨大的苦难和伤害，关心人民的利益和生存是我们的职
> 责。……亚细亚行省必须记住，若不是被纳入了帝国的版
> 图，她早已深陷国外战祸和国内冲突造成的苦难之中。没
> 有税收，帝国就无法存续，亚细亚行省可不能因为要缴纳
> 一部分收入而心怀不满，她换来的是永久的和平与安宁。

　　西塞罗知道大税吏公司对待行省居民的残暴行径。但他认为
在交税和没有罗马庇护之间，应该两害相权取其轻。对他而言，
罗马的利益便是最高准则，任何有利于国家的事情都值得忍受。
在给朋友的信中，他写道："你似乎很想知道我是怎样应对那些
税吏的。我对他们百般溺爱、唯命是从、阿谀奉承。我如此煞费

苦心，为的就是让他们不要伤害人民。"[21]

　　恺撒最亲密的两个盟友庞培和克拉苏，也同大税史公司关系非同一般。庞培能够最终取得米特拉达梯战争的指挥权，至少部分是因为西塞罗极具感染力的演讲。此后，这位著名将军便继续对俾斯尼亚、本都和叙利亚的征服之旅，将数个行省全部纳入了大税吏公司征税的范围之内。这些公司也因此成为庞培政治生涯中坚定有力的支持者。[托马斯·潘恩（Thomas Paine）在其著作《人的权利》（*The Rights of Human*）中对此曾说道："如果贸易被允许在其能力范围内发挥其万能的作用，那么它将消灭战争制度。"]富甲天下的克拉苏同样在元老院面前代表了大税吏公司的利益，因此获得了公司的支持。牛津大学历史学家查尔斯·欧曼（Charles Oman）这样写道："凭借雄厚的资本以及在金融界的地位，他［克拉苏］俨然已经成为整个税吏阶层中的国王和上帝。"他甚至可能还持有这些公司的股份。[22]

　　公元前60年，也就是恺撒当选为执政官的前一年，发生了一件特别的事，足以证明大税吏公司的势力在岌岌可危的罗马共和国的影响力。由于对从小亚细亚各行省征收的税款额过于乐观，这些公司在拍卖中的支出远远超出了能够收到的金额。若按合同条款执行的话，它们将面临严重的经济损失。克拉苏决心保护公司的利益，于是将此事提交给元老院审议。西塞罗以极具个人特色的语言生动描述了当时的场景：

　　我们这个国家已是风雨飘摇、危如累卵。我想你们已经听说了，我们的朋友——骑士们已经和元老院决裂了。起因是元老院颁布了一项法案，要求对曾犯受贿罪的陪审员进行调查。……虽然骑士阶层没有在公开场合对此表示不满，但我知道他们对此感到十分愤怒。因此，我对元老院进行了自认为十分深刻的指责，尽管这件事情本身不太光彩，但我的发言不乏分量，也非常流畅。然而，骑士们再次心存幻想，这让人忍无可忍。但我不仅对此表示宽容，也不吝惜再次浪费我的口舌。那些从监察官手上签下亚细亚行省征税合同的税吏向元老院申诉，由于急于求成，出价过高，要求取消合同。我是他们最重要的支持者，没有之一，是克拉苏怂恿他们提出如此大胆的请求。这个请求实在是有悖公平，几乎可以算得上恬不知耻，更是他们鲁莽行为的罪证。但最严重的后果在于，如果这个请求遭到拒绝，元老院和骑士们则很可能彻底决裂。鉴于此，我今天再一次挺身而出。

　　西塞罗认为，罗马共和国的未来取决于资本家们是否能被拉出困境。然而，元老院对此并不信服。他们拒绝接受大税吏公司的请求，选择接受了严厉的保守派老加图的建议，要求公司严格遵守合同条款。[23]

　　元老院的决议对大税吏公司造成了重大打击，从某种程度上也促成了罗马三巨头——恺撒、庞培和克拉苏的结盟。出于共同的政治利益，这三人齐心协力，最终使共和国走向灭亡。公元前59年，恺撒当选执政官。他迅速废除了元老院的决议，修订了合同条款以帮助公司摆脱困境。恺撒这样做的真实动机我们不得而知，但很有可能是因为他本人也是这些公司的股东，保护公司的利益意味着保护他自己的利益。西塞罗在一次演讲中提过一个有趣的例子：一位前任保民官"向恺撒和税吏勒索了一笔价值巨大的股份"。但也许这只是恺撒向一位强大支持者做出的讨好之举。[24]

许多观察家注意到大税吏公司与三巨头的崛起之间有着相当紧密的关联。其中，德国社会学家马克斯·韦伯（Max Weber）把恺撒成功的直接原因归功于税吏。在《古代文明的农业社会学》（*The Agrarian Sociology of Ancient Civilizations*）一书中，他阐述了这些公司的利益如何推动罗马周而复始地征战，而这又给罗马人的生活带来了什么影响。"海外扩张的源头是资本家。罗马政府的贵族官僚们更倾向于采取谨慎的外交政策而尽量避免干预。商人、税吏和土地承租人在斗争中占了上风，借助国家的力量摧毁了迦太基、科林斯和罗德等古老的贸易中心——所有的行为都服务于他们的资本利益。"韦伯认为，要理解共和国时期罗马的发展，关键要着眼于控制着元老院的贵族阶层和公司背后的资产阶级之间"激烈尖锐的利益斗争"。"元老院的贵族们下定决心要把资产阶级，也就是骑士阶层掌控在他们手中。……罗马的扩张使获取利润的机会不断增加，资本家的经济实力也随之不断增强。他们不仅可以预支现金，其商业经验也对国家收入的管理大有裨益，因而成为国家财政至关重要的组成部分。"在韦伯看来，税吏阶层地位的上升标志着古代资本主义的巅峰。但是，冲突始终难以避免，元老院改革并限制公司的权力后，资产阶级不得不向其他势力寻求支持，最终在三巨头处找到了遮阴之所。"这些变革［元老院对公司的监管］带来的结果是，骑士阶层转而支持恺撒。这样一来，他们依靠军事力量和经济利益的结合实现了权力掌控。"[25]

讽刺的是，尽管恺撒成功的背后少不了公司和资产阶级的支持，但他本人似乎对这种机构怀有相当大的疑虑。他的整个职业生涯都显露出对行省人民深切的同情，这一立场直接违背了资产阶级税吏的利益。恺撒最初是因起诉各行省总督而声名鹊起。例如，公元前 77 年，年仅 23 岁的恺撒指控前执政官格涅乌斯·科尔内利乌斯·多拉贝拉（Gnaeus Cornelius Dolabella）在担任马其顿行省总督期间滥用职权。不出人们的预料，这一案件以失败告终，原因是多拉贝拉的社会地位太过显赫，但恺撒出色的雄辩和有力的论据为他赢得了广泛的赞誉和钦佩。[26]

三巨头瓦解后，罗马陷入内战，大税吏公司也走上了漫长的下坡路。内战期间，它们的财富和资产被敌对势力没收充公，

036

业务也停滞了。最终，恺撒大获全胜，颁布了一系列限制公司权力的改革法案。他废除了亚细亚和西西里行省部分地区一些税种的包税，将其他税种的征收权交给当地政府官员，从而使其不再受控于公司。在大税吏公司仍具有征税权的其他行省，恺撒也削减了它们的征收额。[27]

公元前44年3月15日[*]，恺撒遭到暗杀，此后公司的力量越发式微。奥古斯都实施了一系列税制改革，逐步以"皇帝的代理官"（*procuratores Augusti*）的方式取代为私人利益而征税的公司。此外，他还出台了专门的法案来限制公司被允许开展的合法活动。到了2世纪，大税吏公司几乎被淘汰。政府官僚最终击败了私营企业。

❀　❀　❀

古罗马给我们上了生动的一课，它告诉我们公司是什么，以及公司为何存在。

先谈谈第二个问题：公司为何存在？罗马公司是为了解决政府的难题而诞生的。当时的罗马正急剧扩张，这个国家擅长征服，但正因如此也必须善于管理。没有政府官僚体系的话，很难想象管理是如何进行的。谁来为人们提供面包和马戏？谁

---

[*]　the Ides of March，在古罗马历法中对应3月15日。

来修桥建路？谁来装备军队？谁来征收赋税？这些都是问题。 大税吏公司的出现使这些问题迎刃而解。罗马的行政体制并非凭空产生，而是利用私人资本掌握的财力、人力和专长来履行国家的关键职能。这是一种互惠互利的关系，因为没有国家的支持，资本家根本无法履行这些职能。这个解决方案可谓巧妙至极。事实也证明，这些公司十分善于组织和集中人力，它们很快便成为共和国根深蒂固的组成部分。

换言之，公司是为了促进公共利益而生的。

现在我们回到第一个问题：公司是什么？同样需要注意的是，共和国的需求是定义公司本质的首要考虑因素。大税吏公司为共和国提供服务，作为回报，它们得到了其他公司无法获得的特权。公司在形式上是不朽的，即使其拥有者死去，它依旧可以继续存在并运转。公司拥有股份并可以自由交易，股东们享有有限责任并从中受益。此外，出于运行和交易的便利考虑，公司被视为独立存在的人。

如果仔细想想，你就会明白为什么公司会具有这样的属性。长期运行的公司比昙花一现的公司更为可靠，因为后者常常在关键时刻倒闭进而带来风险。有限责任和股份交易更有利于公司筹集资金，从而能够向国家支付巨额税收。而将公司视作人，实际上是使交易在各个环节更加简单——公司能够以自己的名义起诉、被起诉或签订合同，尤其是当涉及的对象不是一个人，而是成百上千人时，好处就更加明显。

038

简而言之，公司建立在一个基本的前提之下：当我们不仅仅停留在概念上，而是通过法律的正式授权使单独的个人联合成统一的整体时，公司就能实现更大的意义和价值。这一前提是对上述两个问题的完美诠释。公司之所以诞生，是基于促进国家利益的需要。而它之所以发展成现在的形式，是因为我们相信合作的好处。

但古罗马的历史也给我们带来警示——大税吏公司最终动摇了共和国的根基。它们将追求利润放在首位，压迫、残害行省的人民，怂恿新的军事征服；它们冒进求胜的特质使罗马深陷金融危机；它们贪婪成性，腐化政治。罗马最终醒悟，利用私营企业来维护国家荣耀是一件多么铤而走险的事情。随着罗马帝国对国家机构的大规模改组，大税吏公司越来越无足轻重，最终彻底退出了历史舞台。

然而，公司的概念却并未随之湮灭。罗马法在此后的数个世纪中产生了深远的影响，且在整个欧洲的交易活动中到处可见公司的影子。但公司真正的重生，是在1000多年后一个距离罗马只有几百英里的地方。这一次，公司采取了一种更强大的形式。它非但没有敛财，反而创造了财富，从而开启了一个投机的新时代。

第 2 章

银　行

1478 年 4 月 26 日，洛伦佐·德·美第奇（Lorenzo de' Medici）大步走进佛罗伦萨大教堂，与他同行的是一名红衣主教，他们身后跟随着数万名热情的佛罗伦萨人。作为被称为"华丽者洛伦佐"（Il Magnifico）的大人物，美第奇的出场非常壮观。为了庆祝红衣主教的来访，洛伦佐带领他在大教堂做大弥撒 *，欣赏令人叹为观止的乔托钟楼，以及刚竣工不久、由伯鲁涅列斯基（Brunelleschi）设计的穹顶。随后，洛伦佐在美第奇·里卡迪宫举办了一场盛宴，邀请领主、贵族和大使们鉴赏美第奇家族收藏的挂毯、花瓶、珠宝、钟表、异国情调的布料和中国瓷器等

---

*　弥撒是天主教纪念耶稣牺牲的宗教仪式，是天主教祭献天主的大礼，可分为三类：庄严弥撒，又称为大弥撒；小弥撒；特别弥撒。

众多来自世界各地的奢侈品，还有他收藏的一些知名艺术品。其中包含 2 幅波提切利（Sandro Botticelli）、3 幅乔托（Giotto）、6 幅弗拉·安吉利科（Fra Angelico）所绘的画作，雕塑大师多纳泰罗（Donatello）的《大卫》（David）也摆放在宫殿的庭院中。[1]

040 　　洛伦佐当时年仅 29 岁，但他已经具备了那个时代所有伟人的共性：天赋异禀又求知若渴。如今，我们常把这样的人统称为"文艺复兴人"（Renaissance man）。洛伦佐是一位深得民心的统治者，他管理着当时意大利最强大的城邦——佛罗伦萨共和国。作为一位足智多谋的外交家，他善于与公爵、国王和教皇打交道，且常常占据上风；作为一位卓越的艺术鉴赏家，他资助了包括米开朗琪罗（Michelangelo）、达·芬奇（da Vinci）、波提切利和基兰达约（Ghirlandaio）等在内的伟大艺术家；作为一位天赋异禀的骑手，他精于马术，善于马背上的竞技。闲暇之余，他还喜欢创作诗歌和研究哲学。

　　洛伦佐恰好还掌管着当时欧洲最大的金融机构——80 多年前其曾祖父乔凡尼·迪·比奇·德·美第奇（Giovanni di Bicci de' Medici）创立的美第奇银行，该银行惊人的利润和国际影响力使这个家族从默默无名一跃成为时代的掌权人，产生了四位梵蒂冈教皇和两位法国王后。在美第奇银行的管理和资助下，佛罗伦萨的学术、艺术、文学和建筑进入前所未有的全盛期，意大利也迎来了如今仍能感受到其深刻影响的经济和艺术转型。

在整个欧洲，它为各国从中世纪的黑暗时代走向繁荣的新时代铺平了道路。

在那个城邦战火纷飞、联盟分分合合的时代，美第奇家族的成功引起很多家族的嫉妒和怨恨，尤其是他们后来的死敌——帕齐家族（Pazzi）。帕齐家族是佛罗伦萨的一个古老家族，其先祖中有第一次十字军东征（1096~1099年）时首先登上耶路撒冷城墙的骑士帕齐诺·德·帕齐（Pazzino de' Pazzi）。美第奇银行的财富持续增加，而帕齐家族的银行则受到重创。虽然帕齐家族也试图东山再起，但面对如此强大的美第奇商业帝国，他们的努力一次又一次付诸东流。帕齐家族对洛伦佐的仇恨众人皆知，没有谁比他们更希望看到美第奇银行走向衰落。

但洛伦佐没有料到，帕齐家族最终说服了强大的盟友，密谋合力推翻美第奇家族。他一脚踏入了陷阱之中。

❀ ❀ ❀

所有的银行业务都基于一个由两个变量组成的公式：存款和贷款。储蓄者把钱存入银行，银行承诺向其支付存款利息作为回报。然后，银行将存款贷给需要现金的借款人，而后者承诺支付贷款利息作为回报。也就是说，只要借款人支付的利息高于支付给存款人的利息，银行就能赢利。

到此为止，一切都没什么问题。所有企业都渴望做到对某物收取的费用多于为其支付的费用，但银行的神奇之处在于货币洗牌所带来的结果：在吸纳存款和发放贷款的过程中，银行实际上创造了新的货币。当储蓄者把钱存入银行时，银行会向储蓄者开具信用证；与此同时，银行会将存款贷给借款人，并同样向其开具信用证。这样一来，就相当于产生了两份存款，更重要的是，二者都可以用于支付。瞧！银行就这么创造了货币。正如经济学家约翰·肯尼斯·加尔布雷斯（John Kenneth Galbraith）所言："银行创造货币的过程是如此简单，简单到令人排斥。当涉及如此重要的事情时，一个更深的奥秘似乎才显得合情合理。"[2]

银行对资本主义世界有两个重要影响。首先，无论何时何地，只要银行存在，就会对周围的经济产生异常强烈的影响。银行可以决定接收资金的对象和额度，在有钱的人和需要钱的人之间架起一座桥梁。在做好自己本职工作的同时，银行促进了资本高效率和高效益的流动。但由于它们总是偏向赢利的企业，衰落的夕阳产业想获得贷款将越来越难，而前景良好的新产业则恰恰相反。经济学家将这种现象称为"资本配置"，即让资本得到有效利用。英国记者沃尔特·白芝浩（Walter Bagehot）说过："如水往低处流一般，英国的资本势必会迅速流向最需要它、能利用它的地方。"事实证明，一个正常运转的银行系统是所有繁荣经济体的根基。因为仅凭银行能够决定向谁发放贷款，它便可以成就或摧毁企业、行业甚至全人类。因此，银行的意义远不只关乎银行业务本身，还关乎市场运行。[3]

然而，银行所带来的另一个影响更为致命。银行体系存在一个固有的缺陷：本质上的不稳定性和风险性。银行向储户承诺，只要他们需要，随时可以将钱返还，但与此同时，银行已将存款贷给借款人。当然，银行留有一定的现金储备，但金额与存款总额相去甚远。因此，如果大量储户突然决定取回存款，由于没有足够的储备，银行就会遇到麻烦。若储户听闻这个消息，恐慌将与日俱增，最后一窝蜂地来提现，从而引发流动性危机，也就是所谓的银行挤兑。银行挤兑是一种自证预言*，也就是说，对银行倒闭的担忧会使银行崩塌。并且，考虑到银行对资本主义世界的第一个影响——它与更广泛的经济错综复杂地交织在一起，银行危机有一种可怕的外扩性倾向。银行牵一发而动全身，所到之处无不处于恐慌和危机当中。毫不夸张地说，20世纪大部分的金融监管手段是为了解决银行的系统性风险问题。

银行业的兴起是公司发展史上的一个分水岭，它使公司的力量得以扩张，但风险也随之与日俱增。它证实了公司的发展与国家的前途命运有着密切联系。银行是公司的基础，但它本身往往也是公司。没有哪家银行比美第奇银行更能诠释

---

* 自证预言（self-fulfilling prophecies），由美国社会学家罗伯特·金·默顿（Robert King Merton）提出，指直接或间接地受自我预期影响，继而使自己设想的预期成为真实的情况。

这一紧张的关系。

美第奇家族是名副其实的银行家（尽管"美第奇"一词在意大利语里是医生的意思）。他们通过银行与教皇、国王和大公建立联系，驻外办事处遍设欧洲大陆以连接其新兴市场，从中赚取常人难以想象的巨额财富。他们同时也为艺术家和建筑师慷慨解囊，助其创造出举世闻名的杰作。要了解文艺复兴的基础，我们应将目光转向佛罗伦萨的银行业。

佛罗伦萨繁荣的银行业滋生于混乱的土壤。如今的意大利，在当时是各大城市和王国的分裂割据之地，战乱频繁，梵蒂冈的势力无处不在。其中，威尼斯、热那亚和佛罗伦萨三座主城控制着国际贸易，并因争夺领土而冲突不断。威尼斯和热那亚都开辟了繁荣的海上贸易线，而佛罗伦萨在1406年征服比萨及其港口后才加入了这场贸易竞赛。在罗马，梵蒂冈掌控着遍布意大利中部的"教皇国"，不择手段地持续扩张。再往南，强大的那不勒斯王国和西西里王国正挣扎于安茹（Anjou）和阿拉贡（Aragon）两大家族间的倾轧与内斗之中。[4]

但与此同时，所有这些城市和王国还处于黑死病肆虐后百废待兴的状态。14世纪中期，瘟疫席卷了整个欧洲，所到之处民不聊生。其中，佛罗伦萨成为疫病的重灾区，损失惨重。这座城市经历了数次感染，最终导致约2/3的人死亡，仅1338~1427年，城市人口便从95000人骤降至40000人。瘟疫的

恐怖激发佛罗伦萨诗人薄伽丘（Boccaccio）写下其代表作《十
日谈》（Decameron）。他在书中讲述了一群男女从疫区佛罗伦萨 044
逃往乡村的故事，并这样描述黑死病时期的佛罗伦萨：一日之
内成千上万人感染疫病，尸横遍野，空气中弥漫着腐烂的气味。
教堂早已因尸体太多而不堪重负。由于没有足够的埋葬空间，
他们只能把尸体层层叠放在巨大的壕沟中。薄伽丘写道："整个
城市就像一座巨大的坟墓。"无论是在物质上还是精神上，佛罗
伦萨都付出了巨大的代价。美第奇银行的创始人乔凡尼也在这
场瘟疫中失去了自己的父亲。5

尽管如此，15世纪的佛罗伦萨人还是足以感到骄傲和自豪。
他们拥有意大利最伟大的诗人但丁·阿利吉耶里及其创作于
1320年的千古名著《神曲》（Divina commedia）。他们的经济蓬勃
发展，金币"弗罗林"*在整个欧洲都很受欢迎。尽管居民们历经
种种磨难，但佛罗伦萨仍是一个自治共和国，而那不勒斯、西
西里、撒丁以及皮埃蒙特等意大利其他地区都已被外国人征服。

无论是佛罗伦萨的政治自由还是美第奇家族的崛起，都得
益于当时设计缜密的选举制度。佛罗伦萨每两个月会以抽签的
方式进行选举。行会，即掌控着城市最重要商业和产业的协会，

---

* 佛罗伦萨于1252年首先铸造了金币"弗罗林"（florin），金币上铸有佛罗伦萨
的市花百合花，每枚重约3.5克，在当时国际上享有很高信誉，成为德国、法
国、匈牙利、奥地利等国通用货币，甚至在某种程度上成为当时整个欧洲的标
准货币。

会列出一份 30 岁以上所有符合条件的人员名单。这些名字将被写在选票上，并由选举官（*accoppiatori*）放入 8 个皮袋里。每两个月从袋子里随机抽取 8 个名字，这 8 个选中的公民即当选为佛罗伦萨执政团（*signoria*，相当于政府）的执政官。同时，首席执政官［又称正义旗手（*gonfaloniere della giustizia*）[*]也以这样的方式抽取产生。这些新任官员将一同搬到佛罗伦萨市中心的领主宫，在此处共同生活 60 天并管理城市事务。一届任期结束后，整个抽选过程将重启，随机抽取新的名字，产生新的执政官。复杂的行政体制赋予了行会很大的权力，对城市的政治经济生活发挥着决定性的作用。

　　银行业行会（*Arte del Cambio*）是当时最古老、也是最强大的行会之一。15 世纪前，佛罗伦萨因其活跃的银行业而声名鹊起。这座城市成了金融的代名词，"银行"（banking）一词也起源于当时的银行家们围坐在桌旁或长凳（*banco*）上进行交易的行为。佛罗伦萨有两种并行的货币：金币"弗罗林"和银币"皮丘利"。二者之间需要频繁地以银行设定的浮动汇率进行兑换。银行业行会严格维护着银行业务的秩序，成员们身着红色长袍，手持鼓鼓囊囊的钱包，里面装满了弗罗林金币和其他钱币。他们会在中央广场附近的圣弥额尔教堂（Orsanmichele）找

---

[*]　中世纪佛罗伦萨共和国政府的职位，为市政会负责人，兼任军队总指挥。正义旗手除拥有投票权外，亦负责维持城市秩序。

一块地方，摆好桌子或长凳。在铺着绿布的桌上会放着一本账簿，上面详细记录着当日的交易情况。在佛罗伦萨，行会的秩序十分森严，甚至规定了银行开展业务的方式：他们必须坐在桌前，拿着钱包、账簿和布匹（*sedentes ad tabulam cum tasca, libro et tappeto*）。根据行会的规则，每笔交易都必须当着客户的面记录在账簿上，任何破坏或更改账簿的行为都可能被立即逐出行会。对于那些遵守规约的人来说，兑换货币是一件有利可图之事。佛罗伦萨很多家财万贯的大家族，如巴尔迪家族（Bardi）和佩鲁齐家族（Peruzzi）等，都是银行王朝的后裔。

银行业起源于佛罗伦萨这一事实颇具讽刺意味，毕竟，罗马、梵蒂冈和教皇距此仅100多英里，他们的宗教权威在当时是至高无上的，对放贷牟利这种行为严令禁止。根据教会法，任何从事高利贷的行为，也就是当时的货币借贷，都属于重罪，违者将受到严惩。1179年，第三次拉特朗公会议决定，不得为放高利贷者举行基督教葬礼。在《神曲·地狱》中，但丁把放高利贷者与鸡奸者视为同罪，共置于地狱的第七层。方济各会对高利贷有许多令人印象深刻的描述，他们宣称高利贷"使货币私通"。费尔特雷的伯纳丁（Bernardine of Feltre）修士认为，黑死病是上帝对放高利贷者的惩罚。除此之外，梵蒂冈对高利贷的定义非常严格。与如今不同，他们认为高利贷并非如字面意思一样，仅指借款人收取过高的利息。罗马教廷规定，向借款人收取任何利息都是高利贷的表现。而这一严苛的定义对

046

于着力发展贷款业务的银行而言无疑是一种障碍。因此，银行不得不花大力气来重构事业，以便在不违反教会法的同时赚取利润。[6]

或许是这些没完没了的严刑峻法迫使佛罗伦萨惊恐的银行家们寻求新的出路，又或许是监管反而会催生革新。无论怎样，事实证明梵蒂冈的规则没能阻碍世界上第一批伟大银行家——美第奇家族的出现。

1397年，乔凡尼时年37岁，文质彬彬的他是罗马的一名银行经理。就在这一年，他决定同妻子和两个年幼的孩子一起回到家乡佛罗伦萨，并在那儿创办了银行。美第奇家族和佛罗伦萨这座城市渊源颇深。乔凡尼的曾祖父曾是这座城市的行政长官，而他的祖父曾任驻威尼斯大使。但乔凡尼并没有从父亲那儿继承多少家业，只能白手起家，自谋生路。回到佛罗伦萨的乔凡尼将家人安置在拉尔加路的一套简朴的小房子里，随后便开始打拼自己的事业，在佛罗伦萨的银行业行会注册了一家新银行。

乔凡尼选择的时机恰到好处。尽管当时佛罗伦萨的银行业欣欣向荣，但两大银行巨头巴尔迪家族和佩鲁齐家族正进入衰退没落时期。14世纪时，这两个家族曾只手遮天，但他们在1340年犯了一个致命的错误：向英国国王爱德华三世提供巨额贷款以资助其在百年战争中的军事行动。1345年，爱德华违背契约，拖欠债务，巴尔迪银行和佩鲁齐银行因此破产。两家银行破产清算之后，佛罗伦萨银行业的核心位置空了出来，乔凡尼的目标就是填补这个空缺。尽管如此，他还是有很多竞争对手。根据银行业行会的记录，1399年，佛罗伦萨有71家银行。即便是1460年美第奇银行如日中天之时，这座城市依然有33家银行在运营，竞争相当激烈。但乔凡尼明白，只要他能击败竞争对手，就能够获得无穷的赢利机会。佛罗伦萨强大的金融实力闻名于整个欧洲，这座城市的银行家们深得欧洲大陆的权贵和精英的信任，常被委托处理最重要的交易。

乔凡尼在罗马工作时对教会法中关于高利贷的规定十分熟悉，并运用这些知识创办了自己的银行。可以说，从诸多方面来看，正是因为乔凡尼极力避免与教会交恶才推动美第奇银行发展成为国际银行巨头。为此，乔凡尼做出了许多努力，而其中最为巧妙的策略便是汇票的推行。乔凡尼心中清楚，任何要求借款人支付超过最初借款金额的贷款都被教会定义为高利贷。教会法的拉丁语原文对这一概念的描述是 *quidquid sorti accedit, usura est*（"超过本金的就是高利贷"）。因此，银行借出多少金额，便只能收回同等数额的钱。但乔凡尼也抓住了一点，即拉丁语原文的表述 "*usura solum in mutuo cadit*"（仅适用于贷款），意味着高利贷法仅适用于贷款交易。因此，如果一笔交易不是贷款，那它就不能被视作高利贷。乔凡尼意识到这个漏洞是可乘之机。于是，美第奇银行将钱借出后，并不要求借款人在某一天连本带利地偿还，而是让他们在其他地方以不同的货币来偿还。这样一来，交易看起来便不是贷款，更像是兑换。之后，乔凡尼通过操纵汇率和还款日期，确保银行可从中为自己的服务获得合理的利息。此外，银行还可以收取额外的佣金，毕竟这不是贷款。[7]

美第奇银行的汇票交易并不完全是诡计，也称不上是全新的事物。事实上，汇票在欧洲的新兴经济中曾发挥了重要作用。外交官、牧师和朝圣者在前往欧洲各地的集市、教堂和其他重要目的地之前，往往会先去兑换汇票。当时欧洲大陆各城邦之间的政治局势动荡不安，旅行者们出行时难免会对腰带和鞍囊里的大量钱财感到担忧。美第奇银行的汇票提供了最佳选择：他们不用再随身携带钱币，只需从美第奇银行换取一张汇票，到达目的地时就可以用当地货币兑付。

然而，为保证汇票交易系统的万无一失，美第奇银行必须设立一套缜密的内部程序。出票（*drawe*）分行，即收取个人现金汇款的分行，会向汇款人（*remitter*）签发一张列出一系列明细的汇票，包括汇款人的身份、收到的金额（以当地货币为准）、应偿还的金额（以外币为准）、还款的日期和地点、付款人（*drawee*）的身份（即负责偿还的个人，通常为美第奇银行国外分行的经理）和受益人（*beneficiary*）的身份（在国外分行接收还款的人，受益人不一定总是与最初支付汇票的汇款人是同一人）。这些信息都会详尽地记录在出票分行的账簿上。到了还款日期，受益人可以向美第奇银行国外分行的经理出示汇票，并要求用当地货币兑付。因此，各分支机构需要定期核对账目，以确保汇票核算的准确性。若要填写详细的汇票信息，就需要对旅行时间、外国商人的可靠性以及当前汇率有充分的了解。在最初汇款和后期付款之间通常有很长一段时间的延迟。比如佛罗伦萨到伦敦交易所的惯例时间，即汇票承兑期限，一般为 90 天，因此在这段时间内，银行可能会面临因汇率波动而产生损失的风险。更重要的是，不同分行之间的交易并不总是均衡的，例如臭名昭著的布鲁日分行收到的现金总是比送往其他分行的多得多。因此，美第奇银行还需要处理资金平衡问题，即确保所有的分行都有足够的资金以支撑其在管辖范围内的运营。整个过程极其复杂，美第奇银行不得不为此编写详细的手册来指导员工进行整个流程的操作。1417 年，美第奇银行的一名员工在完成新手册的初稿后，在结尾处附上了一条箴言："从事汇票兑换和商品交易的人总是焦虑不安，我给你们送上一份千层面和通心粉的食谱吧。"[8]

然而，美第奇银行并不满足于仅对国际旅行者使用汇票。无论是在佛罗伦萨还是在其他地方，人们始终对现金有强烈的需求，并且乐于为此支付报酬。为了迎合这一市场，美第奇银行开创了一种更为复杂的交易方式——"干汇兑"（dry exchange）*。

---

* 即名义上的交易。

所谓的干汇兑与普通的汇票极为相似。其不同之处在于，兑换货币不需要在国外进行，可以在同一个地方兑换，甚至兑换超过两次。例如，借款人可能从美第奇银行贷出弗罗林，承诺日后以英镑偿还。到还款日时，他便会开启新的交易，向银行贷出英镑并承诺日后以弗罗林偿还。而最后，他只偿还了最初借来的弗罗林，英镑的介入完全是多余的，事实上外币甚至从未经过任何人转手。美第奇银行通过汇率差和佣金获取合适的利率，从而赚取利润。但从严格意义上来说，这仍是兑换，或者再具体一点，这只是两笔兑换。因此，银行并没有违反高利贷法。[9]

汇票的出现让美第奇家族一开始就对国外业务产生兴趣，蓬勃发展的货币兑换业务使他们越来越多地涉足国际贸易领域。为了确定汇率，银行家们需要了解其他国家和城邦的情况。为此，他们派遣员工到国外去了解欧洲各地的商业状况、政府政策和货币价值，并在这些地方广设分支机构，建立与当地君主和商人的联系。这些分部会定期向佛罗伦萨上交有关所在国家情况的报告，汇报对城市经济文化的洞察和见解。

为了绕开高利贷这个敏感问题，美第奇银行还采用了自由裁量存款（*deposito a discrezione*）。此处的自由裁量意味着银行有权决定是否向储户支付其初次存款的利息。当然，这是一种为持有储户财产而向储户支付一定好处的方式。但重要的是，根据高利贷法，这种好处不会被视为利息。在实际操作中，自由金（discrezione）被设计成一种可选择的礼物，由银行决定是否提供，若提供，储户则会感激地接受。既然它是礼物，那就不能算作高利贷。这看起来巧妙地绕过了教会教义，并且银行家和储户对此都能欣然接受。但问题在于，根据定义，自由金是由银行自由裁量的，因此，美第奇银行可以选择不支付。虽然这种情况极少出现，但一旦出现，便会给储户带来毁灭性的打击。例如，1489 年，美第奇银行里昂分行拒绝向法国富有的外交家兼历史学家菲利普·德·科米纳（Philippe de Commines）支付其在该银行2.5万埃居*存款的自由金。科米纳在该分行存入首笔存款后，就因参与反抗法国国王查理八世（Charles Ⅷ）的奥尔良叛乱而被捕入狱，在监狱里服刑了好几年。1489 年，他来到里昂分行想取出存款来支付巨额罚款，以彻底离开监狱。但是，当时的里昂分行正因管理不善和坏账不断而陷入困境，只能偿还他最初存入的金额，没有支付任何自由金。悲愤之下，科米纳直接写信向洛伦佐申诉，抗议银行对他的不公平对待。洛伦佐回信说他对此也无能为力，因为里昂分行的亏损实在是太大了。[10]

毋庸置疑，凡是涉及汇票、干汇兑、自由裁量存款、货币波动和分行提款等复杂交易，银行都必须留下详细的文件记录。

---

* 13 世纪三四十年代由法国国王菲利普六世（Philippe Ⅵ）铸造，最初为金币，称为大埃居（Gros Ecu）。路易十三于 1641 年将埃居改为用银铸币，这种埃居称为小埃居（Petit Ecu）。

如果美第奇银行想要扩大业务，使其精心设计的反高利贷骗局能长久地持续下去，就必须长期跟踪自己国内外的资产和负债。为此，美第奇银行采用了一种至今仍被广泛使用的出色的记账形式——复式记账法。在这种记账法下，银行的每笔交易都会在账簿上产生两个条目：贷方和借方。如果两方之间不平衡，便很容易发现错误。这种方式极大地减少了银行因草率马虎而犯的错误。虽然美第奇银行并不是复式记账法的发明者——当时佛罗伦萨的其他银行也在采用这种记账法，并且有记录显示早在1340年热那亚就有人使用这种记账方法，但美第奇银行确实完善了这项记账艺术。美第奇银行的账目非常之全面，即使时至今日我们仍能精确地重建在美第奇银行存在的大部分时间里其各个分行在各个年份的损益，这充分证明了美第奇银行金融系统的精细和缜密。

052　　乔凡尼知道，如果银行没有客户，再复杂的计划和结构都将毫无意义。因此，他便将培育和发展客户群体作为事业的第一步。他选择教堂作为第一站，在此倾注资本进行豪赌。14世纪90年代末，一个来自那不勒斯、名叫巴尔达萨雷·科萨（Baldassare Cossa）的年轻神父在梵蒂冈名声大噪。科萨出生于普罗奇达一个落魄的贵族家庭。普罗奇达是那不勒斯海岸附近的一座岛屿，靠近伊斯基亚岛。科萨早年曾和两个兄弟一同当海盗。后来，他离开了这一行当，从事了一段时间的法律工作——他在博洛尼亚大学上学期间学过法律，之后又成了牧师。在前几段经历中，他领悟到了"适时威胁的价值"，借此在教会中步步高升。他凭借"说服"主教们向教会奉上厚礼的神奇本领，讨好教皇波尼法修九世（Boniface IX）。他最擅长的办法就是威胁主教们付钱，否则就把他们派到伊斯兰的土地上。在他权力崛起的过程中（我们不知道确切的时间），乔凡尼和科萨相遇，并建立了深厚的友谊。1402年，科萨需要一笔钱来促成他红衣主教的任命，乔凡尼于是慷慨地借给他1万弗罗林。在1400年，一个建筑工人一周的劳动大约可以换取1弗罗林。也就是说，乔凡尼的这笔钱足以雇用1万人工作整整一个星期。虽然难以精确计算乔凡尼的借款在如今到底价值几何，但显然这是一笔巨款。1404年，美第奇银行的账目上记录了一笔科萨所贷的8937弗罗林的贷款，这表明他们两人之间仍有交往。从当时的信件可以看出，乔凡尼和科萨在这一段时间内的关系很亲密，科萨在信中一度称呼乔凡尼为"我最亲爱的朋友"。1410年，科萨在博洛尼亚秘密会议中被任命为教皇，这也是乔凡尼截至当时最伟大的胜利。就任后，科萨当即指定美第奇银行为梵蒂冈的官方存款机构，美第奇家族也正式成为"上帝的银行家"。此后，美第奇家族继续向科萨，也就是约翰二十三世（John XXIII）资助了近10万弗罗林的贷款，以帮助其竞争教皇的职位。[11]

从此，梵蒂冈便成为美第奇银行最大的客户和最可靠的收

053

入来源。银行帮助梵蒂冈从欧洲各地收取什一税和其他税款，这项包罗广阔地域和复杂物流的庞大业务进一步推动了美第奇银行在国际上的扩张。同时，美第奇银行还担任着教皇侍从室的"存款总管"，任何上缴给梵蒂冈国库的资金都会被存放在该银行。这两项业务是美第奇银行巨大利润的核心来源。直到1434年，美第奇银行罗马分行的收入一直占其总收入的一半以上。从康斯坦茨到巴塞尔再到罗马，只要是教皇居住的地方，乔凡尼都会派遣员工设立分部。事实上，梵蒂冈分行在其总行的记录中常常被简称为"罗马教廷的追随者"（*i nostri che seguono la corte di Roma*）。[12]

除了教会，国王、统治者和贵族是美第奇银行客户的另一重要组成部分。在文艺复兴时期，这些人或多或少需要资金来资助战争、建造城堡或购买奢侈品，事实证明美第奇银行是可靠的资金来源。例如，美第奇银行日内瓦分行的常客包括法国国王、萨伏依公爵和波旁公爵；米兰分行的主要客户是米兰公爵弗朗切斯科·斯福尔扎（Francesco Sforza）；伦敦分行则常年向英国国王和贵族提供贷款。有时，美第奇银行需要派遣可靠信使将大量金银（通常藏在成捆的布料中）运往欧洲各地，有时他们也通过汇票来进行交易。为了迎合富有客户的品位，美第奇银行还会向他们提供丝绸、珠宝和异国香料等贵重商品。美第奇银行甚至还曾给波旁公爵夫人送了一头长颈鹿作为礼物。但令人沮丧的是，长颈鹿在运输途中便死掉了。[13]

然而，贷款给统治者并非没有风险。与贷款给地位较低的教会人士不同，如果统治者拒不偿还贷款，美第奇银行几乎毫无反抗之力。爱德华三世的毁约便是前车之鉴，正是这笔坏账摧毁了14世纪佛罗伦萨的最后两大银行——巴尔迪和佩鲁齐。为了降低这种风险，乔凡尼常要求借款人提供一些有价值的物品作为违约担保，为此，教皇约翰二十三世向乔凡尼抵押了一件珍贵的主教法冠，英诺森八世（Innocent Ⅷ）拿出了他的三重冕，奥地利大公则抵押给银行一件重达19磅的圣物箱，里面装满了号称勃艮第百合花的珠宝。这种担保抵押行为在当时并不是什么新鲜的做法，当时的佛罗伦萨有一大群典当商，他们通常有犹太背景，因此可以不受高利贷法的约束从事担保贷款，但美第奇家族将这种担保抵押的做法提升到了新的高度。这些做法也正是文艺复兴时期与权贵做生意所享有的特权。[14]

但乔凡尼的高明之处并不仅在于他谨慎地绕开了高利贷法，或是有意结交权贵客户群体，更重要的是他创新了银行本身的结构。无论是从法律层面还是政治层面来看，美第奇银行都堪称奇迹。从形式上看，美第奇银行是一个由美第奇主要家族成员及其合伙人组成的合伙企业，但美第奇家族敏锐地意识到，作为欧洲最富有的家族之一，他们很容易引起统治者和商人的嫉妒和怨恨。因此，为了保护自己，他们创建了一种类似于公司的组织形式（如今可能称之为银行控股公司最为恰当），美第奇银行是这种组织形式的中心，美第奇家族成员则在其中扮演合伙人或所有者的角色，有时还会涉及与其他方的合作。但美第奇银行在欧洲设立的 9 个分行皆为独立的合伙企业［有时以附属（*accomandite*）的形式存在，这是一种早期保护合伙人免受诉讼的有限合伙形式］，美第奇银行通常是这些分行的主要合伙人，分行经理则为初级合伙人。这种创新结构可以激励分行经理努力工作，因为作为合伙人，他们和银行共同享受赢利，也共同承担亏损，是银行成功的既得利益者。同样，这也鼓舞了银行的普通雇员，因为美第奇家族一般会从普通雇员中挑选经理。因此，只要工作足够出色，任何人都有可能"成为合伙人"。总而言之，这种创新结构使美第奇银行大大受益于有限责任：如果一个分行破产了，被没收的只有该分行的资产，而非整个美第奇银行的资产。[15]

这种分散风险的方式十分有效，常常能保护银行免受无理客户的索赔。比如，1455 年，来自米兰的达米亚诺·鲁菲尼（Damiano Ruffini）从美第奇银行伦敦分行购买了 9 包羊毛，但由于包装不当，这些羊毛在运往布鲁日的途中损毁了。于是，鲁菲尼将美第奇银行布鲁日分行告上法庭，要求赔偿损失。但布鲁日分行的经理在市政法院辩称，伦敦分行完全是另一家公司，自己并不需要为此担责。最终，布鲁日法院确认，鲁菲尼只对伦敦分行具有索赔权，对布鲁日分行则没有这项权利，于是鲁菲尼只能空手而归。

然而，谨慎的分权之举并不意味着美第奇银行失去了对其他分行的控制权，事实上，美第奇银行对各分行的控制力度并不小。为了确保各分行都服务于银行的整体利益，乔凡尼煞费苦心。为了监管分行业务，美第奇银行设立了总经理一职，向所有分行发号施令，比如，总经理会检查各分行的账目记录，确保他们在持续赢利，且没有发放任何不明智或风险过高的贷款。美第奇银行的总经理就像现代的 CEO 一样，在美第奇银行的发展史上发挥着至关重要的作用，甚至可以这么说，他们的成败决定着整个银行的命运。乔凡尼·迪·亚美利哥·贝西（Giovanni d' Amerigo Benci）便是最有代表性的一位。他以敏锐的金融头脑闻名，领导了美第奇银行 15 世纪 40 年代和 50 年代的发展，这也是该行赢利状况最好的时期。然而，后继的弗朗切斯科·迪·萨塞蒂（Francesco di Sassetti）却恰好相反，是一个令人沮丧的失败者，很多人认为他的疏忽是导致美第奇银行衰落的原因之一。但他本人却十分富有，其私人资产一度达到 52000 弗罗林；他在佛罗伦萨有一套房子，在蒙图吉有一栋别墅，坐拥三个农场、一座图书馆，还有数不清的珠宝；此外，他还向美第奇银行投资了 45000 弗罗林。

此外，员工往往受到银行严密的监控，而且必须遵守严格的行为规范。在通常为 4~5 年的任期内，分行经理须驻守在其分行所在的城市，除非接到确切的指令需前往佛罗萨汇报业务，或者必须亲自前往少数几个重要的市场时，他们才可以暂时离开驻地。此外，银行禁止他们向王子提供贷款，因为对银行而言，这是极其敏感的业务，其决定权只掌握在美第奇家族自己人手中。而且，大多数普通公民无法同银行进行交易，因为美第奇银行的大门仅仅向社会上最富裕、最有权势的人敞开。与此同时，员工如果证明自己足够值得信赖，就能获得丰厚的奖励，级别较低的员工通常能得到晋升。他们中许多人还和美第奇家族交往甚密，成为好友。1431年，科西莫·德·美第奇（Cosimo de' Medici）掌管银行时，一名叫福尔科·波尔蒂纳里（Folco Portinari）的经理去世，只留下几个孩子，科西莫便把他们接到自己的家中当作自己的孩子来抚养。不过，这或许是因为这些孩子是但丁爱慕的女人贝雅特丽齐（Beatrice）的远亲后裔。[16]

凭借这样的优势，乔凡尼创建了历史上最成功的公司之一，并在几十年间创造了巨额利润，美第奇家族也因此积累了惊人的私人财富。1397~1420年，乔凡尼从银行获得了113865弗罗林，即年均4950弗罗林的个人利润，而这样的利润在其后几年中持续上升。1427年，佛罗伦萨税赋登记册卡塔斯托（*catasto*）[*]显示，乔凡尼是当时的第二大富翁，仅次于其竞争对手——另一位银行家帕拉·斯特罗奇（Palla Strozzi）。1457年，乔凡尼的儿子科西

---

[*]　1427年，佛罗伦萨进行了税法改革，建立了一种名为卡塔斯托的税收制度。这是近代早期最彻底、最具创新性的一项税收调查。

莫在税赋册上登记了自己在拉尔加路的两座宫殿，位于卡勒吉、卡法吉沃罗以及特勒比奥的几栋别墅，以及在比萨和米兰的房子等个人资产。到了 1469 年，美第奇家族的资产估值达到了惊人的 22.8 万弗罗林。1480 年的一项生活成本调查发现，一名工人每年只需要 70 弗罗林就能让妻子和 4 个孩子过上舒适的生活。也就是说，美第奇家族在 1469 年的财富足以支持一个中等规模的家庭无忧无虑地生活 3000 多年。[17]

　　但如果美第奇家族只将钱财用于享乐，就不会作为佛罗伦萨的"赞助人"而被载入史册。如今，他们并非凭借其在银行业的成就而闻名，而是以他们对佛罗伦萨的荣耀——艺术、建筑和知识的热爱与投资而著称。在整个 15 世纪，美第奇家族在许多佛罗伦萨艺术家的身上投入了巨额资金，其中包括大名鼎鼎的米开朗琪罗、达·芬奇、波提切利、伯鲁涅列斯基、弗拉·安吉利科和基兰达约等人。比如，乔凡尼请了一些穷困潦倒的艺术家在自己房屋的墙上绘制壁画，还在 1419 年请伯鲁涅列斯基设计并修建了一座弃儿医院——育婴堂（Ospedale degli Innocenti）。科西莫则花钱请著名的学者马尔西利奥·费奇诺（Marsilio Ficino）把柏拉图的所有作品翻译成拉丁文，这是西方第一次通过拉丁文阅读柏拉图的作品。出于对古人智慧的渴望，科西莫还请他在吕贝克的代理人寻找一部李维的失传之作，据说该作品遗失在一座西多会修道院内。但他最终没有找到该作品，不过却在多明我会修士那儿找到了一部普林尼的稀世佳作；而"华丽者洛伦佐"则把米开朗琪罗带入家门，并把他当作自己儿子来抚养。美第奇家族对艺术和知识的投入与热爱改变了这座城市。意大利诗人波利齐亚诺（Poliziano）写道："雅典并没有被野蛮人摧毁，而是迁移到了佛罗伦萨。"科西莫因对佛罗伦萨的贡献，而被冠以"祖国之父"（pater patriae）*的荣誉。[18]

除了艺术，美第奇银行也从根本上改变了人们的交易方式。在这个过程中，欧洲经济逐渐从农业封建主义转向了基于金融和贸易的现代资本主义。美第奇银行的分支机构网络安全可靠，遍布欧洲大陆，打破了贸易壁垒，使商人能够安心地在最合适的地方买卖货物，完全不必担心会受到当地货币贬值甚至是分文不值的影响。美第奇银行的信使和船队还开辟了新的市场，把香料、丝、布、羊毛、缎、金线、珠宝、明矾、橄榄油和柑橘类水果等值钱的货物运到了欧洲所有的大城市。美第奇银行早期的国际金融体系极大地促进了经济在整个世纪内的增长。事实证明，这是文艺复兴时期最伟大的经济创新之一。

做国王的拥立者总是比做国王安全。在整个15世纪上半叶，美第奇家族都将此牢记于心。他们小心翼翼，极力避免披上政

---

*   罗马共和国和罗马帝国时期向其拥有者表示敬意的头衔，类似于近代的"国父"。

治权力的外衣。他们喜欢稳定的金融利益，无意涉足国家权力的更迭变迁。作为美第奇银行的创始人，乔凡尼一生都在竭力完成一项艰巨的任务，那就是稳固银行的金融基础，规避政治野心。但由于佛罗伦萨的执政官是通过抽签决定的，所以乔凡尼确实在政府任职过几次，并在 1421 年成为大执政官，但他的政策明显考虑并照顾了穷人的利益。比如，他用累进的财产税取代了递减的人头税，并否决了允许贵族进入执政团的提议等。此外，乔凡尼还常常拒绝接受政治荣誉。1422 年，当教皇马丁五世（Martin Ⅴ）提出封他为蒙特维德（Monteverde）伯爵时，他礼貌地婉拒了，因为政治并非他的心之所向。乔凡尼临终前对孩子们所说的话正是其毕生的最佳写照：

> 不做违背人民意愿之事。如果人民的意愿超过了应有的限度，那就努力通过友好规劝引导他们转变，而不是下达傲慢的命令。不要把政府大楼当作自己的办公室，除非你不得不前去处理事务，且应谦顺恭敬，切勿口出狂言。努力维护人民安宁，顾及主导阶级利益。不要牵涉法律纠纷，妨碍法律之人必因法律而亡。不要吸引公众关注。即使我离你们而去，也要坚守道德，不留污点。[19]

1420 年，科西莫接手银行，继承了父亲的事业。科西莫是一位完美的商人，直到 1464 年去世前，美第奇银行在他的管理下步入了最繁盛也是利润最大的时期。在此期间，美第奇银行的分行从罗马、日内瓦和那不勒斯扩展到欧洲各地，包括伦敦、比萨、阿维尼翁、布鲁日、米兰和吕贝克。银行的利润也因此大幅攀升，年利润从1397~1420年的6500弗罗林，激增至1420~1435年的12500弗罗林，再到1435~1450年的20000弗罗林。科西莫的商业头脑和个人美德使他在佛罗伦萨乃至全世界都广受赞誉。尼科洛·马基雅维利（Niccolò Machiavelli）在其著作《佛罗伦萨史》（History of Florence）中表示，科西莫是"最谨小慎微的人之一；他举止庄重且彬彬有礼，生性自由而又仁慈善良。[他]从不反对任何党派和统治者，而且对他们所有人都十分大方；[他]天生慷慨，注定不分阶级，是所有公民的支持者"。16世纪，意大利历史学家弗朗切斯科·圭恰迪尼（Francesco Guicciardini）也对他有过这样的赞誉："自罗马沦陷之后，再没有任何人享有过这样的声誉。"而科西莫则把自己的成功归功于谦逊。他谈道："花园里有一种植物，虽然大多数人为它浇水，但应该任其枯死——这种杂草名叫妒忌。"然而，科西莫并不排斥偶尔为银行的利益进行游说，他的主要成就中就包括使"干汇兑"合法化。在许多观察者看来，这种极具争议的交易和有息贷款十分相似。但事实也证明，干汇兑为银行带来了极其丰厚的利润。[20]

　　尽管科西莫努力同政治划清界限，但他也无法完全独善其身。15世纪30年代初，为争夺繁荣的托斯卡纳，佛罗伦萨与卢卡和米兰开战，战争耗费惊人，且急剧增加。佛罗伦萨政府还命著名的建筑师伯鲁涅列斯基改变赛尔基奥河的自然流向，使其改道汇入卢卡，让水淹没城内居民。得知这一阴谋后，卢卡人摧毁了运河，使其淹没下流平原，从而逼退了佛罗伦萨的军队，使得佛罗伦萨最终竹篮打水一场空。这些"烧钱"的工程少不了科西莫的资助，但他本人并不支持这场战争，并最终撤回了资助。然而，此举使他同此次战争的始作俑者，即佛罗伦萨的统治家族之一的奥比奇家族（Albizzi）产生了矛盾。察觉到国内不利的政治风向，科西莫开始采取预防措施来保护美第奇银行的利益。1433年，他秘密将银行的现金转移到罗马和那不勒斯的分行，并将大量的黄金藏匿于圣米尼亚托教堂的本笃会修士处以及圣马可大教堂的多明我会修士处。事实证明，科西莫一如既往地具有先见之明。1433年9月，他受召前往领主宫，刚到便被逮捕，然后被关在钟楼里一间叫阿尔贝格蒂诺（Alberghettino）别称"小旅馆"的牢房中。奥比奇家族对他进行了审判，认为他"把自己凌驾于他人之上"，应该被处以死刑。但经过佛罗伦萨的裁决委员会巴利阿（balia）的审判，这一由200名佛罗伦萨公民组成的议会拒绝判他有罪，甚至连美第奇银行最有权有势的客户也纷纷为他斡旋。与美第奇银行商业联系密切的威尼斯共和国和梵蒂冈也派出使者，前往佛罗伦萨为科西莫辩护。最终，巴利阿决定将科西莫从佛罗伦萨流放10年。于是，科西莫便搬到了威尼斯。由于科西莫卓有远见地提前转移了资产，美第奇银行的业务仍顺畅进行，没有出现任何问题。仅仅一年，执政团便向科西莫发出了回国的邀请。[21]

1464 年后，美第奇银行开始频频出现经营上的问题。科西莫去世后，他的儿子，绰号叫"痛风者"的皮耶罗一世（Piero）接替了职位。缺乏管理经验的皮耶罗做出了很多错误决定，严重损害了银行的商业前景，其中一个就是要求借款人立即偿还贷款。此举暂时增加了银行的收益，但导致佛罗伦萨的许多公司因无力偿还债务而纷纷破产，使得借款人今后不愿再同美第奇银行交易。此外，皮耶罗宣称要采取紧缩政策，实际上却越来越多地将银行卷入风险投资当中。在其任职期间，美第奇银行接管了格拉维林地区的征税，向号称"大胆查理"[*]的勃艮第公爵提供贷款。结果证明，这两个决定都糟糕至极。同时，皮耶罗由于忙于处理政府内部的各种危机，将美第奇银行的管理权移交给下属萨塞蒂，而萨塞蒂只顾自己中饱私囊，并没有扭转美第奇银行的命运。[22]

1469 年，皮耶罗去世，他的儿子洛伦佐接管了公司（和王室的血统继承制一样，虽然有时需要签订新的合作协议，但掌管公司的大权通常还是传给长子）。洛伦佐和父亲一样对管理银行没什么兴趣。弗朗切斯科·圭恰迪尼认为，洛伦佐"一点

---

[*] 瓦卢瓦王朝的勃艮第公爵在 1477 年因鲁莽战死，也被称为"莽撞查理"。

也不关心商业和经营"，他有更崇高的爱好，善写诗歌，喜研哲学。1469 年，在圣十字广场举行的马术比赛中，洛伦佐摘得桂冠；他的诗歌［包括宏伟的青春颂《酒神巴库斯》（Canzona di Bacco）］至今仍在意大利流传，但是他对银行业务却不感兴趣，也不太上心。[23]

洛伦佐特别热衷于政治，因为在年轻时曾率领使团前往意大利的梵蒂冈、博洛尼亚、威尼斯和米兰等地，所以对外交和政治产生了浓厚的兴趣。1469 年接替父亲皮耶罗成为一家之主后，洛伦佐迅速采取行动巩固家族权势。对内，他废除了人民议会（comune）和公社议会（popolo）*，消除了几个为数不多能真正制约自己的权力机构。对外，他与米兰的斯福尔扎家族（Sforza）结盟，并向新上任的教皇西克斯图斯四世（Sixtus IV）示好。他为自己的政治手腕辩称："富人若不能成为佛罗伦萨的统治者，就很难在这个城市生存。"圭恰迪尼对此曾评价道："洛伦佐就像一个挥舞着指挥棒的王子一样，只按照自己的想法来控制这座城市。"[24]

洛伦佐偶尔也会将注意力转回银行，却频频遭遇意料之外的情况。一开始，洛伦佐决定让美第奇银行涉足明矾贸易。明矾是一种用于羊毛染色的万能矿物，洛伦佐坚信从事该贸易有巨大的利润空间。1460 年，在奇维塔韦基亚附近一个名为托

---

* 佛罗伦萨最高立法机构。

尔法（Tolfa）的小镇上发现了明矾矿藏后，洛伦佐急忙向梵蒂冈申请该地的开采权并获得了批准，结果这项投资成了"滑铁卢"。奥斯曼土耳其人大量出口明矾，不断威胁着美第奇银行的利润，加之在伊斯基亚岛发现了新矿床，这些因素使得美第奇银行陷入尴尬境地，不得不采取利润共享的举措以防止进一步的价格竞争。美第奇银行威逼沃尔泰拉镇（Volterra）交出新矿的开采权，当地居民则愤而反抗。在洛伦佐的示意下，唯利是图的乌尔比诺公爵费德里科·达·蒙特费尔特罗（Federico da Montefeltro）大肆劫掠该镇，这又进一步玷污了洛伦佐的声誉。15世纪70年代，洛伦佐与梵蒂冈关系变得十分紧张，这使美第奇银行遭受了更严重的损失。1476年，教皇西克斯图斯四世撤销了与美第奇银行的明矾合同，将明矾开采权转交到其竞争对手帕齐银行手上。总而言之，洛伦佐为其在明矾贸易上的豪赌付出了高昂代价。

随着洛伦佐越来越深地陷入欧洲的势力纷争，美第奇银行也最终成了服务于政治目的的工具。他频繁利用银行金融网络来帮扶亲友，打击敌人。他向勃艮第公爵"大胆查理"这样信誉差的借款人提供贷款，却将教会这样更可靠的对象拒之门外。在这样的管理下，美第奇银行遭受重创，贷款无法收回，分行也面临着巨额亏损。政治和商业的混合体总是微妙易碎，即使是乔凡尼和科西莫这样的顶级高手也无力回天，在洛伦佐的管理下，这个混合体如同一星半点火花就能引爆的干粉，十分危险。最终，在 1478 年 4 月 26 日，这个火花出现了。

帕齐家族酝酿阴谋已久。在他掌管美第奇银行将近 10 年的时间内，洛伦佐树敌的速度就像他的创作一样迅速。到了 1478 年，许多意大利权贵都成了他的敌人。美第奇银行的竞争对手、帕齐银行的管理者弗朗切斯科·德·帕齐（Francesco de' Pazzi）一直对风光无限、实力胜过自己的美第奇家族心怀不满，怨恨满怀。比萨大主教弗朗切斯科·萨尔维亚蒂（Francesco Salviati）因洛伦佐反对自己在教会任职，也对他嗤之以鼻。甚至连曾经帮助洛伦佐镇压沃尔泰拉叛乱的勇士费德里科·达·蒙特费尔特罗公爵也逐渐对他冷淡起来。最糟的是，洛伦佐最大的敌人是端坐在罗马教会宝座上的教皇西克斯图斯四世。起初，洛伦佐与这位教皇关系不错，但在美第奇银行拒绝资助教皇家庭成员购买伊莫拉镇（Imola）后（因为洛伦佐想自己拥有该镇），两人之间的关系便急转直下。最终，帕齐银行向教皇提供了贷款，于是教皇钦定由帕齐银行取代美第奇银行成为梵蒂冈的财务顾问。但帕齐家族并不满足于这一小步的胜利，他们想让美第奇银行在佛罗伦萨银行业中彻底消失。为此，他们要除掉的是美第奇家族。[25]

1478 年春天，这场阴谋终于实现了。在获得比萨大主教弗朗切斯科·萨尔维亚蒂和乌尔比诺公爵费德里科·达·蒙特费尔特罗的支持后，帕齐家族拜访了教皇西克斯图斯四世，将推翻美第奇家族的计划悉数告知教皇。与许多文艺复兴时期的阴谋者一样，教皇西克斯图斯四世的回应含糊其词。他对帕齐家族说道："我无意看到死亡，只希望看到政府的改变。我希望看到洛伦佐在佛罗伦萨的政治舞台上消失，因为他一直藐视我们，是个背信弃义的人。一旦他下台，我们便可以随心所欲地同共和国打交道，这是我们所希望看到的结果。"教皇西克斯图斯四世毫不犹豫地答应为帕齐家族提供军队，明确传达了对这一阴谋的祝福。

1478 年 4 月 26 日，洛伦佐对正在逼近的阴谋一无所知，欣然前往佛罗伦萨大教堂做大弥撒。他坐在祭坛旁，和弟弟朱利亚诺（Giuliano）相对而坐，沉浸于聆听《羔羊经》（Agnus Dei）。随着一声响彻教堂的"受死吧，叛徒"，一场暴力刺杀拉开大幕。两个蒙面人先冲到朱利亚诺面前（其中一个是弗朗切斯科·德·帕齐），对着他猛刺 19 刀，朱利亚诺当场身亡。与此同时，洛伦佐发现两名教士持刀向他冲来，刀锋从他的颈侧划过，他越过唱诗班奋力逃跑，同为银行家的密友弗兰切斯基诺·诺里（Franceschino Nori）冲上来阻止袭击者，也被刺客杀害。不过，诺里的相救为洛伦佐争取了宝贵的几秒钟，他逃到圣器室，藏身于青铜大门后。[26]

这场阴谋的另一部分在教堂外也同步进行着。包括帕齐家族核心成员在内的其他袭击者带领一群雇佣兵，骑着高头大马，在街道上高呼"自由"，希望能团结佛罗伦萨人推翻美第奇家族。但是，结果却适得其反，统治家族受袭，佛罗伦萨人十分愤怒，在街道上呼喊着"红球，红球"（"*Palle, palle*"，美第奇家族纹章上标志性的红球）作为回应。群众群起而攻之，杀死了帕齐家族的同谋者以及他们雇用的弩手，把弗朗切斯科·德·帕齐和萨尔维亚蒂拖到领主宫，处以绞刑。

察觉到危险已经退去，洛伦佐才从圣器室走出来，他心中的复仇之火熊熊燃烧。佛罗伦萨在其后几周见证了洛伦佐统治下最血腥的时期：他下令追捕并杀害帕齐家族所有成员及其同伙，他们有的被吊死在领主宫的窗户上，有的则从宫殿的顶层被扔下；帕齐家族的族长雅各布·德·帕齐（Jacopo de' Pazzi）惨遭折磨、绞杀，然后被扔进了臭水沟中，人们拖着他的尸体穿过街道，最后将其丢在帕齐宫的门口，并把他的头当成敲门砖；除了洛伦佐的妹夫古列尔莫·德·帕齐（Guglielmo de' Pazzi）幸免于难，帕齐家族的所有成年男性都被处死，而所有女性都被禁止结婚。波提切利受托在领主宫的墙上绘制壁画（现已遗失）来记录这一事件，以血淋淋的细节描绘了被绞死的尸体，以警示人们：这就是反对美第奇家族的下场。

洛伦佐对帕齐家族采取的手段十分迅速且残酷。尽管如此，帕齐阴谋还是以另一种方式得以实现，也间接导致了美第奇银行的毁灭。洛伦佐的残暴复仇使他的盟友不断疏远他，更让敌人愤愤不平。帕齐银行的财产被没收后，佛罗伦萨执政团给教皇西克斯图斯四世写了一封信，信中将洛伦佐称为"圣彼得宝座上的犹大"*。于是，教皇将洛伦佐逐出教会，并将美第奇银行在罗马和那不勒斯的财产充公，其中包括仓库中所有剩余的明矾。之后，梵蒂冈和那不勒斯联合向佛罗伦萨宣战。美第奇银行元气大伤，急需现金，洛伦佐则干脆直接从佛罗伦萨国库中劫掠了7000弗罗林。在后来的几年里，洛伦佐变得越来越偏执和独裁。他成立了一个紧急委员会——"十人战争会"（the Ten of War），以便无限度地控制佛罗伦萨。更有甚者，他还迫使政府为他配备12名武装人员。在洛伦佐的余生中，他完全不管美第奇银行的业务，把所有精力都投入了政治和外交上，从而导致美第奇银行的财务状况不断恶化。[27]

在15世纪的最后几年里，美第奇银行摇摇欲坠、苟延残喘，债务不断增加，分行纷纷倒闭，生意也越来越不景气。1492年，"华丽者洛伦佐"去世，美第奇家族越发衰弱。1494年，法国国王查理八世入侵托斯卡纳，这成为压死骆驼的最后一根稻草，洛伦佐的儿子皮耶罗二世率先投降，十分可耻。佛罗伦萨人群起反抗，将美第奇家族驱逐出城，新政府没收了美第奇银行的财产。美第奇银行从此消失于世间，如一缕轻烟再不复返。

美第奇银行在文艺复兴时期如日中天的时代就此终结。不久之后，吉洛拉谟·萨伏那洛拉（Girolamo Savonarola）掌权，

---

*   圣彼得宝座是贝尔尼尼（Bernini）设计的一件镀金的青铜宝座，被赋予了传达神的旨意、净化人的灵魂意义，以及得到人们的尊敬和爱戴的希望和信心。犹大是叛徒的象征。

佛罗伦萨进入了与之前截然不同的统治阶段。这位狂热的多明我会修士痛斥富人的恶习，在佛罗伦萨的广场上点燃了虚荣的篝火，将书籍、镜子、乐器和绘画这些罪恶的奢侈品付之一炬。然而，美第奇银行留下来的遗产一直延续至今。最初，为绕开梵蒂冈严厉的高利贷法，美第奇银行创新的金融产品改变了欧洲经济，其创建的中心辐射型业务模式为早期的银行控股公司提供了借鉴。值得一提的是，美第奇银行发明的精细巧妙的复式记账法，至今仍在全球各地被业界广泛采用。此外，乔凡尼、科西莫和洛伦佐对艺术功不可没，为米开朗琪罗、多纳泰罗、达·芬奇和波提切利等艺术家创造了蓬勃发展的沃土，造就了世界上有史以来最辉煌伟大的艺术和思想。

美第奇银行从无到有构建起一个复杂的现代金融体系，它的故事跌宕起伏，引人入胜。文艺复兴时期，佛罗伦萨政权更迭频繁，分裂割据，充满了战争、瘟疫和阴谋。在这个世界里，法治名存实亡，银行业是一种罪恶。然而，美第奇家族创建的不仅是一家银行，还是一个能平等（有时甚至超越了平等）与伟人和权贵交易的横跨大陆的巨头。美第奇银行存活了近一个世纪，为其创始人挣下万贯家财，也给佛罗伦萨这座城市带来了无与伦比的美丽。世界需要银行，美第奇家族便创造了一家银行。

此外，美第奇银行还创新了公司结构。它建立了早期银行控股结构，以美第奇银行为主要实体，并在整个欧洲大陆建立了其他独立实体，而不是一个位于、经营于且专属于佛罗伦萨的单一实体。它旗下独立的分支机构都有自己的名称、管理者以及账簿，且必须定期向佛罗伦萨总行汇报。因为经理对分行享有部分所有权，所以这种结构有助于激励经理独立经营，服务于各分行的业务和利益。这也有助于降低整个公司结构的风险，从而降低了因一家银行的损失而拖垮另一家的可能性。

美第奇银行的失败也让人们吸取了有关金融风险的教训。银行只为最值得贷款的人提供资金，并尽可能以最有效的方式配置资本，我们总认为金融机构做的这些决策都是合情合理的。但在现实中，做出决策的不是银行，而是人。人能做出善良和慷慨的伟大之举，也会有残忍、无能和怠惰之为，有时两者甚至会同时发生（就像"华丽者洛伦佐"一样）。所以，银行并不总是完全理性的，它们会受偏见影响，会犯错，也会冒进。无论对银行本身还是对整个社会来说，这些低效之举都会造成很多不良后果。如果华尔街犯了错，我们倒不必担心教皇派军队推翻我们的政府，但我们也不能对金融体系的内部运作骄傲自满。对于一个追求效率的市场来说，没有什么事情是不可能发生的。

银行业的兴起是企业史上的一个分水岭，但它还缺少一个重要元素。美第奇银行凭借自己对政治风向和权力平衡的敏锐感知，拼贴出自己的公司形式。然而，在一个多世纪后伊丽莎白时期的英国，公司才迎来"大爆炸"时刻：公司从初级组织转变为社会最强大的力量。股份公司将向整个世界彰显股票的强大力量。

第 3 章

股 票

1613 年 8 月，约翰·茹尔丹（John Jourdain）兴致高昂地驶向爪哇岛。经过 6 个月的航行，这位英国东印度公司的首席代理商成功地带领他的船员在香料群岛获得了一批珍贵的丁香。他期待着与留在班塔姆的其他同事重聚，这些东印度公司的同事在这里修理船只，并与当地人进行交易。然而，当茹尔丹的船驶入海湾时，却看到了十分奇怪的一幕。[1]

一艘巨轮静静地停泊在岸边，甲板上空无一人，那是"贸易增长号"（Trade's Increase）。作为东印度公司的王牌，这艘船是当时体形最为庞大的英国商船，4 年前它首次下水时甚至因过于巨大而未能成功地驶出码头。现在，它就停泊在岸边，茹尔丹遥遥向其呼喊，并让手下向空中鸣枪，但船上仍旧没有任何回应。他随即扫视海滩，但那儿也没有人在。茹尔丹不禁开始担心这是当地人设下的埋伏，并让部下做好战斗的准备。就在这时，一艘小船从岸边驶来，茹尔丹认出船上的四人是东印度公司的交易员，但他们看起来不似平常那般精神抖擞，而是像见了鬼一样。[2]

他们爬上船，告诉茹尔丹班塔姆暴发了一种疾病，许多英国人命丧于此，活下来的人也大多虚弱不堪。只有他们四个还能勉强支撑着来迎接茹尔丹，并警告他不要上岸。对这番说辞，茹尔丹有些怀疑：情况究竟有多糟糕，竟然连一个在岸上对他示意的人都没有？他进一步施压追问。最后，其中一个人把茹尔丹拉到一边，低声道出了真相："那些人并不是很欢迎你的到来，他们已经打定主意不接受你首席代理商的身份。"[3]

在茹尔丹出航的 6 个月里确实爆发了一场"战争"，但并不是与爪哇人发生的冲突，而是在东印度公司内部爆发了一场围绕"股票"这一新兴金融概念的"内战"。16 世纪早期，当茹尔丹这样的商人还在醉心于满世界寻找丁香、胡椒和肉豆蔻这样的异国香料时，离东印度公司成为"全宇宙最伟大的商人集团"还有几十年之遥，与亚当·斯密和卡尔·马克思作品的问世，以及 1773 年格里芬码头的波士顿倾茶事件更是相去甚远。当时的东印度公司只是一个在不断扩大的全球贸易中拼命谋求一足之地的伦敦商人小团体。1600 年新年前夕，东印度公司在英国女王伊丽莎白一世的特许下成立，在成立后的第一次航行中公司有所获益，但也称不上取得了什么惊人的成果。不过，与大多数同行相比，东印度公司确实有一个巨大的优势：它是一家"股份公司"（Joint Stock Company）。股份公司是当时英国法律中一个全新的概念，而事实也证明，股份制是为探索时代大航海的发展而量身打造的。简而言之，这一制度允许企业向投资者出售其公司的股票，而投资者则采取预先支付现金的方式换取部分的未来利润。这对贸易公司而言就很方便，因为贸易公司前期投入的成本十分高昂，装备商船、配备船员等都需要资金，而即使有赢利，也只能在船只绕过半个地球回来，也就是几个月甚至几年之后才能看到利润。股份制似乎已为东印度公司开创全球商业新时代做好了准备。

071

还存在一个问题：当时股票的运作方式并不明确。股东有权获得的利润是指公司未来"所有"的利润，还是只是其中的一部分？他们是否对公司的运营有话语权，还是只能分得股息？当时，对于这些问题，不同的公司采取了不同的解决办法。其中，东印度公司的经理制定了"分航"的策略，即让股东各自认购一个航程，每一趟航程有几艘船一同出航。这样的安排让股东能更好地控制风险，并且在一年左右的时间内收获航程中任一船只或者整个船队的利润，具体的时间只取决于航行的速度。但该制度引发了一个意料之外的问题，导致不同航程的商人开始明争暗斗。虽然在同一家公司，但他们的报酬取决于各自的航行是否成功，与他人的航程毫不相关，因此他们根本不会考虑相互合作。事实上，这些商人常常相互压价，与外国商人私下达成有利于自己航程的交易；或者抛出错误信息，将新航行者引入歧途。就如约翰·茹尔丹亲眼所见，这种紧张关系有时还会演变为暴力冲突。

在茹尔丹离开的这段时间，东印度公司分裂成两个对立的派别。第六航程（Six Voyage）的商人在上城区建立了贸易站，第八航程（Eighth Voyage）的商人也不甘落后，占据了下城区。两伙人都声称公司仓库里的货物和这些货物运回伦敦后赚得的利润应归自己所有。茹尔丹上岸后从中协调，推动两派进行和平谈判。但其间仍不免发生一些短暂的小规模冲突，双方一度刀剑相向，所幸最后无人员伤亡，两周后他们终于达成了协议。茹尔丹和他的同事从中认识到：东印度公司的投资控股形式需要改进。[4]

1614 年，东印度公司以股份制取代分航制，让股东对公司本身享有所有权，而不仅仅是其中的一部分。这一变化促使东印度公司快速积累财富，很快便成为全球有史以来最富有、最强大的公司，并在接下来的两个世纪里称霸全球贸易。此外，股份制还为伦敦金融市场的蓬勃发展铺平了道路。之后的几十年里，一家热闹非凡的股票交易所在伦敦开业了，交易所所在的街道就叫作"交易胡同"[*]。该胡同里的咖啡馆挂出股票价格供

072

---

[*] 交易胡同（Exchange Alley），又称柴思胡同（Change Alley），17 世纪和 18 世纪交易胡同里的咖啡馆，尤其是乔纳森和加拉韦咖啡馆，是股票和商品活跃交易的早期场所。这些场所就是现代伦敦证券交易所的前身。

公众查看。由各种股票经纪人以及银行家组成的整个金融行业应运而生，为英国的投资者们提供服务。而这一切都是因为有像约翰·茹尔丹这样勇敢无畏的冒险家背井离乡，在千万里之遥的地方寻找财富。他们会犯错误，也会与恐惧和贪婪做斗争。在资本主义的黎明时代，他们用实践证明什么是行之有效的，什么又是劳而无功的。

❀ ❀ ❀

如今，股票早已同人们的生活息息相关，我们很难想象一个没有股票的世界是什么样的。报纸和电视上每天都在热切地报道道琼斯指数的涨跌，报道首次公开募股（IPO）和交易所交易基金（ETF），报道市场的繁荣与萧条。全世界成千上万的投资银行家和对冲基金经理在办公室以买卖股票为生；工人们将辛苦赚来的薪水投资于养老基金和股票市场，相信自己有朝一日会借此过上舒适的退休生活。人们把希望和梦想都寄托在了股票上。

但究其本质，股票的概念其实很简单，即由公司所创，并为公司服务。股票代表着所有权的份额：如果一家公司有100股，而你拥有其中的50股，那么你就拥有该公司50%的股份。也就是说，一切公司所有者有权拥有的东西，你都享有其中的一半。股东的权利与义务是一个十分复杂的法律问题，这也是

073

本书讨论的核心。简而言之，我们可以将股票视为授予持有人的两种基本权利：一为经济权，即赋予股东享有公司利润的权利；二为投票权，即赋予股东对公司运营的发言权。这些概念看起来似乎平淡无奇。

但股票实际上兼具了极大的优点和显著的缺陷。它的优点在于股票持有者的责任是有限的，这是一种很不可思议的权力。也就是说，你拥有一家公司，但你不必为它的所作所为负责。如果苹果公司制造的手机着火了，苹果公司的股东不必赔偿受害者；如果苹果公司被发现违反隐私法，其股东不必支付罚款；如果苹果公司拒偿贷款，其股东也不必全额偿还。对于想要投资的资本家而言，股票是最好的选择。你不必承担风险，却可以将所有的好处收入囊中。

或者说，股东可收获至少堪称绝大部分的好处。但股份制也存在一个显著的缺陷，那就是割断了所有权和经营权之间的联系。股东名义上拥有公司，但公司的日常运营却掌握在那些时常互相争斗的董事手中。上文中讲到，股东对公司如何运作有发言权，这并不完全正确。他们确实在某些问题上有影响力，但绝非全部。事实上，他们唯一真正拥有发言权的是一年一度的董事选举。一旦选举完成并任命了董事，股东便空闲下来、无所事事，直到下一次选举之前，他们对公司实际的发展几乎没有任何话语权。可以说，在这一点上，公司民主与现实生活中"真正"的民主十分相似。虽然我们常说民主即人民的政府，

074

但现代民主实际上是定期选举的民选代表政府。同样，虽然我们常说股东是公司的所有者，但实际上现代股权在很大程度上是被动的，所依托的是大多数股东从未见过甚至不知其存在的专业董事的决策。我们可以说股东拥有公司，但多数情况下他们与公司并没有什么瓜葛。

然而，这并不意味着股东对股票不感兴趣。相反，股东对它简直是牵肠挂肚，甚至出现了一种专门描述这种集体痴迷效应的理论——有效市场理论。该理论认为，所有我们能够获得的与一家公司相关的信息，都显示在其股价之中。这种说法令人震惊。请注意，不是一些信息，也不是大多数信息，而是所有、各式各样的信息。这些信息一旦出现，便会瞬间以某种方式聚集在一起，对公司的股票价格产生影响。苹果公司今年的赢利比去年高？苹果公司计划在9月发布更大的、全面升级的iPhone？蒂姆·库克（Tim Cook）今早由于头疼没有回复电子邮件？事无巨细，都已体现在苹果公司股票价格的变化之中。有效市场理论最重要的主张之一就是，没有投资者可以准确预测股票价格的未来走向。根据定义，投资者拥有的任何信息在本质上都是信息，因此，这些信息和所有其他信息一样，都体现在股票价格中。也有人对该理论持批评态度，有的认为并非所有的信息都会被纳入股票价格中，有的则对这些信息对股价产生影响的速度提出质疑，还有的认为股价的波动取决于诸如希望、恐惧或偏见等其他因素，与理性信息的传播无太大关联。

但无论如何，有效市场理论的存在及其在金融界中得到的广泛认可已经足以证明，我们内心深处认可股票的强大力量。而证券交易所是资本主义世界无所不知、无所不察的观察者。

股票的影响力巨大，却难以预测。我们倾向于认为，股票和股票交易这一整个体系是资本主义的必然结果。但它们能发展到今天这个地步，其中最重要的影响因素不是逻辑规律，而是实践经验。要了解公司如何演变为如今的模样，最好的办法莫过于看看这家股份公司——世界上最早诞生的、对全球事务影响力最大的、统治了许多国家的公司的命运。接下来，我们一起把目光转回东印度公司。

075

公司历史上最了不起的故事，莫过于一小群来自伦敦菲尔波特街（Philpot Lane）的商人一步步成为"全宇宙最伟大的商人集团"的发迹之路。从 1600 年成立到 1874 年最终解体，英国东印度公司早已深深地融入全世界人的生活中。正是它带来的茶叶使英国成为饮茶之国，之后才有了"自由之子"（Sons of Liberty）在波士顿港的倾茶事件；是它贩卖的鸦片引发了中国的鸦片战争；是它发明的股票主导了新兴的伦敦证券交易所的兴衰；它带回来的咖啡供应给遍布在伦敦交易胡同里的咖啡馆；也是它组建的军队征服了孟加拉地区，此后开启了该公司对印度次大陆长达 100 多年的殖民统治。东印度公司的大事记和丑闻激发了亚当·斯密、卡尔·马克思和拿破仑·波拿巴（Napoléon

Bonaparte）等不同领域思想家的创作，使得新兴思潮不断涌现。对于这一令人目眩的崛起之路，埃德蒙·伯克的评价可谓一语中的："东印度公司的辉煌始于商业，终于帝国。"[5]

1600 年除夕夜，女王伊丽莎白一世特许"伦敦商人开展东印度群岛贸易"，东印度公司的辉煌历史从此正式拉开序幕。但该公司的起源可以追溯至更早的大航海时代早期。1498 年，葡萄牙探险家瓦斯科·达·伽马（Vasco da Gama）绕过非洲南端的好望角抵达印度海岸，宣称来此"传教和寻找香料"。这次航行标志着欧洲历史的新纪元，从此以后，探险家开始在全球航行，寻找大洋彼岸的财富。接下来的一个世纪里，葡萄牙人主导着与东方的贸易，将胡椒、肉豆蔻和丁香等异国香料带到欧洲。[6]

英国商人知道香料贸易有利可图，但直到 1587 年一次偶然的机会，他们才看到其中的利润有多丰厚，从而对葡萄牙的垄断产生了新的认识。1587 年，海盗弗朗西斯·德雷克（Francis Drake）爵士凭借英国政府的势力，突袭西班牙海岸，试图阻碍菲利普二世组建西班牙无敌舰队。同年 5 月，德雷克还袭击了西班牙的加的斯湾，摧毁了海湾上的大部分船舰，并将此举称为"在西班牙国王的胡须上点火"。在返回英国前，他听说一艘名为"圣菲利浦号"（São Filipe）的葡萄牙大帆船将从印度满载而归。该船据说一整个冬天都在莫桑比克，最近才启程返回葡萄牙首都里斯本。尽管物资所剩无几，船员也疲惫不堪，但德雷克还是决定放手一搏。他开始在亚速尔群岛巡航，寻找这艘船的踪迹。幸运的是，在经过圣米格尔岛时，他发现了"圣菲利浦号"，并轻松追上将其俘获。之后，他将俘获的船只驶回普利茅斯，并清点了船上的货物。船上的货物种类繁多，令人十分吃惊，保留至今的货物清单包括了下列物品：印花布、棉被、塔夫绸、丝绸、靛蓝染料、胡椒、肉桂、丁香、肉豆蔻干皮、瓷器、硝石、蜂蜡、肉豆蔻和乌木。除此之外，船上还有一只装着奇珍异宝的匣子，里面满是金链、手镯、钻石、红宝石、水晶腰带、珍珠戒指和鸡血石。德雷克把这些珍宝连同匣子一起"亲手交给了女王陛下"。总而言之，"圣菲利浦号"上的货物价值高达惊人的 108049 英镑，相当于今天的约 2500 万美元。[7]

德雷克的收获在伦敦商人圈中引起了轰动。正如历史学家理查德·哈克卢特（Richard Hakluyt）所言："截获'圣菲利浦号'在英国产生了两大影响：第一，人们认识到，大帆船不是可以任人拿捏的虫子……；第二，英国人更深刻地了解了东印度群岛的富饶。作为同样善于航海，且勇气丝毫不逊于葡萄牙人的民族，英国和邻国荷兰因此深受鼓舞，跃跃欲试，打算一同瓜分东印度群岛的财富。"[8]

在对东印度群岛的财富产生了全新的认知后，伦敦的商人们联合起来，向女王伊丽莎白一世申请特许成立一家新公司——伦敦商人在东印度贸易的公司（Company of Merchants of

London Trading into the East Indies）。在当时，创建公司必须先获得王室（偶尔为议会）的特许状：这不仅是一种权利，更是一种特权。1600年除夕夜，女王批准了他们的请求，这218名最初的倡议者于是顺理成章地成了东印度公司"名义上和事实上的法人和政治代表"。更重要的是，女王还允许他们垄断英国和东印度群岛之间的所有贸易。这些商人获得的特权范围之广令人咂舌，东印度公司自此拥有了在诸多地区进行非法买卖和商品交易的唯一特权，"包括东印度群岛、亚洲和非洲的部分国家和地区，亚洲、非洲以及美洲的所有岛屿、港口、海湾、城市、小湾和城镇等地区，以及博纳埃斯佩兰萨角至麦哲伦海峡的任何地方"。换言之，东印度公司拥有在非洲南部的好望角以东和南美洲南部的麦哲伦海峡以西的任何地方进行贸易的专有权。至高无上的女王伊丽莎白一世大笔一挥，200多名伦敦商人就控制了世界大部分地区的贸易。

作为对国家的回报，特许状明确规定了东印度公司应尽的义务：为英国的荣耀做出贡献，并强调女王授予商人权利是"为了捍卫英国的荣誉，为了壮大航海力量，为了繁荣商品贸易"。东印度公司与政府之间的这种紧密关系还体现在公司的印章标识上：其印章是两头手持盾牌的金狮，盾牌上面是三艘悬挂着英国国旗的船舰，国旗上还刻有"*Deo ducente nil nocet*"（上帝所引，坚不可摧）的字样。正因为东印度公司和政府之间的这种紧密关系，英国牛津大学民法学博士威廉·布莱克斯通在其著作《英国法释义》中写道："公司为公共利益而生。"[9]

东印度公司的创始人形形色色，都拥有不凡的经历或特别的背景。托马斯·斯迈思（Thomas Smythe）在丝绸和天鹅绒贸易中积累了丰厚的身家，之后便投身政界，官至伦敦治安官；此外，他也是东印度公司的第一任总督（他在菲尔波特街的房子在该公司获得授权之前的几年一直作为非正式总部）。腰缠万贯的船主约翰·沃茨（John Watts）曾与西班牙无敌舰队作战，被西班牙驻英大使称为"英国有史以来最伟大的海盗"。爱德华·米歇尔波恩（Edward Michelborne）也是创始人之一。他是一名士兵，也是一名冒险家，曾一度渴望担任东印度公司首次东航的指挥官。希望落空后，他成立了一家公司与东印度公司展开竞争，因此被东印度公司除名，并"被剥夺在这个团体享有的自由和特权，无法从中获取任何权益和利润"。创始人名单上的商人来自各行各业，有类似争议性背景的人更是数不胜数。[10]

没过多久，这些初出茅庐的资本家便开始探索他们新"获得"的领地。1601 年 2 月 13 日，在获批特许状仅一个多月后，东印度公司就对印度尼西亚及其据说十分丰富的胡椒资源垂涎欲滴，迅速开启了前往东印度群岛的首次航行。这次"处女航"的冒险之旅就像乔纳森·斯威夫特（Jonathan Swift）的小说一般惊心动魄。船队由 4 艘船组成——"赫克托耳号"（Hector）、"苏珊号"（Susan）、"升天号"（Ascension）和"猛龙号"［Red Dragon，

最初名为"恶意之灾"（*Scourge of Malice*），但这个名字对一家贸
易公司来说挑衅的意味太强〕。船上共有 480 人，至少装备了 38
门火炮，托马斯·兰开斯特（Thomas Lancaster）是这次航行的
领军者。兰开斯特很有先见之明，事先在"猛龙号"上备了几
瓶柠檬汁以预防维生素 C 缺乏病。可惜其他船只并未效仿其明
智之举，当船队最终抵达好望角时，已有 100 多名船员死亡，还
有许多人身患重病。

为了养精蓄锐，船队中途在萨尔达尼亚海湾停留休整。在
那里，他们遇到了一个当地部落，并尝试与部落的原住民进行
交易以换取食物。关于船队与部落的这次邂逅，我们只能了
解到来自英国人一方的说法，因此非常片面，而且这种说法
和当时的许多叙述一样，充满了无知和偏见。据推测，该部落
很可能是一个在该地区生活了几个世纪的游牧民族科伊科伊人
（Khoekhoen）。一位东印度公司的船员写道："这个地方的人皮
肤呈黄褐色，身材匀称，步伐敏捷，善于采摘和偷窃……他们
的语言完全靠喉咙发声，说话时舌头咔嗒作响。在这儿待的七
个星期里，即使是我们中最聪明的人也学不会他们语言的一个
字。"但商人们最终找到了这个问题的解决办法。兰开斯特"通
过模仿牛的叫声来和他们交流，那是在巴别塔之乱*中也从未改
变过的语言，即牛用'哞'，羊用'咩'。人们不用翻译也能很

---

* 《旧约》中的《创世记》篇记录了巴别塔的故事，讲述了人类各种语言的起源。

好地理解"。在萨尔达尼亚度过了十分愉快的几周后，船队继续航行，并最终于1602年6月5日，也就是在离开英国16个月后，抵达了印度尼西亚的亚齐。[11]

亚齐统治者阿拉乌丁·沙阿（Ala-uddin Shah）用大象、号角和鼓声迎接他们。之后不仅以盛宴款待，甚至为他们准备了老虎厮杀表演。东印度公司在亚齐岛购买了胡椒、丁香、肉豆蔻干皮以及肉豆蔻，还在爪哇岛和香料群岛设立"工厂"（或称贸易前哨站）。得知附近有一艘满载印度纺织品的葡萄牙商船后，东印度公司决定前往打劫。阿拉乌丁·沙阿在听说了这件事之后，要求船队为他带回一名"美丽的葡萄牙少女"，但兰开斯特婉拒了他，并巧妙地回答道："世上难有如此无价之人来呈送给尊贵的您。"历经磨难（在好望角附近，"猛龙号"方向舵失灵，差点儿在一场暴风雨中沉没）后，船队终于在出发后的2年6个月，于1603年9月11日返回家园。这次航行代价惨重，480名成员中有182人在返途中丧生。但东印度公司也赚得盆满钵满，投资者总计获得了300%的回报。[12]

东印度公司开局便是"满堂红"。在接下来的几年里，前往东印度群岛的船只和航次都不断增加，公司的财富也稳步攀升。而"猛龙号"则在这些航行中扮演了重要的角色。1607年，"猛龙号"在塞拉利昂附近为莎士比亚的《哈姆雷特》（*Hamlet*）提供了首次公演的舞台。直到1619年被荷兰人击沉之前，"猛龙号"一共完成了5次航行。总体而言，在东印度群岛进行贸易所带来的利润十分可观，因为东印度公司以极其微薄的成本购买香料，然后以原价数倍的价格在伦敦转售。在班达群岛，10磅肉豆蔻的价格不到 0.5 便士，10 磅肉豆蔻干皮的价格不到 5便士；而在英国，它们的售价分别为 1.6 英镑和 16 英镑，回报率高达 32000%。早期的投资者就这样源源不断地获得高回报。1601~1612 年，资本回报率达 155%。在第三次航行中，丁香贸易所获利润超过 200%。1613~1616 年，公司回报率高达 87%。[13]

然而，在东印度公司的香料贸易中，有一个更大、更狠的竞争对手在其中扮演着"拦路虎"的角色，那就是荷兰东印度公司（Dutch East India Company）。早在 1596 年，荷兰人就已经航行到了东印度群岛，远远早于英国人。他们极力保护自己的地盘，千方百计地将英国东印度公司排挤在外，并且还想方设法阻挠其每一个贸易环节。他们激进好战，毫不手软。1614年，荷兰东印度公司的一位经理简·皮特斯佐恩·科恩（Jan Pieterszoon Coen）在写给荷兰董事会的信件中描述了他的经营之道："无战不商，无商不战。"英国东印度公司对这种无所顾忌的竞争没有任何准备，因此常常在交锋中落败。1623 年，荷兰东印度公司在安汶（位于今印度尼西亚）雇用的一名日本浪人（或称无主武士）告诉他们，英国商人正密谋攻占其在该地的要塞；荷兰人随即采取行动，逮捕、折磨并处决了 10 名英国东印度公司的雇员。这也是荷兰东印度公司对英国东印度公司的香料贸易实施的最后一击。安汶大屠杀给英国东印度公司的董事会敲响了警钟，他们非常勉强地承认自己对这次袭击毫无还手之力，也无法从荷兰人手中夺取香料贸易的控制权。[14]

但他们毫不气馁，将目光迅速转向了一个比香料群岛更有利可图的地方：印度。莫卧儿帝国在这片土地上发展出庞大的纺织业，生产着世界上最优质的丝绸、印花布和棉布。由于莫卧儿帝国皇帝对发展海外贸易十分热衷，因此英国东印度公司很快便在苏拉特、卡利卡特、孟买、马德拉斯、马苏利帕特南和加尔各答等印度沿海地区建立了商站。17 世纪 20 年代，东印度公司在苏拉特的商站每年向英国出口约 22 万匹布，到了 1684 年，这一数字飙升至 176 万。[15]

印度纺织品的涌入在英国引发了广泛的变革，从语言、时尚到政治，无不深受其影响。首先，印度词汇开始进入英语，比如 bandana、calico、chintz、dungaree、seersucker（即花色丝质大手帕、印花棉布、轧光印花棉布、粗蓝斜纹布、绉条纹薄织物）等英语单词都是从印度词汇衍生而来的。其次，印花棉布在英国颇为热销，甚至连女王也十分喜爱。《鲁滨逊漂流记》（*Robinson Crusoe*）的作者丹尼尔·笛福（Daniel Defoe）对英国文化具有敏锐的洞察力，他根据所见所闻写道："人们对印度纺织品如此痴迷，以至于曾用于绗缝毯子和贴身儿童衣物的彩色印花棉布都受到追捧，就连精英女性也对之热爱至极。时尚的力量是如此强大，以前只有女仆才穿的印度服装如今却出现在了有权有势的人身上。"约翰·布兰奇（John Blanch）则对此表示，

082

印度时尚是"女性无法抵御的"，英国人应尽快"将我们的女性从印度政府手中解救出来"。正如这些褒贬不 的评论所示，并非所有人都认同东印度公司的贸易成就。其中，最严厉的批评声来自英国的纺织业，因为工人们担心高质量的印度进口纺织品会威胁到他们的生计。于是，包括织布工、纺纱工、染色工和牧羊人等在内的工人纷纷联合起来，指责东印度公司压低价格，对国内的就业形势造成威胁。整个17世纪后半叶，这样的政治压力不断增大。1696年，英国下议院提出一项法案，禁止公司从印度进口任何丝绸或印花棉布。该法案被上议院否决后，数千名愤怒的伦敦纺织业工人拥入威斯敏斯特游行抗议。一路上，他们砸开东印度公司大楼的大门，将东印度公司副总督的住所洗劫一空，政府因此不得不召集士兵来守卫其他东印度公司高管的宅邸。最终，纺织业的工人如愿以偿：1700年，英国议会颁布《印花棉布法案》（Calico Act），禁止进口印度印花棉布。[16]

在迅速扩张的过程中，东印度公司重现了古罗马大税吏公司和文艺复兴时期佛罗伦萨美第奇银行所开创的许多公司特质。其打造的庞大商业帝国横跨全球大部分地区，但经营者却是伦敦一栋大楼里的一个小团队，因此，建立一个制衡机制以确保分布在世界各地的员工都能同心协力、积极追求公司利益显得十分必要。公司董事会定期在伦敦总部的东印度公司大楼举行会议，派遣员工在主要的海外分支机构担任当地高管和公务人员，以监督公司庞杂的业务。它还开发了庞大的记录系统，要求管理人员对仓库货物和合同条款进行详细的分类记账。对于一家 17 世纪的企业而言，这样的效率十分了不起。

但东印度公司最重要的创新成果之一是股票。虽然它不是英国第一家股份公司（英国最早的股份公司可追溯到 16 世纪 50 年代），但毋庸置疑，它是最成功的一家。与更常见的合伙制相比，股份制有三个主要优势：一是投资者承担有限责任，不会因公司遭受的任何损失而被起诉；二是股票可以在公众间自由交易，有利于广泛吸纳资金；三是公司的资金来源稳定，商业前景广阔。以上三点对东印度公司来说都是不可或缺的，因为它需要大量的前期资金以支撑前往东印度群岛船舶的供给和装备，这一支出可能在两年甚至更长的时间内都无法获得回报。正如商人们最初向女王提交的请愿书所言："只有联合一致的股份公司才能经营如此长线的贸易。"[17]

虽然"股份制"的畅想对东印度公司而言极为诱人，但要弄清楚应该如何将其付诸实践还需要一定的时间。这个过程并非一帆风顺，约翰·茹尔丹及其反叛同事的故事印证了这一点。除此之外，如何协调股东和管理者之间的关系也是一个新问题。公司形式上为股东所有［从股东的原名"业主会"（Court of Proprietors）便可见一斑］，但股东一般不参与公司运营。相反，公司的管理权在一组董事或"委员"（通常称之为"董事会"而

084

非"委员会"）*的手上。这就造成了一种内在的紧张关系。管理者负责日常决策，但这些决策所产生的大部分利润却流向了股东。股东如何才能保证管理者勤勉工作，尽职尽责地管好他们的钱袋？管理者又如何才能确保他们的努力可以得到适当的回报？

起初，在这种冲突背景下诞生了一系列古怪的制度。股东有权选举董事，但前提是股东必须持有一定数量的股票，通常至少为500英镑。但不论股东所持的公司股票为500英镑、1000英镑、10000英镑还是更多，每位符合条件的股东都只有一张选票。不出所料，这一规则为股东们提供了可乘之机。他们会将自己持有的股票按"500英镑"分割成若干份，并将其所有权分别转给自己的朋友、亲戚或同事，从而增加自己投票的机会。与此同时，他们会从最富有的股东中挑选出24名董事组成董事会来管理公司事务（股东必须至少拥有2000英镑的股票才能成为董事会候选人）。此后，董事内部将选出1名总督（实际上也就是董事会主席）。随着东印度公司的不断发展，董事不仅在公司内部有举足轻重的地位，而且在整个英国社会都拥有广泛的影响力。他们有权进行赞助，做出决策，还可以决定家庭的命运。因此，董事常常利用这些权力来帮助朋友、同事和亲戚。为了防止权力固化，董事只能连任四届，然后必须卸任至

---

*   东印度公司由1名总督和24名董事组成全体董事。他们皆由全体经营者委任，并向全体经营者定时汇报。全体董事下辖10个要做定时汇报的委员会。公司的实际权力掌握在委员会手中。

少一年。

这种制度虽然不同寻常，但有效地缓解了股东的忧虑，东印度公司的董事会也能够有条不紊地运作。他们通常于每周三在位于伦敦利德贺街（Leadenhall Street）的东印度公司大楼举行一次会议，由总督主持会议，并负责把通信、财务、仓库和账目等重要事务分配给各位董事。

董事一旦确定好商业战略，便会写信告知海外的子公司，并附上指令具体说明所需购买的物品及其价格。每个商站或"工厂"都有负责执行这些指令的驻地总裁。然而，这些总裁在满足董事的采购需求过程中有很大的空子可钻，因而迅速积累了巨额的个人财富。1687~1692 年，担任东印度公司马德拉斯商站总裁的伊利胡·耶鲁（Elihu Yale）就曾参与一些不光彩的交易，人们怀疑他所从事的交易完全是为了中饱私囊而并非为了公司赢利。据推测，他曾参与奴隶贸易，还被证实挪用公款进行私人投机行为。东印度公司最终辞退了他，但他早已赚取了巨额财富，回到伦敦时，他已是腰缠万贯的商人。1718 年，在他最后一次向纽黑文一所新成立的大学捐赠了数百本图书后，校方为了感谢他的慷慨捐赠，便将学校以他的名字更名为耶鲁大学。

为了尽量减少类似的不当行为，东印度公司要求海外商站对所有重要事件逐一进行详细的书面记录。各商站的总裁通常会组建一个由 6~9 名成员组成的委员会，定期开会讨论公司业务。一般来说，委员会的地位较高，相当于高层管理人员。在马德拉斯，委员会会议通常会在每周三早上 6 点准时开始，此时这座热带城市的热浪还未袭来。委员会的决议将被记录在名为"日常决议手册"（Diary and Consultations Books）的公司登记簿上，并接受伦敦董事会的定期审查。对于东印度公司总部以及任何对其海外分支感兴趣的人而言，这些记录都是宝贵的信息来源。我们可以看到，总部致分部的函件丝毫不留情面。1718 年，伦敦董事会发函斥责马德拉斯委员会的"公餐"在酒水上铺张浪费："为了购买一打伯顿啤酒，支付如此高的价格是完全没必要的，这是一种极度奢侈的行为，每个人都应该为此感到惭愧。如果一定要以这样的高价买酒，请自掏腰包，不要用公款来满足自己的口味。"另一封信则批评了孟加拉委员会的糟糕记录：

　　多年来，由于充斥着大量的无用信息，你们的商簿（General Books）已经膨胀到惊人的规模。再加上你们为了私人便利创建的种种条目，使其越发错综复杂、混乱不堪。而且你们的商簿还屡遭他人抄袭，条目经常被删除，遗漏过账；此外，还有其他不可容忍的违规行为。任何涉及以上情形的人，包括签字审核人在内，都应当感受到我们的不满和愤怒！……过去的几年里，你们的日常决议手册写得一团糟，很多地方无法辨认，索引常常被遗漏。此外，我们还发现，这些手册要么没有及时保存，要么没有及时转交给我们。总而言之，你们每个部门的工作都是如此松散无序、疏忽大意，对我司报以信任的人都会为此感到羞耻！我们的总督和委员们，你们必须以身作则，建立秩序，探索方法，付诸实践。下级应该接受指挥，恪尽职守。对那些粗心大意的人应予以告诫，若屡教不改，便暂免职务，直到我们满意为止。[18]

然而，监管千里之外员工的行为绝非易事。部分海外商站作恶多端，放浪形骸，屡禁不止，恶行层出不穷，严重损害了当地居民以及公司管理者的利益。1676 年，圣乔治堡的一名牧师给董事会写了一封信，痛诉东印度公司员工的恶劣行径，并恳请帮助。他说道："若贵司真的知道，上帝在此屡屡蒙羞，他的名字遭受亵渎，宗教在外邦饱受谴责和痛恨，而这一切都是因为你们的员工逞凶作恶，你们的头必为泉涌，眼必成泪河。"他极力恳求董事会加强对外派员工的素质管理，因为他所看到的员工都卑劣无耻。

这儿有成千上万的杀人犯，有小偷，有教士。有人早已在英国有了家室，却标榜自己单身，并在此地与他人另结连理、通奸生活。有的人倒是以已婚人士的身份前来，但其作为却好似从未结过婚。还有一些作家，他们的生活对基督教来说是莫大的耻辱。他们沉迷于酒精无法自拔，甚至其中一些人为了喝酒成日打牌掷骰。他们通过骰子来决定由谁买单，有时也用来决定谁负责把所有的酒一饮而尽。有些人因此被迫喝酒，喝得烂醉如泥、形同野兽；还有些人把别人灌得酩酊大醉、意识全无，甚至把人剥得一丝不挂，抬过大街小巷，一直到他们的住所，而他们竟然还以此为荣。[19]

为了匡正这些行为，东印度公司在其海外商站建立了一套严格的等级制度。在这套制度下，薪水上涨，职责扩大，良好的行为习惯可以决定是否晋升。新员工往往被任命为"写手"（实际上也就是文员），任职5年后可以晋升为办事员，再过3年可以成为商人。如果足够幸运，商人有机会被任命为总督委员会成员，甚至成为总督。1764年，东印度公司甚至明确规定了道德规范，禁止雇员接收超过一定价值的礼物。[20]

随着时间的推移，事实证明东印度公司对等级和组织的重视有力地促进了公司的发展壮大。公司的业务稳步扩张，几乎涵盖了世界上所有的贸易类型。东印度公司最初专注于胡椒、肉桂和肉豆蔻等香料贸易，后又涉足泡泡纱、丝绸和棉布等印度纺织品贸易，对英国的风尚产生了深远而持久的影响。不久后，它再度进军茶叶领域。到18世纪50年代，东印度公司每年进口的茶叶足有300万磅［著名的茶叶商人托马斯·川宁

（Thomas Twining）也曾是该公司的一员〕。此后，它又转向硝石（火药的重要成分）和咖啡贸易。它还从事过奴隶贸易，将大约3000名奴隶从果阿邦送到圣赫勒拿岛。这一系列举措使得东印度公司建立起一个全球贸易网络。东印度公司的第一批商站坐落于爪哇岛和香料群岛。到18世纪初，整个印度沿海地区都遍布其商站。它还向日本、中国、新加坡、巴士拉（位于今天的伊拉克）、贡布隆（位于今天的伊朗）和摩卡都派驻过代表。东印度公司已然成为一家全球性的大公司。[21]

对内而言，东印度公司还推动了伦敦一个重要机构的发展：证券交易所。股份公司的核心在于其进入资本市场的能力，即所谓的融资。为此，它们需要可靠的渠道来为股票寻找买家。事实证明，证券交易所使得这个问题迎刃而解。东印度公司早期的股票交易是在皇家交易所（Royal Exchange）进行的，这座宏伟壮观的石头建筑位于康希尔街（Cornhill Street），专门用于商业和贸易。但不久后，接洽有意愿买卖股票的中间人——股票经纪人逐渐兴起。他们嘈杂吵闹、喧哗不堪，扰乱了皇家交易所的正常业务，东印度公司的股票交易因此转到了伦敦交易胡同街头。而交易胡同恰好有许多咖啡馆，这是股票经纪人的青睐之地，他们喜欢咖啡因和酒精带来的兴奋和刺激（当时的咖啡馆不只供应咖啡）。很快，咖啡馆便成了熙熙攘攘的聚会场所。伦敦人可以在此停留，享用咖啡，阅读报纸，讨论当天的

089 商业事务。尤其值得一提的是乔纳森咖啡馆（Jonathan's Coffee House），它曾被誉为伦敦新兴资本市场的中心，1698年之前，这家咖啡馆都会定期公布股票价格。这标志着伦敦作为国际金融中心的时代正式拉开了序幕。[22]

证券交易也催生了股票操纵这一常受诟病的现象，其中乔西亚·查尔德尤为出名。17世纪70年代到90年代，他担任东印度公司的董事、总督及控股股东，此前曾创建英国皇家非洲公司（Royal African Company），发展奴隶贸易。这位东印度公司的董事以管理严苛而闻名，我们可以从一封寄往马德拉斯商站的谴责信中窥见一二："我现在最头痛的是你们固有的工作模式，还有啰里吧嗦的无病呻吟。我们下达的指令清清楚楚、直截了当，但你们要么歪曲、误解，要么拖延、无视。你们不像下属，倒像是请过来帮忙的。"在斥责敲打下属的同时，查尔德也不忘精进操纵股价的手段。丹尼尔·笛福后来这样解释他散布谣言、秘密购入股票的计谋：

> 如果我们认为那些关于乔西亚·查尔德爵士的报道可信的话，这位老谋深算的股票投机鼻祖是这样操作的：秘密传递指令，安排东印度群岛披露信息描述抵达群岛的船只的损毁情况；在与莫卧儿帝国和谐共处时声称双方爆发武装冲突；当莫卧儿帝国十万人马兵临孟加拉工厂门前时，他又宣称两国各自安好。他擅于利用这些谣言来影响股票

的涨跌，从而低买高卖。[23]

17世纪末，证券交易所内幕交易和股价操纵猖獗，政府为此发布了一份名为"我们的贸易现状"的报告，严厉斥责这些行为，并将一切归咎于股票的出现。贸易及种植园委员会（The Commissioners of Trade and Plantations）在1696年的报告中写道：

> 公司和企业本是为了引进或经营制造业所创，目的是为初创者牟利。但近来，贻害无穷的股票交易术已完全歪曲腐蚀了公司创立的初衷。股票发行后，第一批认购人利用自身特权，刻意捏造并大肆宣扬股票盛况的消息，将股票抛售给那些被诱惑的无知者。最终，初创者从公司抽身而去，将其股份以高溢价出售给利令智昏的人。由此，公司的业务和股份便交到了"门外汉"的手中。公司的初创者们原本也是雄心壮志，想要利用自身特权来管理公司、为制造业添砖加瓦，但最终也不过匆匆散场。

证券交易所使得公司的性质发生了改变，它不再是致力于国家繁荣昌盛的机构，而是摇身一变成为幕后赌场，诡计多端的炒股行家则利用人们的无知和天真赚得盆满钵满。并且，在这个赌场上，没有所谓的裁判来确保游戏公平公正。[24]

　　若一家公司的影响力遍及全球，其资本深不见底而监管又极其有限，那这家公司必然会过度扩张，问题只在于它会将手伸到哪里，而东印度公司则选择登上政治舞台。随着东印度公司的不断发展壮大，它渐渐无视英国政府，将其视为可以收买甚至压它一头的交易对象。其中，乔西亚·查尔德再次脱颖而出。17世纪末，为谋取政治青睐，查尔德在英国大肆行贿，他很清楚自己手上握着"好牌"，因为议员们都渴望能从当时的股份公司分一杯羹。霍勒斯·沃波尔（Horace Walpole）后来描述道："从交易胡同到议院的路四通八达，双边往来越发密切。"1681年，当查尔德当选为东印度公司总督时，他知道自己该做什么，非常识时务地向查理二世（Charles II）赠送了1万几尼*，此后7年一如既往。当公司的特许状要更新时，他贿赂政客以保证自己的支持率。一名调查员对此说道："公司的人们徒有躯壳，没有灵魂；而没有灵魂，便无良知可言。"查尔德对政府监管不屑一顾，有时甚至明确指示员工违反规定。议会当时曾通过决议，准予所有公司平等地在东印度群岛进行贸易，从而削弱东印度公司的垄断地位。查尔德得知后，写信告知公司管理层不必理会，务必听从他的指令。"英国法律只不过是几个无知乡绅编纂的一堆废话，他们甚至不知道如何规范管理自己

---

*　英国旧时金币，价值21先令，现值1.05镑。现在有些交易，如马匹买卖，仍用几尼计算。

的家族，更遑论来管理公司和对外贸易。"[25]

其实查尔德的丰功伟绩之最在于，他使东印度公司从一个专事贸易和赚钱的商人集团转变为精于战争和权力的公司国家。从船只上挂满的枪支，到首航俘获的葡萄牙商船，均足以证明东印度公司的贸易总是与暴力形影相随。但其实，东印度公司过去的董事们长期以来都竭力避免战争爆发，他们还将此纳入公司的官方政策。东印度公司早期的大使之一托马斯·罗伊（Thomas Roe）爵士颁布了《罗氏条令》（Roe Doctrine），明确禁止员工参与境外军事冲突。他写道："此律当奉为圭臬——若想获利，便出海贸易，但切勿张扬行事。若冒犯印度驻军、涉足陆战，必将铸成大错。战争和贸易水火不容。"直至1681年，东印度公司的董事们在给印度员工的信中仍再三告诫："所有战争，皆与宪法和逐利相悖，因此我们不得不三令五申地表明我们对战争的厌恶。"[26]

然而，在查尔德的领导下，一切都变了。他的核心商业战略便是不惜一切代价控制孟加拉地区的军事力量，他坚信一旦成功，东印度公司就能从当地统治者和外国公司的脚下翻身。在给圣乔治堡总督的信中，他解释道：东印度公司必须将自己从"纯粹的商人团体"转变为"强大的印度军事力量"。他旨在建立一个"文武兼备且能日进斗金的政权，从而为今后在印度建立庞大、稳固、可靠的统治打下坚实的基础"。[27]

为此，1686年，查尔德对莫卧儿帝国发起海战，向孟加拉地区派出一支由战舰和步兵组成的部队。众所周知，"查尔德战役"（Child's War）非常惨烈，仅19艘战舰、200门大炮和600名士兵，跟坐拥400万战力的莫卧儿帝国对抗，犹如螳臂当车。东印度公司在胡格利、巴特那、卡辛巴刹尔、马苏利帕特南和维沙卡帕特南的商站被迅速抢占，在孟买的商站也遭重重包围。为了及时止损，他们改弦易辙，向莫卧儿皇帝寻求赦免，恳请恢复其贸易权。正如历史学家威廉·威尔逊·亨特（William Wilson Hunter）所言："如此庞大的计划，却处处充满了对地理距离的无知和对敌方势力的蔑视，他们的天真让人忍俊不禁。也正因如此，最终的结果便是寸步未成，铩羽而归。"[28]

然而，对一个大陆施加政治统治的想法一旦根植，便难以去除。18世纪，东印度公司在印度的军事力量逐渐攀升。1742年，马德拉斯商站的常备军队力量已稳定在约1200名士兵。东印度公司冉冉升起，加之莫卧儿帝国不断衰落，这个国度的权力平衡逐渐被打破。1756年，当新统治者煽动抵制该公司时，东印度公司的军队顺势反击。[29]

这场冲突的中心在孟加拉地区，即东印度公司对印贸易的核心区域。该地生产的平纹细布和印花棉布在英国很受欢迎，到1720年，几乎占据东印度公司进口量的一半以上。东印度公司与孟加拉政府之间的关系从来都谈不上友好，而到了1756年，西拉吉·乌德道莱（Siraj-ud-Daula）这位新任的纳瓦布（即统治者）上台后，二者关系越发焦灼。西拉吉是前任纳瓦布的孙子，出了名的心狠手辣，常受人们控诉，其所作所为令人发指，曾绑架正在恒河中沐浴的印度妇女，为吓唬不通水性的游客撞毁渡船，以及亲自处决不喜欢的大臣等。但东印度公司最担忧的是，他对在沿海地区遍设商站的欧洲公司心怀不满。西拉吉认为这些公司滥用特权，以驱逐它们为己任，并且他确实有足够的资本这样做。他上台后对自己的财富进行了统计，共有6.8亿卢比，约等于今天的130亿美元。英国报纸根据他的印度名字，称他为"罗杰·道勒爵士"（Sir Roger Dowler），暗喻其财力雄厚。[30]

1756年6月，在当权仅两个月后，西拉吉便对东印度公司发动了第一次进攻，轻易击溃了该公司在加尔各答的要塞。该要塞疏于防守，一名士兵后来这样评价其指挥官："我确实不知我们的军事指挥官能力如何，我只能说，如果他真的有能力的话，那他真是过于藏锋敛颖了。对于他作为驻地军事首领的指挥工作，我相信基地的每一个人都闻所未闻、见所未见。"加尔各答的沦陷对东印度公司造成了重大打击，该地是公司贸易业务的重心，承载了60%以上的亚洲产品出口。消息一经传出，东印度公司股价暴跌，市值蒸发225万英镑，超过总股本的一半以上。但接下来发生的事情，使得加尔各答事件在东印度公司发展史中遗臭万年。占领要塞后，孟加拉军队将俘获的146名东印度公司雇员强行押入一个被称为"黑洞"（Black Hole）的小地牢。这间地牢仅有14英尺长、18英尺宽，囚犯们紧紧挤在一起，狱卒差点都关不上门。虽然有两扇窗户，但几乎没有空气流通，几根粗铁条纵横交错地封在窗户上，使得空气越发稀薄。很快，囚犯们便开始窒息、中暑，他们绝望地呼救，却得不到任何回应。次日早上6点，西拉吉前来放人，眼前宛如乱葬岗，当晚只有23人幸存，其余123人都横尸地牢。[31]

　　驻科罗曼德尔海岸圣戴维堡（Fort St. David）的罗伯特·克莱武（Robert Clive）得知加尔各答失守后，立即筹备反攻。值得一提的是，克莱武的行动并非由东印度公司董事会精心筹谋，毕竟董事会位于千里之外的伦敦。孟加拉和伦敦两地的沟通十分困难（寄一封信到伦敦需要一年的时间，孟加拉收到回信又要一年的时间），因此要从伦敦发来如此详细的指令是不可能的。更出人意料的是，董事会大多数成员认为征战不符合公司利益。东印度公司的一位秘书罗伯特·詹姆斯（Robert James）曾在1767年告诉下议院："我公司宗旨是不采取任何进攻性行动，我们不求征战或权力，只求经商、牟利。"事实上，董事们对大部分冲突一无所知。正如詹姆斯所言："不知不觉，一波未平，一波又起——我们也无法预知事情将如何进展。"[32]

　　可以说，大部分的重要决定是克莱武自己的主意，有时他也会征求远在南方的圣乔治堡委员会的意见和指示。克莱武率军重新夺回了加尔各答，与西拉吉谈判无果后，他发动了普拉西战役（Battle of Plassey），在一片杧果林中将这位纳瓦布的军队打得落花流水。西拉吉的左膀右臂在这场战役中叛变，为克莱武的成功助了一臂之力。这场胜利使东印度公司完全控制了孟加拉，新任的纳瓦布（叛徒将军）也是由克莱武亲自扶上王位的。此外，这场胜利极大地充裕了公司财库，他们将孟加拉的金银财宝洗劫一空，并派遣100多艘船将价值约250万英镑（约合今天的3亿美元）的战利品沿恒河运往加尔各答。克莱武独占23.4万英镑（约2800万美元），并向公司委员会的每位成员另赠2.4万英镑。他后来写道："普拉西战役使得东印度公司一跃成为'全球企业首富'。"[33]

1757年普拉西战役胜利后，东印度公司掌握了对孟加拉的政治控制权，这为公司开辟了全新的赢利渠道，东印度公司由此开启了新时代。1765年，莫卧儿皇帝授予东印度公司"迪瓦尼"（*diwani*，即征税权），官方承认了该公司的权威。据克莱武估计，获得"迪瓦尼"后，东印度公司每年可额外增加2500万卢比（约合350万英镑）的税务收入，而1765年之前公司每年出口亚洲产品的总额也不过约100万英镑。换句话说，公司的规模与日俱增，一跃千里。克莱武异常敏锐，觉得该消息一旦传回伦敦，公司的股价将迎来暴涨。于是，他急忙致信代理人，让他买入公司股票。为了保密，他用暗码写道："我希望，不论我的公共基金抑或我在其他地方有多少钱，以及能以我的名义借到多少，都立马用来购买公司股票。快和我的律师谈谈此事，让他们知道事情的紧迫性，并催促他们尽快完成。"此后的8个月里，股价果真翻了一番，克莱武因此大赚了一笔。[34]

096

军事上的胜利使得东印度公司的自我认知发生了深刻的变化，这个曾经的经纪机构逐渐演变为一个可以征收税务、招募军队和对敌宣战的政府机构。埃德蒙·伯克对此描述道："亚洲东印度公司名为商人集团，实为国家。"一位评论员在谈到该公司的全称"英格兰对东印度群岛贸易的英国商人联合公司"（United Company of Merchants of England Trading to the East Indies）时指出，东印度公司的人既非商人，也不与印度贸易。相反，他们是一个帝国，有着征税权、公务员管理团队和私人军事力量。

与此同时，东印度公司在集公司与国家于一体的路上刚起步便出现了裂痕。它疯狂压榨孟加拉地区，对本就贫困的民众大加征税。不满于织工的纺织速度，公司管理者就制定了严苛的惩处制度，罚款、监禁和鞭笞随处可见。在异常严峻的劳动环境下，一些工人切断自己的拇指，不想被迫继续工作。东印度公司不注重发展供水系统和作物生产，还持续囤积粮食，导致 1770 年出现了大饥荒。历史学家威廉·亨特写道："1770 年那个闷热的夏天，饿殍千里，尸横遍野。农夫们卖掉了他们的牛……他们生吞谷种；他们卖儿鬻女，直至无人接手；他们啃食树叶和野草。1770 年 6 月，据一名公司官员所言，那时生者以死者为食。日日夜夜，饥肠辘辘、病痛缠身的荒民涌入各大城市。"这场饥荒导致 200 万 ~1000 万孟加拉人死亡。[35]

除了在印度，东印度公司还在世界各地为其贸易争取特殊待遇，但往往带来灾难性结果。1773年，该公司发现伦敦仓库积压了大批茶叶，便说服英国议会通过《茶税法》（Tea Act），授予其将茶叶直销北美而无须缴纳出口关税的权利。波士顿本地商人担心大量廉价茶叶涌入会压低市场价格，于是暗中策划了一场起义，伪装成莫霍克族战士*登上英国商船，将嗤之以鼻的东印度公司茶叶一举倒入河中，迎来了起义的高潮。波士顿倾茶事件是英美关系的标志性转折点，东印度公司的贪婪让美国独立战争奏响了集结号。约翰·狄金森（John Dickinson）化名为拉斯蒂克斯（Rusticus）并宣称："东印度公司在亚洲的恶行已充分证明其对国家律法以及人们的权利、自由和生命是何等蔑视。它挑起战争，煽动叛乱，废黜合法统治者，为了利益不惜牺牲数百万人的生命。它将一个大国的税收揽入囊中，但即使这样也无法满足它的贪欲。它野蛮勒索、强制垄断，将那些可怜民众的微薄资产剥削得一干二净，使整个孟加拉地区陷入赤贫与厄运当中。如今，它又将目光转向了美国。我敢说，垄断茶叶仅仅是其掠夺我们财产大计中的冰山一角。"[36]

　　研究国家和经济新理论的两位哲学家也注意到了东印度公司。被称为现代资本主义之父的亚当·斯密在《国富论》中写到"看不见的手"引导个人在自由市场中追逐自我利益，但同

---

*　易洛魁联盟中的莫霍克族战士（Mohawk）是古往今来世界上最优秀的轻装步兵之一。

098 时也在无意中广泛促进了社会利益。然而在不为人熟知的一节中，亚当·斯密对公司是否有能力做到这一点表示怀疑。他说道："那些拥有公司股份的资本家的利益，从来都与公众利益无关。通常情况下，他们从欺骗甚至是压迫公众中获利，而公众亦常为他们所欺骗、所压迫。"他随即用较大篇幅，对东印度公司进行了一番猛烈的抨击，认为该公司存在不可弥补的缺陷。公司管理者们预料到油田稀缺能带来巨大的利润，于是下令摧毁部分油田；雇员们只追求个人利益，而非其所辖领域的利益。东印度公司充满欺诈和滥用的管理模式虽囊获了超额利润，却造成了过度浪费，而这一切都要让英国买单，英国因此损失惨重。印度同样如此。亚当·斯密坦言："这是一个非常奇特的地方。政府的每一位成员都渴望能够离开这个国家。因此，为了能尽快与政府断绝关系，也为了自己的个人利益，他们带着所有的财产背井离乡。即使第二天整个国家为动荡所吞没，他们也完全无动于衷。"他在最后写道："东印度公司以及所有类似的公司各方面都令人厌恶，因为它们总是会给国家带来麻烦，对被殖民的国家而言则更是一场灾难。"[37]

卡尔·马克思提出的共产主义理论与亚当·斯密的资本主义理论旗鼓相当，相互抗衡，但在这件事上，或许是他一生中唯一一次完全同意亚当·斯密的看法。1853 年，马克思在《纽约论坛报》（*New York Tribune*）的一篇文章中写道："由英国冒险商人组成的东印度公司征服印度就是为了赚钱。"然而造成的

后果简直就是大灾难。他说道:"毫无疑问,印度的财政赤字根 099
深蒂固、战争屡见不鲜、公共事业无人问津、税收制度糟糕透
顶、司法和律制更是一塌糊涂。可笑的是,以上五点就是《宪
章法案》(East Indian Charter)的全部内容。"马克思认为,这
些弊端并不是东印度公司结下的恶果,也与其高层管理不善无
关,而是股票本身造就的必然结果。"谁是伦敦赫利街的主人?"
马克思指向东印度公司大楼。他说道:"深入研究这个反常机构
的框架,可以发现其底部有第三种权力,与委员会和董事会相
比,这一权力级别更高,更不负责任,同时也更加隐蔽,能不
受公众舆论的监督和防范。2000 余名垂垂老矣的女士和体弱多
病的先生持有东印度公司的股票,只顾从收益中获取股息,对
公司发展漠不关心。"对马克思来说,股票制的核心早已腐烂
不堪。[38]

　　最终,英国议会也看到了这一点。1769 年的金融危机使得
东印度公司濒临破产,它不得不向政府申请援助。政府为其发
放了一笔贷款,但作为回报,东印度公司被强制限制派息,并
在加尔各答成立了一个由议会控制的新董事会。1783 年,公司
再度陷入财务困境,董事会向议会致函寻求帮助。议会再次伸
出援手,但这一次,东印度公司被完全控制。英国议会颁布的
《皮特印度法案》(India Act)任命了一个由政府控制的管制委员
会(Board of Control),授予其指导公司海外民事军事事务的全
部权力。此外,英国政府有权直接罢免公司高管。虽然东印度

公司在名义上仍继续经营了 70 年，但是它作为私营公司的时代已基本结束，已然成为英国政府的一个部门。1857 年爆发了印度民族大起义（Indian Mutiny），至此，英国政府将其完全收归国有。

100　　东印度公司释放了股票最原始的能量，将自己从一个小型商人集团转变为一个强大的贸易帝国。这一成就令人敬畏，但也蕴含着种种弊端。这家起初仅为了从海外贸易中获利的企业，逐渐成为一台不断往上爬的机器，甚至有时会伤害创建它的国家。这种紧张的关系随着时间的推移不断加剧，最终以暴力而告终。正如埃德蒙·伯克所警告的那样："这家被诅咒的公司最终会如同毒蛇一般，将以胸怀孕育它的国家毁于一旦。"然而，东印度公司的案例也彰显了公司可以在世界上发挥力量。在接下来的几个世纪里，股份公司及其衍生公司将主导资本主义和商业的发展。它将促进新世界的殖民化，开启工业革命进程，推动美国经济的扩张和增长。属于股份公司的统治时代势不可当。

鰀　鰀　鰀

对任何形式的资本主义制度而言，股票和交易所都是必不可少的组成部分。股票允许公司从公众的手中筹集资金，而交易所则允许公众从投资的股票中获利。东印度公司发现，两者结合在一起大有裨益，投资者把资金投给有前途的公司，而公司又将这些钱投资新的项目，一旦后者获得回报，投资者就会获益，接着又可以重新把这些钱投入看好的公司。赢利—投资—再赢利—再投资，如此反复，管理者的野心和公众的经济状况成了这一过程的唯一限制条件。

股票和证券交易所的出现也使得公司面临许多新问题。公司的所有者和管理者之间的联系本就微弱，因为股票而直接切断了联系。股东拥有公司，但他们对公司的运营几乎没有发言权；而董事可能会中饱私囊，任意提高自己的薪水，或给自己发放巨额奖金，所有这些都以股东的利益为代价，而董事几乎不用承担任何责任，甚至不会被发现。当然，这些问题也有解决的办法，例如可以给予管理者公司的股票，以激励他们和股东保持同一战线；可以聘请会计检查账目中是否存在欺诈或管理不善的问题；还可以雇用那些以正直和诚实著称的董事。但这些都只是权宜之计，只能治标，不能治本。

公司的实质因为证券交易所发生了革命性的变化。随着证券交易所的兴起，股票交易发展得如火如荼，但股东们却与公司渐行渐远，他们往往更关心股票的价格，而不是股票所属的公司。可以说，是股东们对股价高涨的期望，让公司不择手段地赚取更大的利润。事实证明，股票价格变化无常，容易受到各种奇怪行为的影响，它们蓬勃、衰颓、沸腾、爆裂。谣言横行，闲谈四起。最终，证券交易变成了猜谜游戏，交易者并不关心公司下一步会做什么，而是揣测其他交易者在想什么。资本主义成为游戏中的游戏，证券交易所将公司带入波涛汹涌的新水域。它们被抬起又抛下，被拉来又扯去，如此猛烈，如此出乎意料。而这一切，都是由变幻莫测的市场决定的。

证券交易所的兴起、股东的出现为公司的逐利之途注入了更大的动力。股东们可能不知道或者根本不关心公司的日常情况，但他们只要摸一摸手里的钱袋，便对公司的赢利情况了然于胸。随着时间的推移，公司学会适应这个全新的股东式资本主义世界，那时它们就明白这是一种行之有效的赢利方式。

第 4 章

垄　断

1862 年 7 月 1 日，亚伯拉罕·林肯（Abraham Lincoln）心事重重。南方邦联将军罗伯特·E. 李（Robert E. Lee）正进行让他一举成名的系列战役，为期 7 天的战事严重摧毁了联邦军大肆吹嘘的波托马克军团（Army of the Potomac）；北方联邦将军乔治·麦克莱伦（George McClellan）给林肯发电报，请求增援（林肯通过电报回复道："即使我们有 100 万大军，援兵也不可能及时抵达。"之后，林肯给各州写信，请求增援 30 万兵力）。林肯在此不久前签署了一项废除各地区奴隶制的法案。两个月后，他发表了《解放黑人奴隶宣言》（Emancipation Proclamation），解放了美国南方邦联领土上的所有黑奴。此时，南北战争正如火如荼地进行，成千上万人在果园、田野和山谷的惨烈血战中丧生。[1]

林肯的事务如此繁重，即使不小心漏掉桌上一份国会刚递交的法案，也情有可原。这份《政府保障援助为用于邮政、军事和其他目的而建设的由密苏里河到太平洋的铁路线和电报线路法案》（The Act to Aid in the Construction of a Railroad and Telegraph Line from the Missouri River to the Pacific Ocean, and to Secure to the Government the Use of the Same for Postal, Military, and Other Purposes）* 冗长而复杂，共包括 20 小节，全文长达 10 页，其中还包含了大量关于子午线、经纬度和利率的讨论。从表面上看，该法案与林肯当天考虑的其他问题相比，可能不是特别重要，但他十分清楚，该法案对国家的未来至关重要，最终一条横贯大陆铁路由此建成。

林肯一直特别重视铁路事业。在开启政治生涯之前，他曾是一名铁路律师，捍卫铁路公司在伊利诺伊州的利益。在他承接的一个最著名的案件中，他成功为那些在河流上架桥的铁路公司进行了辩护，因为经常撞上桥梁的蒸汽船起诉了这些公司。担任铁路律师期间，快速赚钱并不是林肯的唯一目的。他认为，铁路是美国的未来，是一项伟大的"公共事业"，铁路能够为地区间的交流提供新的贸易和交通方式，因此能促进贫困和偏远地区的经济社会发展。1832 年，在竞选伊利诺伊州众议院议员时，他曾特别阐述了投身于此的坚韧精神："在公共事业发展前

---

* 　也称为《太平洋铁路法案》。

景上，没有任何改善能在逻辑上与铁路相媲美。"

一条横贯大陆铁路是潜力无限的。林肯认为，这样一条连接东西海岸的铁路对于维系脆弱的国家来说至关重要。事实上，现在他面前的这项法案，正是他一手促成的。正如铁路主管格伦维尔·梅伦·道奇（Grenville M. Dodge）所写的那样，"林肯批准建造这条铁路，不仅是出于军事上的需要，也是国家控制太平洋海岸的一种手段"。林肯后来让另一位铁路部门负责人科尼利厄斯·布什内尔（Cornelius Bushnell）抓紧时间修建这条铁路，这样，当他结束总统任期后，就可以在这条铁路上乘车旅行了。签署授权这份《太平洋铁路法案》（The Pacific Railroad Act），"将是他一生中最自豪的事情"。[2]

对林肯来说，铁路代表国家结构中不可或缺的一部分，它能从物质和精神两个层面把国家紧紧联系在一起。因此，桌上的这项法案与战争的跌宕起伏一样具有重大意义。但他建造铁路所采用的策略可能有点出乎意料，因为《太平洋铁路法案》并没有授权政府出面铺设铁轨，也没有设立一个联邦铁路部门来监督这项工作，这完全不是一个政府项目。相反，该法案设立了联合太平洋铁路公司（Union Pacific Railroad Company）——"一个法人和政治团体"。它"被批准和授权来规划、定位、建造、供应、维护和享有一条铁路"——从艾奥瓦州延伸到加利福尼亚州。该法案的其他条款还规定了该公司的股本、董事选举和董事会的举行。此外，该法案还授权已经在加利福尼亚州成

105

立的中央太平洋铁路公司（Central Pacific Railroad Company）从另一个方向（从太平洋海岸往东）建造铁路。总之，林肯的决定是：这条横贯大陆铁路将由公司来修建。

林肯非常关心这条横贯大陆铁路的建设进展，一直跟进了解最新情况。1865年1月20日，他遇刺的三个月前，发现联合太平洋铁路公司进展缓慢，便与国会议员奥克斯·艾姆斯（Oakes Ames）会面讨论这一情况。"艾姆斯，抓住这个机会，"林肯对他说，"如果补贴不足以修建这条铁路，请要求加倍的资金，这条路必须修建，而你是唯一能做到的人，把握好这个千载难逢的机会啊！你们这代人将会因这条铁路而被永远铭记。"[3]

在奥克斯·艾姆斯会被一代人铭记这一点上，林肯错了，因为他才是那个被记住的人。但他的话很能说明问题，他相信铁路对这个脆弱的国家的重要性，因此他选择将其委托给一家公司来管理。一条铁路和一家公司，将把这个联邦联系在一起。[4]

※ ※ ※

106   在公司所做过的众多糟糕的事情中，垄断总是排在首位。垄断是所有经济学家都感到棘手的事情。当一家公司发展得如此庞大以至于成为该领域内唯一运营的企业时，价格就会上涨，投资则会停滞，而质量必然下降。消费者只能任由那些不负责任的公司恣意妄为，政府对此也无能为力。

然而，颇具讽刺意味的是，尽管垄断一直受到大众的批评，公司却将实现垄断作为最高追求，无一不将此作为毕生追寻。归根结底，资本主义的核心是竞争精神。经济学的一个主要信条就是企业之间的激烈竞争——制造质量更优、价格更低、交付更快捷、使用更便利的产品，从而创造出一个更美好的世界。但是，公司并不是为了竞争而竞争，而是为了在竞争中获胜。它们的目标是制造出比竞争对手更好的产品，并以更低的价格出售，以更快的速度交付。如果做到了这些，它们将得到诱人的奖品：它们将占领所有市场，出售所有产品，并最终将竞争对手挤出市场。一旦实现这个目标，它们就可以所向披靡，没有任何对手能对它们构成挑战。

退一步来说，即使是资本主义理论家也觉得这个问题十分棘手。我们怎样才能创造一个基于竞争，但最终目的却是消除竞争的体系呢？想一想，假设在美国职业篮球联盟（National Basketball Association，NBA）体系中，如果湖人队在NBA季后赛中击败了凯尔特人队，凯尔特人队不仅会被淘汰，还会永远失去NBA成员的身份；如果湖人队在NBA总决赛中赢得了总冠军，其他所有球队都会被逐出NBA。那结果显而易见，球迷们将有幸观看湖人队内部的比赛，而票价明显更高。毋庸置疑，这样的篮球比赛一定会失去吸引力。

当然，你可能会说，即使一家公司已经击败了现有的竞争对手，它仍然要与潜在的市场新入者竞争。如果它不继续以低价出售好的产品，更好的公司就会分走它的市场份额。在刚才所举的 NBA 例子中，你可能会说，被逐出联盟的其他球队也可以去创建他们自己的联盟，然后与卫冕的湖人队争夺收视率。但是，有什么东西能阻止他们呢？比如，NBA 可以设置不可逾越的障碍，阻碍其他篮球联盟的出现；或者 NBA 可能和电视台签订合同，禁止电视台转播其他联盟的比赛；又或者他们可以大幅降低票价，甚至把价格降到不可想象的程度。只要时间够长，NBA 就可以将规模较小、财力较弱的联盟挤出市场。

无论是消费者还是整个社会，垄断都是大家关切的议题。公司就其性质而言，持续谋求的是集中市场力量。一旦获得了市场支配能力，公司就有一系列策略来维持，而这些策略往往是以牺牲公共利益为代价的。没有什么故事比横贯大陆铁路更能说明垄断是如何形成的，以及形成垄断后发生的故事。

19 世纪中期，美国正发生巨大变革。美国人忙于建设国家，并拼命防止它分崩离析。新成立的各州迅速加入联邦，国家的边界不断扩大。1830~1860 年，共有 9 个州加入联邦，其中包括密歇根州、佛罗里达州和艾奥瓦州。1846 年，美国与英国就俄勒冈州和英属北美殖民地之间长期存在的边界争端达成了和解，最终将边界线定在了北纬 49 度线。1848 年，美墨战争后，美国毫无争议地获得了得克萨斯州、加利福尼亚州、亚利桑那州、内华达州和犹他州的所有权。到 1850 年，美国拥有了构成如今美国主体的所有领土的主权。*

但是，扩张也带来了关于国家发展方向的难题。其中一些问题很现实：居民如何移居到新的领地？如何定期运送邮件？军队如何守护这些广袤的土地？还有其他一些问题则关乎道德并触及美国身份认同的根本。当时最激烈的争论之一是奴隶制在新领土上的地位问题。南方的蓄奴州希望这些领土施行奴隶制，北方自由州的态度则相反。问题的争议点不仅在于个别州的经济发展，还在于更广泛意义上的国家内部的权力平衡。新州的加入，以及他们培养的新参议员和国会议员，很容易使国家立法机构的控制权向蓄奴州或自由州倾斜。《1850 年妥协案》（Compromise of 1850）试图通过批准加利福尼亚州为自由州，允许新墨西哥州和犹他州自行决定是成为蓄奴州还是自由州来解决这一争端，并制定了一项新的《逃奴追缉法案》（Fugitive Slave Act），要求自由州将出逃的奴隶送回奴隶主手中。尽管这一妥协在短期内缓和了紧张局势，但最终也只是推迟了对奴隶制的清算。

在希望和绝望交织之下，修建横贯大陆铁路的想法开始生根发芽。支持者认为，它将解决困扰国家的现实问题和道德问题。要知道，在 19 世纪，旅行是一件十分困难和危险的事情。

---

* 阿拉斯加和夏威夷在 1959 年加入美国。

西部探险英雄路易斯（Lewis）和克拉克（Clark）花了3年时间完成美国国内首次横跨大陆西抵太平洋沿岸的探险，最终带回一个令人失望的消息：在东西海岸线之间并没有一条河流可以通航。旅行者想要横穿大陆，只有两种选择——陆路或海路，而选择哪一种都并非易事。陆地路线首先需要旅行者穿越落基山脉，其次穿过大盆地的沙漠，最后跋涉越过内华达山脉。海上路线则需要旅行者绕过南美洲最南端因暴风雨肆虐而闻名的合恩角，总计需耗时6个月，航行18000英里。当然还有一种海陆组合方式，先走海路前往巴拿马，再通过陆路穿越巴拿马地峡，最后通过海路前往加利福尼亚州，但巴拿马这段路途上流行令人望而生畏的黄热病，而且这个组合仍需耗时35天。尽管如此，出于贪婪、绝望，或仅是对新事物的渴望，美国人仍以惊人的速度向西部迁移。1848年，人们在加利福尼亚州小城科洛马（Coloma）挖掘出了黄金，引发了持续数十年的移民潮。据统计，1840年，加利福尼亚州共有8000名非本地居民；到了1850年，这个数字激增至12万；到1860年，非本地居民高达379994人，人们纷纷通过著名的俄勒冈小道前往西部。所有这些因素都加剧了对连贯东西部铁路的渴求。

铁路似乎提供了一个完美的解决方案。蒸汽动力机车的引入使铁路变得高效、快捷和便利，铁路建设开始进入繁荣期。1834年，美国仅铺设了762英里的轨道；1844年，达到4311英里；1854年，总数竟达到15675英里。与此同时，技术也得到了快速发展。19世纪30年代，美国发明家和铁路主管罗伯特·史蒂文斯（Robert Stevens）研发出坚固可靠的全铁轨道，取代了当时流行的木制轨道；火车的尺寸和功率不断提高，还增加了蒸汽警笛和发动机制动系统以提高安全性。随着桥梁技术的不断发展，铁路能够跨越河流和峡谷。当人们发现野牛是铁路安全的主要威胁之一后（因为它们常在铁轨上闲逛，注意不到向它们逼近的火车，从而被撞出铁轨），便增加了一种犁形"捕牛器"来排除障碍。据说，一个设计精良的"捕牛器"可以将一头2000磅重的野牛抛至30英尺高的空中。5

在美国仍处于严重分裂的时代，全国在建设横贯大陆铁路这个事情上罕见地达成了共识。共和党和民主党都表示支持，公众也拍手称赞。大家关注的问题只是到底如何、在何处并且于何时修建铁路。1859年，美国《纽约论坛报》主编霍勒斯·格里利（Horace Greeley）旅行至加利福尼亚州，随后撰写了《陆上之旅：从纽约到旧金山》（*An Overland Journey from New York to San Francisco*）一书，重新点燃了人们对这一话题的兴趣。

同胞兄弟们！让我们下定决心，修建一条通往太平洋的铁路，越快越好！这比获得十几个古巴更能增加我国的力量和财富。它将被证明是一种不易打破的团结纽带，也将为我们国家的工业、繁荣和财富迎来一个新的春天。它将催生新的制造业并扩大对现有产品的需求。它将为国家和

个人的抱负开辟全新前景，并通过给公众思想指出一个崭新和健康的方向，让一切阻挠议事的行动无法进行。

同时，他也警告说，建造这样一条铁路极其困难。工人需要在延绵数百英里的无人区铺设轨道。"我曾以为我知道贫瘠的模样，但这里的贫瘠超出想象：饥荒横行肆虐，像王一般挥舞着权杖，统治着他的专属领地。"[6]

但即使是横贯大陆铁路这样一个受到普遍赞誉的想法，也陷入了政治争论的泥潭。核心分歧在于铁路的运行路线。南方各州想修建一条从新奥尔良经得克萨斯州到圣迭戈的路线，这样沿途所穿越的山脉更少，冬季的降雪量也会更少；北方各州则倾向于建造一条始于芝加哥的北方路线；其他利益集团则倾向于折中两方意见，修建一条穿越国家中部的铁路。1853年，国会拨款15万美元对路线的可行性方案进行调研。来自密西西比州的时任战争部长杰斐逊·戴维斯（Jefferson Davis）领导委员会并派出勘探队，探索南至墨西哥、北至加拿大的可行路线，他后来当选为美国南北战争时期南方邦联总统。该委员会的结论非常重要，因为铁路的路线将决定众多乡镇、城市和各州的命运。戴维斯提交的委员会最终调查报告长达11卷，包含大量地图、插图和对调查地区的描述。总而言之，他坚定地建议铁路应穿越南方。不过该建议一提出就被否决了，因为北方利益集团是不会同意这个方案的。

到 1860 年总统大选林肯上台时，国会内部仍存在明显分歧，无法就横贯大陆铁路的修建方案达成一致。然而，两党仍公开表示支持。共和党和民主党都在他们的政策纲领中加入了专门讨论这条铁路的内容。民主党版本写道："从军事、商业和邮政的角度来看，这个时代的必需品之一是大西洋和太平洋沿岸各州之间的快速通信；民主党承诺提供宪政政府援助，以确保在切实可行的最短时间内建设一条通往太平洋海岸的铁路。"如此一来，尽管各党派在铁路路线上也许永远无法达成一致，但如果有一方能完全控制国会，它就有可能通过自己选择的路线。

这一刻终于在南北战争期间到来。南方各州脱离联邦，他们的代表也从国会撤出，北方各州也清除了立法机构中的障碍。国会迅速采取行动，在 1862 年 6 月末向林肯递交了《太平洋铁路法案》。

事实证明，该法案的细则对铁路的未来产生了深远影响，对其进行详细研究十分有价值。该法案一方面极度翔实，几乎达到吹毛求疵的程度；另一方面又十分抽象，有点模棱两可。其中只有几条细则直截了当，其余的描述则比较晦涩。明确的是，将成立联合太平洋铁路公司，该公司将从密苏里河向西修建铁路，而已经成立的中央太平洋铁路公司将从萨克拉门托向东修建这条铁路。然而，该法案并没有明确联合太平洋铁路公司在密苏里河铺设铁路的起点，也没有具体说明两家公司的工

112

程将在何处汇合，这些问题都会引发争议。

作为努力建设铁路的回报，这两家公司将获得大量土地和丰厚的政府贷款。每条铁路都将获得其铺设铁轨两侧 200 英尺的通行权，还能拥有铁路周边 10 英里宽的棋盘状交错地带，这意味着每铺设 1 英里铁轨，公司就能得到 6400 英亩（约 38850 亩）土地。铁路越长，得到的土地就越多，这可是一条最终长达 1912 英里的铁路啊！该铁路不需要横穿整个美国，因为美国东部已经有广泛连接的铁路网。除政府赠地之外，两家公司还将根据铺设的轨道数量获得政府债券，债券金额根据地形的难度浮动。在平原地区，铺设轨道相对简单，每铺设 1 英里轨道能获得 16000 美元债券；在落基山脉和内华达山脉之间的高原地区，施工难度较大，每铺设 1 英里可以得到 32000 美元债券；在施工难度更大的山区，每铺设 1 英里铁路可获得 48000 美元债券。这些债券和其他债券或贷款一样，最终必须支付利息，但该法案没有明确规定何时支付利息，这在后来也引起了很大争议。

为了确保铁路公司不偷工减料，政府专员要先检查 40 英里长的轨道并确定其符合标准，然后才批准拨付赠地和债券。拨付标准与其他标准一样，仍然具体而晦涩。具体的一面在于，规定了所使用的铁的来源："铁轨和其他用于铁路建设、修建设施的铁材［必须］是美国制造的质量最佳的铁。"这项规定是应国会议员萨迪厄斯·史蒂文斯（Thaddeus Stevens）的要求列入的，因为他在宾夕法尼亚州有一家铸造厂，他希望铁路公司能从那里购买铁材（但他的幻想被南方邦联军打破了，他们在1863年葛底斯堡战役前烧毁了他的钢铁厂）。晦涩的一面在于，该法案没有明确规定铁路的轨距（或铁轨之间的宽度）。这个遗漏十分重要，因为在19世纪60年代还没有通用的铁路轨距，每条铁路都使用自己的轨距标准：伊利铁路（Erie Railroad）采用6英尺的轨距；密苏里太平洋铁路（Missouri Pacific）采用5英尺6英寸的轨距；萨克拉门托河谷铁路（Sacramento Valley）采用5英尺3.5英寸的轨距；纽约中央铁路（New York Central）采用4英尺8.5英寸的轨距。因此，该法案规定，"整条铁路的轨道应采用统一的宽度，具体宽度由美国总统决定"。林肯最终就这一议题召开了一次全体内阁会议，将其定为5英尺，但国会推翻了这一决定，于1863年通过一项法案，将其定为5英尺8.5英寸，这为该轨距成为国家"标准轨距"奠定了基础。

国会为什么要把建设横贯大陆铁路的权力交给公司？答案有两个方面。首先，人们认为在承担如此大规模的项目时，公司将比政府更有效率。因为公司可以利用和引导资本家、企业管理者、工程师等各种力量的自身利益，这是政府官员永远做不到的。其次，人们也担心联邦政府的权力会超出其应有范围。詹姆斯·布坎南（James Buchanan）在1859年面向全国所做的年度致辞中说道：

114　　　　　对政府来说，让经政府任命，并受政府直接管理的代理商从事这项庞大的工作是不妥当的。这将使行政部门的任命权上升到非常危险的程度，并会滋生欺诈和腐败，联邦官员再警惕也无法阻止。因此，应委托公司或其他机构来建设铁路。出于公司和个人利益，它们会积极主动地督促铁路的建设。

布坎南对联邦政府的不信任和对公司的信任，与当时民主党纲领中强调联邦政府宪法具有局限性、私营企业在引导经济中占据优先地位是一致的。[7]

《太平洋铁路法案》是对公司优势的一次豪赌。霍勒斯·格里利在1863年4月15日写道："因此，太平洋铁路不仅是我们这个时代最伟大和最崇高的公司，而且在道义上也会被证明是最有益、最有利可图的。"然而，为了实现这一目标，联邦政府决定制造垄断（或双头垄断，视个人判断而定）：只有联合太平洋铁路公司有权从奥马哈向西建设铁路；只有中央太平洋铁路公司有权从加利福尼亚向东建设铁路。至此，垄断开始了。[8]

建造一条横跨世界上最荒凉、最难到达、地形最复杂的地区，长达数千英里的铁路，不仅需要政界精英和金融高手，还需要工程天才。联合太平洋铁路公司成立伊始并不具备这些条件。它需要摸索如何在如此广袤和荒凉的土地上修建铁路以及如何支付修建铁路的费用。各种问题互相制约：如果没有解决工程问题的计划，就很难筹集到修建铁路的资金；而如果没有资金，就很难完成解决工程问题所需要做的工作。

在财务方面，事情一开始就不太顺利。《太平洋铁路法案》要求成立一个由铁路投资者、银行家和政治家组成的委员会，委员们开会决定联合太平洋铁路公司的组织和管理办法。1862 年 9 月 2 日，该法案通过两个月后，委员会在芝加哥举行了会议，但会议的出席率很低，只有不到一半的委员勉强出席。当委员们选择联邦军队将军塞缪尔·柯蒂斯（Samuel Curtis）作为公司的总裁时，他公开声称联合太平洋铁路公司不可能生存下来。他说："尽管《太平洋铁路法案》的拨款很慷慨，但可能还是不够。"公司的新任领导说出这番话可不怎么鼓舞人心。尽管如此，委员们还是同意在全国各城市公开发布股票认购书，并在国家级报纸上刊登股票销售广告来筹集资金。[9]

股票销售过程也充满坎坷。销售目标是以每股 1000 美元的价格出售公司 10 万股授权股份中的至少 2000 股，以达到该法案规定的常设委员会能够开始公司运营业务的数额要求。但销售了 4 个月后，仅有 11 名自告奋勇的投资者购买了45 股——离预定目标相去甚远。唯一的亮点在于犹他州摩门教的教主杨百翰（Brigham Young）同意购买 5 股。他希望这条铁路能穿过新建立的盐湖城，并打算通过购买股份对铁路路线产生一些影响。最终的结果当然令他很失望。尽管如此，杨百翰仍然是联合太平洋铁路公司的热心支持者，当铁路最终修到犹他州时，他还帮忙组织修建了一段铁路。但是，如果公司要认真地开始修建铁路，它需要的不仅仅是一个人的支持。

危机之时，托马斯·杜兰特（Thomas Durant）——一位马基雅维利式*的铁路金融天才终于出现了。杜兰特于1820年出生于马萨诸塞州，他年轻时学医，后来经商，加入了他叔叔的进出口公司，涉足股票投机，然后作为铁路高管开启了蓬勃的职业生涯。他脾气暴躁，善于操控，有时甚至会采用不道德的手段，但他在宏大的商业计划方面很有眼光，从不错过任何好机会。1863年，他在联合太平洋铁路公司发现一个好机会，虽然该公司当时正处于困境，但在他看来，也提供了吸引力十足的投资机会。他为自己购买了50股股份，然后向他在波士顿、纽约和费城的富有的资本家圈子进行宣传，但不少人对他持怀疑态度。他的一名同事说："如果你妄想修建一条穿越沙漠和落基山脉的铁路，全世界都会说你是个疯子。"不过，杜兰特对自己的判断深信不疑，坚持进行宣传。他不惜为投资者垫付初始投资，以确保他们能购买股票，还向投资者保证已经制订了改善

---

*   马基雅维利是15世纪意大利有名的政治思想家，因著作《君主论》而闻名。由于书中强调"权术"和"谋略"，鼓励君王为达到独裁可以不择手段，不用在乎道德，因此人们后来将持有此观点的人一律称为"马基雅维利式"的人物。

公司财务前景的计划。他发现，筹集资金的一个主要障碍是铁路法的条款不够宽松，于是又游说国会修改法案。与此同时，他开始研究可能具有隐藏价值的铁路路线，并聘请了一位地质学家在沿线寻找矿床。[10]

杜兰特的努力得到了回报。到1863年9月，他终于凑齐了一批愿意购买2000股股份的投资者，这意味着联合太平洋铁路公司可以召开股东大会，选举董事会，任命高级管理人员，并开始正式修建铁路。在会议上，前任财政部部长约翰·迪克斯（John Dix）将军将被任命为联合太平洋铁路公司的总裁。不过，他只是挂个名罢了，实际上，公司真正的领导者是已当选副总裁的杜兰特。杜兰特立即着手实施他的宏伟计划。第一步是确定联合太平洋铁路的"东部终点站"。在这件事上，杜兰特有个人利益的考虑，因为他拥有另一条通往艾奥瓦州康瑟尔布拉夫斯的铁路——密西西比和密苏里铁路。如果横贯大陆铁路能修到那里，将对他十分有利。

杜兰特给他的总工程师发电报，说他需要进一步调查，以便有足够证据说服林肯总统选择康瑟尔布拉夫斯作为铁路的"东部终点站"。他用一贯咄咄逼人的语气，在电报中写道："立即进行初步调查，确定起点的位置。""拖延是毁灭性的，一切都取决于你。"结果证明这样的风格很有效。1863年11月17日，在发表葛底斯堡演讲（Gettysburg Address）的前两天，林肯发布了一项行政命令，指定康瑟尔布拉夫斯为横贯大陆铁路的终点站。首选的终点站确定后，杜兰特再次给他的总工程师发电报，命令他破土动工："你在如此重要的修建铁路人业上已经耽误了工期，周三马上动工！"[11]

杜兰特在国会进行的游说工作也得到了回报。1864年，国会通过了一项新的《太平洋铁路法案》，改善了提供给铁路公司的条件。赠送的土地增加了一倍，从每铺设1英里铁路得到6400英亩土地增加到12800英亩。公司还获准发行首次抵押贷款债券，获得了新的融资方式。而且，杜兰特的一步妙招是，公司还有权获得被赠予土地上发现的任何煤、铁等矿产。该法案的第一个版本中并没有包含这项权利，但杜兰特聘请的地质学家在布拉克山发现了煤和铁，杜兰特认为这些煤、铁将成为公司未来的财富宝库，于是厚颜无耻地向有权势的政客分发联合太平洋铁路公司的债券，为法案的通过铺平了道路。他雇用的说客约瑟夫·P.斯图尔特（Joseph P. Stewart）为了让法案通过，共分发了25万美元的联合太平洋铁路公司债券，其中有2万美元给了威廉·特库姆塞·谢尔曼（William Tecumseh Sherman）将军的弟弟查尔斯·T.谢尔曼（Charles T. Sherman），还有2万美元给了起草法案的纽约律师克拉克·贝尔（Clark Bell）。

至此，联合太平洋铁路公司得到了有利的法律、丰厚的资本和一批有实权的行政人员的保驾护航，铁路建设拉开序幕。但事实证明，和许多人预期的一样，施工面临重重困难。初期施工的每一步对后勤来说几乎都是一场噩梦。确定路线也仍然是一个主要问题。铁路工程师希望尽可能铺设一条直达目的地的路线，但他们不知道最终目的地在哪里——这也还没有确定。还有，当时火车运行的坡度不能超过 2%，工程师们希望尽可能地避开丘陵、山脊和峡谷。火车也不能急转弯，所以需要与这些障碍物保持合理的距离。同时，蒸汽机需要水，所以铁路还得靠近河流。但由于铺设过河的轨道很困难，所以他们希望有一条路线能避开蜿蜒的河流，尽可能减少过河的次数。然后，每个人都希望有一条靠近水牛的路线，以保证工人们有充足的食物，同时还要避免太靠近印第安人部落的领地，因为许多印第安人对这条铁路持怀疑态度或怀有深深的敌意。由于任何一条具有可能性的路线上基本都没有已建成的城市，铁路建设团队不得不随身携带所有补给，顺着密苏里河漂流，或者用马车运送数百英里。但与中央太平洋铁路公司相比，联合太平洋铁路公司仍轻松得多，因为中央太平洋铁路公司必须跨越内华达山脉那些令人望而生畏的山峰。[12]

所有这些问题以及由此产生的内部矛盾和争斗都大大拖累了建设进度。到 1866 年初，也就是《太平洋铁路法案》通过两年半后，联合太平洋铁路公司只铺设了 40 英里铁路，距离短得可怜。越来越清楚的是，尽管杜兰特在金融上很敏锐，但他根本不具备修建铁路的必要知识。他需要一位精通勘测、降低坡度和铺设轨道的工程师。在他心中，只有一个人能够胜任这项工作，但不巧的是，这个人去打仗了。

格伦维尔·梅伦·道奇是修建横贯大陆铁路史上的一位传奇人物。他出生于马萨诸塞州，是一位工程师，早年就投身于新兴的铁路行业，为伊利诺伊州、密西西比州和密苏里州的铁路公司工作。他一直梦想着修建一条横穿美洲大陆的铁路，20多岁时曾花很多时间去探索可行的路线。他一向注重细节，在铁路行业的多年工作经历使他对如何修建一条好铁路熟稔于心。根据多年的研究和经验，他绘制了一张地图，详细描述了建设横贯大陆铁路的特殊需求。他在地图上标注了浅滩以及可以找到水源和木材的位置，这是美国第一张提供这类信息的地图。据此，他得出康瑟尔布拉夫斯是铁路最理想的东段终点，杜兰特对此也表示认同，因为从那里前往河流很方便，而且普拉特河谷的坡度比较平缓。1859年，他在康瑟尔布拉夫斯见到了正在镇上视察房屋的亚伯拉罕·林肯。在太平洋大厦为庆祝林肯来访而举办的宴会上，道奇和林肯饭后一起坐在门廊上聊天。林肯听说道奇对横贯大陆铁路充满热情，便向他寻求建议。"道奇，太平洋铁路往西走的最佳路线是什么？"林肯问道。道奇眼也不眨地回答道："从康瑟尔布拉夫斯镇到普拉特河谷。"林肯又问："你为什么这样想？"这场谈话持续了很长时间。道奇后来回忆道："林肯用一种和蔼可亲的方式，很快就从我这里了解到我对西部的所有认识以及我的勘测结果。他详尽地获得了本应告诉我今后老板的所有机密。"[13]

　　杜兰特心里很清楚，道奇正是那个联合太平洋铁路公司迫切需要的人，但不巧的是，1862 年《太平洋铁路法案》通过时，道奇正在联邦军中作战。尽管如此，杜兰特还是多次邀请他来公司工作，道奇则再三拒绝。道奇每到一个地方都会修建和维修铁路，他的铁路专业知识对联邦军来说非常宝贵，他也因此在军队的高层中赢得了良好声誉。尤里西斯·辛普森·格兰特（Ulysses S. Grant）将军在他的回忆录中对道奇进行了大量描写，称他既是一位"效率极高的军官"，也是一位"经验丰富的铁路建设者"。终于，1865 年，这场看似永无休止的战争画上了句号。杜兰特和联合太平洋铁路公司终于得到了拼图上缺失的最后一块：一位总工程师。道奇于 1866 年 5 月加入联合太平洋铁路公司并担任铁路总工程师。[14]

　　道奇加入时，联合太平洋铁路公司正处于上升的关键时期。于是，他迅速重组员工队伍，并向他们灌输他在军队里学到的一些纪律。他雇用退役士兵，认为他们更有纪律性，并将他们分配到不同的小组，作为测量员、平地员、铺轨员等，每个小组只负责单一任务。他全身心投入工作，尽自己的能力修建最好的铁路。尽管财务状况很糟，但他还是专注于寻找最佳路线，并据此铺设轨道，逐渐使公司状况有所改善。他做得最好的决定之一便是雇用了杰克·凯斯门特（Jack Casement）和丹尼尔·凯斯门特（Daniel Casement）兄弟来监督施工队。杰克身高仅5英尺，但当他头戴哥萨克帽*，手持长鞭在铁轨一头昂首阔步时，看起来十分高大。很快，联合太平洋铁路公司的员工团队就变成了一台运转顺畅的机器。

工作现场组织有序，井井有条。《费城公报》（*Philadelphia Bulletin*）的记者对此有如下描述：

他们来了。一辆装满铁轨、一匹马拉着的轻型货车飞奔而至。两个人抓住铁轨的一端往前走，其余的人则两人一组抬着，把铁轨从马车上卸下。他们小跑前进，一声令下，他们就把铁轨小心翼翼地朝上放在地上，而同样的过程也在车的另一侧进行。每组只需花不到30秒就可以把铁轨从车上拿下来，这样每分钟可以放4根铁轨。瞧，多么高效的工作啊。不仅速度快，联合太平洋铁路公司的工人也非常认真。车一卸空，就会被翻转到轨道一侧，让下一辆满载铁轨的货车通过，然后空车马上又被翻转回来，由长度为60英尺或80英尺的绳子牵着的骏马在年轻车夫的引领下全速前进，赶着马车飞奔回去装下一车铁轨，真是一道美丽的风景线！紧跟在第一队人身后的是测量员、打钉员和螺栓手，他们用结实的大锤在平原上演奏了一首生动而宏

---

* Cossack hat，一种软毛无边帽，起源于高加索和中亚地区，常用在寒冷天气或寒冷地带。

大的铁砧合奏曲。该乐曲为三拍，即每颗钉子需敲打三下。一条铁轨需 10 颗钉子，一英里铁路含 400 根铁轨，到旧金山需铺设 1800 英里铁路。这意味着在这项美国的现代伟大工程完成之前，这些大锤要敲打 210 亿个有力的音符！……谢尔曼率领他的胜利军团创造了从亚特兰大扫荡到萨凡纳的奇观，相比之下，他们也不如这支从奥马哈步行到萨克拉门托的大军光荣——他将征服未知的荒野，攀登无名的山脉，克服从未尝试过的障碍，将象征着现代进步和文明的铁徽贯穿美国广阔的胸膛。[15]

道奇和凯斯门特兄弟在前线如火如荼地开展工作，联合太平洋铁路公司也开始快速发展。截至 1866 年 4 月，也就是道奇加入团队之前，该公司在其成立以来的三年半时间里只铺设了 63 英里长的铁路，但到了当年的 6 月 4 日，铺设的铁轨已达 100 英里。到 7 月下旬，铁轨已铺至格兰德岛，长达 153 英里。10 月 6 日，铁路修建至一个重要的里程碑西经 100 度子午线时，共计铺设铁轨 247 英里。为了庆祝这一时刻，杜兰特组织了一次由参议员、国会议员、投资者和报社记者参加的铁路沿线短途旅行。他带领他们乘坐了由乔治·普尔曼（George Pullman）制造的知名的豪华普尔曼卧铺车厢。游客们可以选择外出观看凯斯门特团队铺设的轨道，参观草原犬群，或者外出狩猎水牛和羚羊。旅途的某一个早晨，一群脸上涂着颜料的波尼族（Pawnee）

战士咆哮着穿过他们的营地，惊慌失措的游客们在帐篷里瑟瑟发抖，直至看到杜兰特在袭击中登场，游客们才反应过来这是一场表演。波尼族战士随后表演了一段战争舞蹈和一场包括剥头皮表演的模拟战。[16]

随着联合太平洋铁路公司的铁路建设向荒野推进，离已建成的城市也越来越远，开始侵入美国原住民部落的领土，随之遭到他们的激烈反对。当铁路修到科罗拉多州的塞奇威克堡时，联合太平洋铁路公司的员工遭到了美国原住民部落战士的频繁袭击。他们不断破坏铁轨、袭击工人、偷窃物资。道奇命令手下携带步枪，并按照军事路线组织施工，以便在遇到麻烦的第一时间形成战斗队形。情况愈演愈烈，联合太平洋铁路公司不得不隐瞒受袭消息，以防止心有余悸的工人大量辞职。

最严重的一次袭击发生在 1867 年 8 月的内布拉斯加州梅溪附近。当时，乔治·阿姆斯特朗·卡斯特（George Armstrong Custer）将军率领一支军事远征队，与美洲原住民部落争夺大平原的控制权。一群由"火鸡腿"（Turkey Leg）酋长率领的夏延族（Cheyenne）战士从卡斯特的军队中逃走，途中偶然发现了一列火车。由于他们以前从未见过火车，于是他们站在山脊上好奇地观察。战士"豪猪"（Porcupine）描述了他们的初次感受："远远望去，它很小，向我们行驶而来，火车变得越来越大，还喷出烟雾和蒸汽，我们都说它冒烟的样子看起来像白人的烟斗。"在仔细观察了这条"金属道路"并进行了一番讨论后，他们决

123

定袭击下一列开来的火车。于是，他们在铁轨上放了一根大树枝，在旁边点燃火堆，然后这群印第安人开始坐等，想看看接下来发生的事情。日落之后，联合太平洋铁路公司的一辆（铁路线检查和工人交通用的）手摇车出现在轨道上。"豪猪"说："不一会儿，声音越来越大，透过黑暗，我们可以看到一个小东西向我们驶来，上面有个东西在上下移动。当车上的人发现火光和印第安人时，他们试图快速驶过，但当车撞到木棍时，它高高向空中跃起。车上的人摔倒了，他们马上爬起来逃跑，但很快就被追上杀掉。"这些夏延人发现，如果是一列大火车经过会很容易越过木障，他们一不做，二不休，索性把铁轨弄弯。几小时后，一辆正常尺寸的火车脱轨，他们实施了暴力抢劫。[17]

万幸的是，手摇车上的一名联合太平洋铁路公司的员工死里逃生，讲述了当时的经过。英国人威廉·汤普森（William Thompson）是一名电报修理工，当晚他和其他5名员工被派去铁路沿线寻找损坏点。当他们抵达横在铁轨上的树枝旁时，夏延人从周围的草地里跳了出来并向他们开枪。见状，汤普森连忙跳车逃跑。

一个骑着小马的印第安人盯上了我，向我飞奔而来。他在离我不到10英尺的地方向我开了枪，子弹穿过了我的右臂；看到我还在跑，他立马冲了上来，用步枪把我打倒。然后他拿出刀子，刺入我的脖子，用手指绕着我的头发转了一圈，开始剥我的头皮。虽然疼痛难忍、头晕目眩，但我知道要保持安静。大概过了半个小时，他在我左太阳穴的头皮上割了最后一刀，看到头皮还有点粘连，他猛地扯了一下。我当时只觉得非常疼，好像灵魂出了窍。我无法向你描述这种感觉。那感觉就像整个脑袋都被砍掉了。那个印第安人随即上马飞奔而去，但他走的时候，把我的头皮扔在了离我几英尺远的地方，我赶紧设法把头皮捡起来藏好。

汤普森在夜色中爬到威洛艾兰站，之后被救援队发现。他把自己的头皮（"看起来有点像一只淹死的老鼠"）放在一桶水里，并交给医生，希望医生能把头皮重新接到头上。不幸的是，手术失败了。后来，他把头皮捐给了康瑟尔布拉夫斯的公共图书馆，其后很多年，游客都可以在那里看到陈列在一罐酒精中的头皮。[18]

由于敌对行动不断增加，1867 年，安德鲁·约翰逊（Andrew Johnson）成立了印第安和平委员会（Indian Peace Commission），与各美洲原住民部落举行会议。为了防止进一步的暴力行为并保障铁路运行安全，该委员会在北普拉特与苏族（Sioux）和夏延族举行了会议。然而，语言障碍、抵制情绪和误解使谈判陷入困境，由此达成的协议对阻止攻击几乎没起到任何作用。同时，联合太平洋铁路公司逐渐开始借助军事力量，派出军队保护工程师和工人，蜂拥而至的定居者也扰乱了水牛的迁徙活动——美国原住民部落的生活越来越艰难。约翰·波普（John Pope）将军对这次谈判曾有这样的描述：

> 事实上，印第安人的国度已不复存在。白人如今遍布他们的土地，毁掉了他们维生的手段，暴力夺走了他们的家园；他们全家上下只能挨饿，或不得不与白人交战至死，因为白人不断的入侵严重威胁着他们的生存。印第安人提出的第一个要求是，白人不得进入他们的领地；不得杀害或驱逐其赖以生存的猎物；不得将他们逐出领地。除非禁止移民和定居，否则我们怎么能保证这一点呢？……谈判的结局可想而知，真是令人沮丧。[19]

1869 年，联合太平洋铁路公司穿过怀俄明州进入犹他州，施工速度进一步加快。在整个建设过程中，该公司一直紧密关注着中央太平洋铁路公司的进展，想抢先抵达加利福尼亚州与其汇合。1867 年夏，中央太平洋铁路公司炸开一条血路，穿过了内华达山脉这个最大的障碍，取得了稳步进展。由于《太平洋铁路法案》根据两家铁路公司铺设的铁路里程数来发放补贴，而两条铁路之间的里程数是有限的，可铺设的铁轨数量迅速减少。这样一来，中央太平洋铁路公司每多铺设一英里铁路都意味着从联合太平洋铁路公司的口袋里抢钱。这是一场近乎完美的竞争，因为这能激励公司提高效率、加快进展，同时能使工程师道奇和金融家杜兰特之间长期潜伏的矛盾浮出水面。越接近终点站，杜兰特发送电报的语气越紧迫，言语中充满愤怒："重要的是轨道应该铺得更快一些，难道你们不能每天铺一英里吗？到底是什么原因使你们进度如此缓慢？"[20]

但道奇却不以为然，他认为，只追求速度而不考虑其他因素会损害铁路施工质量。若要满足杜兰特的期待，工人们就不得不偷工减料，省去预防措施，并且超负荷进行施工，这将招致灾难。于是，1868 年，他写信给联合太平洋铁路公司总裁奥利弗·艾姆斯（Oliver Ames），表达了对杜兰特指令的不满。他写道："铁路维修方面毫无进展，副总裁为了快点把铁路铺完，下令跳过所有步骤，他们修建的临时桥梁甚至无法让火车顺利通行。在即将来临的这个冬天，你们将一无所获。巨额补贴只会被用来分红，你们当中那些享有名望和声誉的人，将在全国人民面前蒙羞。"1868 年 7 月，道奇与杜兰特、格兰特将军举行了一次气氛紧张的会议，他认为铁路建设有了补救措施，因为刚刚当选美国总统共和党候选人的格兰特告诉杜兰特，他希望道奇来负责修建铁路的工作。格兰特了解道奇在南北战争期间的表现，知道他比任何人都能更好地完成这项工作。格兰特说："政府希望这条铁路尽快完工，希望铁路公司能够履行义务，也希望道奇将军在这条铁路建成之前继续担任总工程师。"这番话的信息很明确：杜兰特要想摆脱道奇，必然会招致美国未来总统的愤怒。[21]

1869 年，联合太平洋铁路公司的铁路终于修到了犹他州。从这一点来说，该公司的建设团队堪称一台运转良好的机器。铁路建设早期，他们一天能铺 1 英里的铁轨就很不错了，而当他们修到犹他州时，一天能铺五六英里，有时甚至能铺 7 英里。在竞争精神的激励下，中央太平洋铁路公司不断超越，在 1869 年 4 月 28 日创下了一天铺设 10 英里 56 英尺铁轨的纪录。不可思议的是，尽管这两条铁路在 1869 年春已顺利进入犹他州范围内，国会仍然没有确定交汇点，铁路公司完全不知道应该朝哪个方向铺路。连续好几个星期，这两条铁路的平地机在彼此相距几英尺的范围内或平行或交叉地进行施工，双方工人也不可避免地发生了激烈对峙。据说（也可能是杜撰），中央太平洋铁路公司的一群劳工在他们的线路上突然引爆炸弹，导致联合太平洋铁路公司的一群爱尔兰工人葬身现场。最后，1869 年 4 月 8 日晚上，双方在华盛顿特区举行会议，他们争论不休，会议开到第二天凌晨才结束。道奇与中央太平洋铁路公司的副总裁科利斯·亨廷顿（Collis Huntington）最终达成协议：两家公司修建的铁路将在大盐湖北部的海角峰（Promontory Summit）接轨。联合太平洋铁路公司和中央太平洋铁路公司随即分别停止了在海角峰以西和以东的施工。事实上，在停工之前，这两家铁路公司已经重叠铺设了 200 多英里的轨道。[22]

距林肯签署《太平洋铁路法案》不到 7 年，团圆的一天终于在 1869 年 5 月 10 日到来。两条通往海角峰的铁轨已经铺就，只差打下连接铁轨的最后一根道钉。众人从四面八方赶来见证这一历史性的时刻——代表联合太平洋铁路公司的道奇、杜兰特和凯斯门特兄弟，从加利福尼亚州前来、代表中央太平洋铁路公司的利兰·斯坦福（Leland Stanford），工人、摄影师、记者、士兵、政要，甚至还有一个乐队将共同见证两条铁路合龙。联合太平洋铁路公司和中央太平洋铁路公司的火车头沿着各自修建的线路迎面驶来、相向而停。为此，它们还制作了一枚特别的黄金道钉来连接这条伟大的铁路。令人啼笑皆非的是，双方为谁来打下这枚道钉又争论了一番：中央太平洋铁路公司认为斯坦福当之无愧，因为中央太平洋铁路公司的线路先破土动工；道奇则认为杜兰特更合适，因为联合太平洋铁路公司修建的铁路更长。妥协之下，两人只有共同完成这个仪式。据说，两人都持锤击打了道钉，但都没有打中。斯坦福和杜兰特并没有因此气馁，他们联合给格兰特总统发了一封电报："总统先生，我们很荣幸地向您报告：最后一条铁轨已经铺就，最后一枚道钉也已装完，太平洋铁路修建完毕！" 23

　　横贯大陆铁路是一项震惊世界的成就。这条长达 1912 英里的铁路贯穿了美国境内最荒凉和人迹罕至的地区，跨越了沙漠、山脉和河流。诗人沃尔特·惠特曼（Walt Whitman）在他的诗歌《通往印度之路》（The Passage to India）中描绘了全国上下欢欣鼓舞的情景。"歌颂我的日子，赞美伟大成就，歌颂工程师不朽的佳作。我们的现代奇迹，（超越古老的七大奇迹）……我看到太平洋铁路穿过大陆，跨越重重障碍；我看到连绵不断的火车沿着普拉特河蜿蜒前行，满载货物和乘客；我听见火车飞驰而过的轰鸣和嘹亮的汽笛声；我听到传来的回声萦绕于世界上最壮丽的风景。"

尽管沉浸在喜悦之中，还得想办法把业务运营起来。到此时为止，联合太平洋铁路公司账目上都是支出，现在必须产生赢利才行，毕竟他们拥有不可否认的独特而有价值的产品。在淘金热时期，铁路还未建成之前，从东海岸到西海岸需要 6 个月以上的时间并花费数百美元。铁路建成后，这趟旅途仅需不到1 周就可以完成，车费仅为 65 美元，海运和邮政的费用也更加便宜。此外，联合太平洋铁路公司通过创新使旅行更为便捷和舒适。1868 年，联合太平洋铁路公司与乔治·普尔曼签署协议，为铁路提供卧铺车厢；1869 年，增加了旅店式列车，车上不仅有卧铺，还有餐厅、会客室和沙龙车厢，列车在途中不必停下来在沿途用餐，从纽约至旧金山的旅程只需要 5 天半。事实证明，铁路确实非常受欢迎。到 1870 年，这条铁路已经运送了 15万名乘客。铁路公司公布了铁路时刻表，随之产生了一个重要变化：美国废除了各地自行选择的时间，改为采用新的四时区标准时间。[24]

乘客意味着定居者。在铁路修建过程中，由于联合太平洋铁路公司聘用了大量爱尔兰的饥民或移民，这些劳工喜欢喝威士忌，性格狂热，公司在他们所到之处建立了后来被称为"车轮上的地狱"的城镇帐篷。然而不久以后，这些临时城镇就因暴力和风气不佳而臭名昭著。大部分临时城镇随着铁路施工线路的延伸消失了，但仍有部分得以长期留存，怀俄明州的拉勒米（Laramie）就是其中之一。拉勒米最初由格伦维尔·道奇的测量员进行规划和修建，后来因在此发生的西部枪战、杀人成性的歹徒史蒂夫·朗（Steve Long）和他的"血桶"（Bucket of Blood）酒馆而为人所知。著名的探险家、记者亨利·莫顿·斯坦利（Henry Morton Stanley）曾撰写他如何在坦噶尼喀湖附近找到英国传教士、探险家戴维·利文斯敦（David Livingstone），倘若他知道当年这些"车轮上的地狱"城市里的离奇景象，可能会更为震惊：

　　我继续往前走，来到了一家有着"山丘之王"响亮称号的舞厅，里面装饰华丽，灯光璀璨。从昏暗的街道转到煤油灯照明的餐厅，耀眼的灯光几乎把我的眼睛闪瞎，喧闹声使我感到惊讶。一楼的人多的不得了，所有人都在大声喧哗，语速飞快，似乎都在放荡和消遣。女人们看上去很是鲁莽，男人们似乎也毫不介意踏入罪恶的旋涡。城外，火堆在大海般广阔的地面上闪闪发光。城内，士兵、牧民、马夫、妇女、铁路工人则在跳舞、唱歌或赌博。我真的相

信，这里有些人会为了5美元杀死一个人。每天都有一具尸
体在附近的某个地方被发现，口袋里的东西被洗劫一空。

当然，也不是所有城市都充满罪恶，一些更大的、永久性的城市沿着铁路线应运而生，特别是在铁路补给站附近，例如内华达州的里诺、怀俄明州的夏延市和埃文斯顿等。曾经那些遥不可及、人迹罕至的地区，如今仅需一趟短途旅行就可以从东西海岸而至。[25]

此外，联合太平洋铁路公司对于向西迁移的定居者具有强烈的经济吸引力。该公司获得了政府授予的大量土地补贴——它得到了11401176英亩的土地，面积比西弗吉尼亚州还大。现在，它开始出售这些土地，在报纸和杂志上刊登广告，承诺以低价出售土地并提供发展良机。在这一销售过程中，铁路公司的坚定盟友霍勒斯·格里利再次为其摇旗呐喊，他在报刊上写道："去西部，年轻人，去西部。"[26]

实际上，乘火车去西部并不是一趟令人愉快的旅程。尽管铁路公司努力使火车更舒适，乘客的抱怨仍然不绝于耳。1869年，一群倒霉的乘客在经历了一次声称给他们留下深深的精神创伤的旅行后，给《芝加哥论坛报》（*Chicago Tribune*）写了一封公开信，谴责联合太平洋铁路公司："我们不得不说，人类的生命将陷入极度不安全之中。这条铁路堪比一个不断延伸的人类屠宰场，完全不是公众所期待的那条在国会慷慨拨款下修建的安全、牢固、品质优良的铁路。"令乘客最不满的则是公司收取行李费的做法，"我们深感愤怒，他们强迫我们乘坐一列货车的守车*，停在离车站至少1/4英里的地方，我们像牲口一样挤在一起，他们让所有乘客，包括男性、女性、儿童自己走过去搬运行李，超过 25 磅重的行李都要额外收费，甚至连毛毯和大衣也要计算在内"。[27]

尽管旅途并不舒适，这条铁路还是极大地推动了贸易和商业的发展。拉尔夫·沃尔多·爱默生（Ralph Waldo Emerson）对此有个精妙的比喻："铁路就像魔术师的魔杖，激发了大地和水源沉睡已久的能量。"这条铁路把农作物和矿物从加利福尼亚州运到东部，把制成品从东海岸运到西海岸。更重要的是，这种影响不局限于最初的主要线路。从丹佛到盐湖城再到内华达州的尤里卡，沿途都陆续修建了支线铁路。1880 年，这条铁路已运输了价值 5000 万美元的货物，相当于如今的约 1000 亿美元。货运成了铁路公司的主要业务，客运和邮件运输占了其余业务的半壁江山。这是一个全国市场，也是世界上最伟大的市场故事的开端。[28]

131   无论是联合太平洋铁路公司的胜利，还是这条横贯大陆铁

---

*   又称瞭望车，通常挂在货物列车尾部，可用来瞭望车辆及协助刹车，也是运转车长及随车人员乘坐的工作车。

路的竣工，都免不了来自外界的批评与诟病。几乎从成功的那一刻起，争议便如影随形。最知名的批评者之一是查尔斯·弗朗西斯·亚当斯（Charles Francis Adams）。讽刺的是，他后来成为这条铁路最后一任总裁之一。1869年，他公然声称太平洋铁路公司"总有一天会成为世界上最富有、最强大的公司；同样，它也可能是最腐败的公司"。这两件事他都说中了。[29]

从联合太平洋铁路公司诞生之日起，美国动产信用公司（Credit Mobilier of America）的丑闻就已经埋下祸根，后来几乎导致该公司破产。这一丑闻暴露了修建铁路过程中棘手的经济问题，毕竟这条铁路的长度和成本都不是小数目。修建铁路需要大量的资金来维持物资、劳工和服务，其中大部分费用需要预先支付，但铁路要在很久之后，当人们开始搭乘并支付运费和旅费时才能赢利。公司如何弥补这个漫长过程中的经费缺口呢？首先，传统的做法是通过出售股票进行融资，然而购买联合太平洋铁路公司的股票是一项冒险的投资，第一次融资过程中艰难的股票兜售已经显示成交结果不尽如人意——谁知道公司的董事们会在什么时候发放股息呢？其次，公司也可以贷款或出售债券。这对买家来说更为可靠，因为债券通常有固定利息，但考虑到整体风险，即使是债券也很难找到买家。

一筹莫展之际，杜兰特的朋友乔治·弗兰西斯·崔恩（George Francis Train）想出一个解决方案。在一次法国之行中，崔恩注意到法国铁路公司有一种能够快速筹集资金的策略：公司总裁和主要股东会成立一个独立的建筑公司来为铁路公司提供服务，并以股票和债券的形式快速获取回报。此后，他们可以在市场上出售这些股票和债券，也可以将其作为抵押向银行贷款。这个方案的精妙之处在于，由于两家公司的实际控制人相同，所以建筑公司可以抬高成本，开出高价账单，完全不用担心铁路公司会对账单的天价数额产生异议。杜兰特觉得这是个好主意，他和崔恩一起收购了一家已无人经营的公司——宾夕法尼亚财务代理公司（Pennsylvania Fiscal Agency）。这家公司的经营范围很广，可从事"铁路债券和其他证券的购买和销售，并向铁路公司预付资金和信贷"。仿照类似的公司在法国的名字，他们将宾夕法尼亚财务代理公司更名为美国动产信用公司。杜兰特任公司总裁，崔恩担任董事，联合太平洋铁路公司的许多大股东也得到了新公司的股份作为奖励。为了防止国会调查，他们把公司的大量股份转让给马萨诸塞州的国会议员奥克斯·艾姆斯，因为他会"考虑到对我们最有利的方面"。动产信用公司的股东于是巧取豪夺，牟利的方式与强盗无异：1868年，每在该公司投资1000美元便可获得价值约3500美元的证券和现金红利。此时的联合太平洋铁路公司还在入不敷出地修建铁路，可谓负债累累。[30]

　　这一天衣无缝的计划进行得非常顺利，但是，天下没有不透风的墙。1872年，纽约《太阳报》（The Sun）得知并披露了这一内情，这在社会上引起了迅速而激烈的反响，国会和司法部介入并对此事展开调查。时任马萨诸塞州铁路委员会主席的查尔斯·弗朗西斯·亚当斯向美国公众解释了这一厚颜无耻的阴谋："所有可用资产——未发行的股票、出售债券的收益、国债以及铁路运营的收入，都牢牢地掌握在动产信用公司的手里。"公司股东每月都能分到 40% 的巨额利润，其中包括华盛顿、纽约和芝加哥的权贵和富人。"他们在华盛顿投票决定国家补贴金额，在纽约将补贴收入囊中，再将所得投入位于大平原的工程建设，最后在动产信用公司把钱分了。"最终有超过 30 名政客牵连到这场风波之中，国会严厉谴责了奥克斯·艾姆斯在其中扮演的角色。然而，此次事件最严重的后果是名誉的崩塌：联合太平洋铁路公司不再是美国工业的光辉偶像。[31]

尽管动产信用公司的丑闻让联合太平洋铁路公司及其管理者陷入了极其尴尬的境地，但此事最终还是不了了之。没有人进监狱，同谋者们仿佛只被打了一个轻轻的耳光。尽管如此，该事件暴露的另一个问题给公司和国家带来了深远影响，那就是垄断。

垄断并非新生事物，亚当·斯密曾以包括英国东印度公司在内的例子谴责他那个时代所谓的"压迫性垄断"。事实证明，铁路是垄断的绝佳候选人。铁路建设的固定成本非常高（尤其是铺设轨道的费用），但它的运营成本很低（一旦建成，维护费用相对便宜）。建设的高门槛意味着现有的铁路公司几乎没有竞争对手，从现实情况来看，这意味着消费者必须服从当地铁路公司的定价，否则将被完全拒之门外。19 世纪末的资本家们对这个谋获暴利的完美方案可谓深谙于心，包括安德鲁·卡内基（Andrew Carnegie）、科尼利尔斯·范德比尔特（Cornelius Vanderbilt）和约翰·皮尔庞特·摩根（J.P. Morgan）在内的工业巨头纷纷进军铁路行业。他们在得到阴谋家和同谋者的名声时，也获得了巨额股息，当时的强盗大亨往往是铁路投资人。

杰伊·古尔德（Jay Gould）就是其中一个最出名和肆无忌惮的强盗大亨。19 世纪 60 年代末，他因自己一手导演的所谓的伊利铁路之争（Erie Wars）而声名狼藉。在这个事件中，古尔德和他的同伙丹尼尔·德鲁（Daniel Drew）设计了一个圈套，诱骗科尼利尔斯·范德比尔特买进了伊利铁路公司大量毫无价值的"空头股票"。范德比尔特识破他们的阴谋后，说服法官签发了对古尔德和德鲁的逮捕令。两人乘船逃离曼哈顿，潜逃至泽西城的一家酒店，他们甚至还在酒店旁的海滨安置了大炮以防止袭击。最终，两人通过贿赂纽约的立法机构获得无罪判决，打赢了这场官司。讽刺的是，几年后古尔德因绑架戈登勋爵（Lord Gordon-Gordon）被捕，事件的起因是他遭到了戈登的欺骗。古尔德被人们描述为一只"矮小且面色苍白的黄鼠狼"，这十分传神。从某种程度上来说，他有点像尤利亚·希普式*的时代人

---

* 《大卫·科波菲尔》书中的一个恶棍，代表资本主义社会的无耻和虚伪。

物——内向、阴险，还十分狡诈。[32]

因此，当 1874 年关于古尔德买入联合太平洋铁路公司的股份在坊间流传时，整个铁路行业都不寒而栗。无论是公司高管、股东还是大众，都想知道他这次又想出了什么鬼点子。一些人认为这意味着公司的毁灭。布法罗市的一位银行家认为，古尔德及其团伙将"盗取所有可用资金，并造成大量流动负债"。而公司前任总裁奥利弗·艾姆斯对此事的看法没有那么悲观，他评论说："人们普遍认为古尔德控制着 100~12.5 万股。基于这个情况，我觉得他不会滥用权力并做出有损公司利益的事情。"不过，人们后来才明白古尔德心里打的什么算盘。[33]

数年后，当《世界报》（*World*）的记者采访古尔德，问他为什么对联合太平洋铁路公司感兴趣时，他的回答十分简单："这没什么好奇怪或神秘的，我从小就知道它［也就是联合太平洋铁路公司］，它就像我的一个老朋友，我只不过是回归初心罢了。"也许这话有几分真情实感，但他的收购可不只出于这么浪漫的原因。1873 年 5 月，一名铁路公司高管霍勒斯·F. 克拉克（Horace F. Clark）——科尼利尔斯·范德比尔特的女婿，参观了这条横贯大陆铁路后倍感震撼，他把这次旅行的见闻悉数告诉了古尔德。古尔德从中窥见了商机，于是下令以低于 35 美元的价格收购联合太平洋铁路公司的股票。无巧不成书，克拉克很快就去世了，他在该公司的大量股票被抛售到市场上，古尔德的持续要约几乎将市场上的所有股票收入囊中，数量远远超出

135　他本人的预期。到 1874 年 2 月 12 日，他已拥有 13.2 万股，一跃成为公司最大的股东。古尔德立刻开始巩固他对公司的控制权，他会见了自己的朋友兼合伙人悉尼·狄龙（Sidney Dillion），让其担任联合太平洋铁路公司的总裁，自己则退居为幕后董事。不过，所有人都清楚狄龙只是个有名无实的傀儡。查尔斯·弗朗西斯·亚当斯对此做出评价："狄龙先生从不征求除古尔德先生以外任何人的意见，而古尔德先生也对越过狄龙先生直接下达指令习以为常。"但古尔德对格伦维尔·道奇则十分巴结，极尽讨好之事。道奇虽已辞去总工程师的职务，但他仍是公司极具影响力的董事。古尔德向他保证说自己所做之事将有利于公司，能让公司"成为行业巨头"。[34]

古尔德确实想把联合太平洋铁路公司打造为行业翘楚，但他采取的策略却和道奇所设想的大不相同，其主要手段是用一切必要的方法消灭公司的竞争对手。目标首先是打击开设在纽约的太平洋邮船公司（Pacific Mail Steamship Company），该公司从事通过巴拿马运河航线在整个美洲大陆进行海上货物运输的业务。这家公司之所以成为联合太平洋铁路公司的眼中钉，是因为它可以提供通过横贯大陆铁路运输货物的一个替代选择，这严重制约了联合太平洋铁路公司的提价能力。当古尔德看到联合太平洋铁路公司的运费标准时，他愤愤地说道："我们不得不以如此低的运费在加州开展业务，这也太离谱了。"于是，1874 年底，古尔德动手了。他四处散布太平洋邮船公司涉嫌欺诈和贿赂的谣言，引发国会对其进行调查，最终导致其总裁辞职（部分谣言并非空穴来风）。这一消息使太平洋邮船公司的股价跌至历史低点，而古尔德把握住了这个千载难逢的机会，以极低的价格将其股票买下，获得了该公司的控制权。此后，他故技重施，任命狄龙为总裁，而自己则退居幕后。除掉竞争对手后，联合太平洋铁路公司随即提高了铁路运费。古尔德宣称，这一举措"应该能使股价升高 10%，并对我们所有的证券都有好处"。[35]

击败了海上竞争对手后，古尔德的目光转向陆地上的竞争对手——其他铁路公司。当时只有一条铁路可以横贯大陆，虽然在东西海岸的货运路线上的竞争对手都不值一提，但其他线路上仍有许多小型地区性铁路公司在运营，它们通常会暗中以优惠的价格争取大型货运商。古尔德认为，由此引发的价格战损害了整个行业的长期赢利能力，他试图终结这种局面。首先，他把目光投向了横跨堪萨斯州的堪萨斯太平洋铁路公司（Kansas Pacific Railway），该公司的运营范围大致与联合太平洋铁路公司北方的线路平行。1875 年，古尔德和合伙人收购了堪萨斯太平洋铁路公司的大部分股份。同年 11 月，他向奥利弗·艾姆斯解释道："只要你我掌握了多数股份，就能更顺畅地进行管理、下达指令，而无须顾及旁人的意见。"在接下来的几年里，他继续推进自己的收购计划，获得了包括沃巴什铁路公司（Wabash Railroad）、中央分支联合太平洋铁路公司（Central Branch Union

136

Pacific）、得克萨斯太平洋铁路公司（Texas and Pacific Railway）以及密苏里太平洋铁路公司（Missouri Pacific）等众多铁路公司在内的控制权。在他精确而致命的打击下，他成功地促使堪萨斯太平洋铁路公司、丹佛太平洋铁路公司（Denver Pacific）和联合太平洋铁路公司展开了一场充满争议的合并谈判，促成了世界上最大铁路网的诞生。1880年1月14日晚上，联合太平洋铁路公司的董事们在古尔德家里就条款进行协商，此时的古尔德已经出售了该公司的大部分股份，仅持有其他公司的股份。但面对这些曾经的合伙人，他寸步不让，坚持要求更好的条件。由于双方对各自所持股份的价值有所分歧，谈判一度陷入僵局，持续到午夜时分。最终，双方达成一致意见并签署了协议，联合太平洋铁路公司因此重获新生，规模远胜从前，成为掌控2300英里铁路运输路线的行业巨头。古尔德本人也从这场交易中大赚了一笔。据该公司的一位高管透露，古尔德"经此一役，净赚上千万美元"。[36]

　　在联合太平洋铁路公司任职期间，古尔德对赚钱以外的其他事情都漠不关心，冷淡程度令人震惊。得知乔治·阿姆斯特朗·卡斯特及其部下200多名士兵在小比格霍恩（Little Bighorn）被屠杀后，古尔德冷漠地说道："最终，印第安人将被消灭，比格霍恩和黑山都会开放发展并有人定居，我们将从中获得巨大利益。"当联合太平洋铁路公司拒绝支付政府债务利息，联邦政府以扣缴运费的方式应对时，古尔德反将政府告上法庭。结果是，这场目光短浅、出于报复心态的诉讼最终耗时数年也没有定论。[37]

古尔德与联合太平洋铁路公司咄咄逼人的策略使人们开始怀疑他们是否以牺牲社会为代价来赚取利润。当他们修建新线路时，地方政府别无选择，无论古尔德开价有多高都只能接受他的条件，否则铁路线有可能直接绕过他们的城市。记者亨利·乔治（Henry George）在 1883 年写道：“一个铁路公司接近一个小镇，就像一个强盗逼近受害者。‘如果不接受我们的条件，我们将把铁路建到离你们两三英里远的地方。’这样的恐吓，其效果等同于举着一把上了膛的手枪命令：‘站好，给我！’铁路公司的威胁不仅在于城镇被剥夺铁路可能带来的便利，更严重的是城镇会处于比以前更糟糕的境地。”[38]

农民对于修建铁路的反对最为激烈。他们之所以购买土地、种植作物、饲养牲畜，是因为相信铁路可以提供快速、廉价的运输方式将产品运往市场。但随着铁路合并到几家大型企业集团手中，运费也不可阻挡地开始攀升。农民们抱怨说他们几乎没有反抗的筹码。

在一片愤怒情绪中，玉米种植者、棉花种植者和小麦农场主结成了一个松散组织，开展了一场席卷全国的格兰其运动（Grange movement）。1875 年，他们宣称拥有 86 万名成员，也就是说，每 10 个美国农民中就有一个他们的成员。格兰其组织常常呼吁自由竞争以反抗铁路公司。例如，1873 年伊利诺伊州农民大会（Illinois Farmers' Convention）的一项决议写道："显而易见，世界上所有的铁路，除了那些属于政府严格监管的国家的，都无一例外的蛮横专行、肆意敲诈勒索。它们就像中世纪的封建贵族一样，与自由制度以及州与州之间的自由贸易相背离。"19世纪70年代，包括艾奥瓦州、威斯康星州和伊利诺伊州在内的几个州都成立了格兰其立法机构，接着通过了限制铁路运输对乘客和货物最高收费的法律。1875年，内布拉斯加州通过了一项包含铁路监管条款的新宪法。古尔德为公众日益强烈的不满所震惊，他在给一位同事的信中写道自己应该"在他们成功的路上埋下绊脚石"。然而，宪法最终正式生效，古尔德枉费心机。[39]

但在控制联合太平洋铁路公司这个问题上，各州所能做的也就到此为止了。根据美国宪法中所谓的"休眠商业条款"（Dormant Commerce Clause），各州不能因保护当地公司免受州外利益影响而歧视跨州贸易，因此，对铁路公司的监管也有很多限制。在许多人看来，铁路公司规模已十分巨大，发展也非常迅猛，社会已无力管控它们的行为。正如铁路改革家查尔斯·弗朗西斯·亚当斯所言："实际上，州之间的界线早已被各州所创建的公司废除。文明的机器已经完全超越了它赖以组织的政府系统，许多关于财产控制和处置的基本法律成为一纸空文。"19世纪末，联邦政府进行了反击。1887年，国会通过了一部管理铁路运输的综合性法律——《州际商务法》（Interstate

Commerce Act），成立了一个委员会来监管铁路公司的运营并禁止可能的严重滥用职权行为，如联营（一种共享利润以确保铁路公司间不相互竞争的常见做法）和价格歧视（对不同托运人提供的同一服务收取不同的价格，往往容易对农民和小企业造成损害）。[40]

铁路公司的掠夺行径使人们对迫在眉睫的权力垄断问题产生了更为广泛的兴趣和关注。1890 年，美国通过了第一部反垄断法。约翰·谢尔曼（John Sherman）在为其提出的《反托拉斯法》（Antitrust Act）辩护时，谴责垄断集团的"国王特权"，宣称垄断"对公众有害"，并表示"参与［垄断］的个人应当被视为罪犯并受到惩罚"。谢尔曼谨慎地申明，他攻击的对象是垄断行为，而不是公司本身。"经验表明，公司是现代文明最有用的机构。它能把个人的力量团结在一起，从事在过去只有强大的政府才能尝试的伟大事业。"但谢尔曼进一步表示，有些不择手段、毫无道德的公司发明了一种全新的、危险的商业形式——垄断，从而颠覆了公司的真正精神。"这样的联合体比以往任何一种都险恶得多。……如果我们不能忍受国王作为政治权力而存在，那我们就不应该容忍如国王一般控制生产、运输与经销各种生活必需品等行径的存在。如果我们不愿臣服于某个国王，我们也不应该屈从于贸易独裁者。"《反托拉斯法》至今仍是美国主要的反垄断法。[41]

然而，当这些法律通过时，古尔德早已离开了联合太平洋铁路公司。他赚了钱便一走了之，并且他的投资一如既往给他源源不断地带来丰厚的利润。到1878年，古尔德直接或间接地持有联合太平洋铁路公司47.5万股股份中的20万股。1879年，他将其中的17.3万股卖出，每股利润高达47美元，外加每股股息20美元，总共获利1050万美元。合并完成后不久，古尔德便出售了他所持有的公司股票。[42]

140   1884年，国会终于对联合太平洋铁路公司的卑鄙手段忍无可忍，立法惩处铁路公司失败后，国会予以快速反击，要求公司任命查尔斯·弗朗西斯·亚当斯三世为新总裁。小亚当斯*一直对该公司持批评态度，是当之无愧的最佳人选，早在联合太平洋铁路公司成立之初，他就预言过该公司将是世界上最腐败的公司。此外，他还担任过铁路监管员。因此，国会认为他是开展肃清整顿行动的最完美的人选。亚当斯加入后，狄龙辞去了总裁一职，古尔德（他在此前买入了公司的大量股份并当选为董事会成员）也退出了董事会。亚当斯在就职典礼上承诺将引领联合太平洋铁路公司走向划时代的新纪元。

但是，由于公司处于危机四伏的境地，亚当斯接手的是个烫手山芋。当时的公司负债累累；工人们发起罢工以抗议减薪

---

*   他的祖父查尔斯·弗朗西斯·亚当斯一世是美国众议员和驻英大使，父亲查尔斯·弗朗西斯·亚当斯二世是铁路大亨及历史学家。

的提议，劳工问题严重；当地的政客和公众大多对公司持怀疑和审视的态度。亚当斯尽其所能扭转局面，但大部分举措为时已晚，徒劳无功。为了改善劳工问题，亚当斯提议为雇员设置退休养老金，并为其子女接受教育提供资金。"接受过这种教育资助的孩子将成为公司高层职位的预备人选。"亚当斯谈道："通过这样的方式，员工们工作的士气会逐渐提高。如果对这件事予以正视，我们会发现士气对于一家铁路公司的重要性并不亚于陆军或海军。"此外，亚当斯还倡议铁路工人应当"在管理中享有发言权"。他认为："除非员工的发言权问题得到妥善有效的解决，否则就没有高度的信心和高涨的士气可言。而只有一个办法可以解决这个问题，那就是员工代表。"然而，当亚当斯提出建立一个由雇员选举成立的雇员代表委员会，直接与铁路公司的管理层进行协商时，公司的其他高管对此不屑一顾，还冷嘲热讽地说道："如果员工们意识到他们所在部门的主管没有完全的权力以玩忽职守或其他充分正当的理由解雇他们的话，他们就会对工作敷衍了事。"更糟糕的是，在亚当斯的管理模式下，工人之间的冲突越来越严重。1885 年，石泉镇（Rock Springs）矿场的白人矿工和华人矿工之间的紧张关系激化为暴力冲突，白人矿工用棍棒、铁锹、镐头和枪支攻击华人。此次事件共有 28 名华人矿工被杀，其余的纷纷逃进深山，直至部队亲自护送他们返回城镇，工作才得以继续。[43]

亚当斯认为自己更像是个知识分子而不是商人。他把自己担任联合太平洋铁路公司总裁的时光称为"一场永恒的逆势之行"。他真正的心思并不在于公司运营，而在于撰写一部两卷本的关于废奴主义律师理查德·亨利·达纳（Richard Henry Dana）的传记，他最终于1890年完成了此书。面对公司所处的困境，他怎么努力也都无力回天。到1893年，公司共有1150万美元的信托抵押债券和520万美元的偿债基金债券尚未结清。这两种债券在当时很受铁路公司欢迎，前者由其他债券或证券担保，后者则要求公司拨付一定的利润赎回。联合太平洋铁路公司本就难以偿还如此庞大的债务，1893年5月发生的"1893年恐慌"[*]更是雪上加霜，众多银行遭遇挤兑，大宗商品市场纷纷崩盘。受此影响，商业活动急剧减少，早已因多年的建设和扩张而不堪重负的联合太平洋铁路公司也面临清算。当时的总裁塞拉斯·克拉克（Silas Clark）叹道："西向横贯大陆铁路的业务已跌至谷底。"1893年上半年，公司净收入同比下降了80万美元。此后，跌势愈演愈烈，仅7月、8月，净收入就同比下降200万美元。1893年公司总收入共计减少17%，约为800万美元。早已在破产边缘摇摇欲坠，又遇到了经济衰退这最后一根稻草。1893年10月，公司申请破产管理。不过，并非仅仅只有联合

---

[*]　美国的一次严重经济萧条，始于1893年，终于1897年。1893年5月，华尔街最热门的全国绳索公司意外宣布破产。之后北太平洋铁路公司、联合太平洋铁路公司相继破产，恐慌中的人们前往银行提取现金，导致银行遭遇挤兑，几百家银行像多米诺骨牌一样接二连三地崩溃。

太平洋铁路公司走到了这个地步，全美各个铁路公司纷纷破产。在随之而来的大萧条中，共有 153 家铁路公司破产，覆盖了全国铁路总里程的 1/3 以上。这是铁路时代终结的开端。不久后，美国将迎来一个提供更自由的新型交通方式的时代。[44]

在公司发展史上，联合太平洋铁路公司的意义是前所未有的。它诞生于南北战争这一艰难时期，人们对它寄予厚望，希望它能团结一个四分五裂的国家。接下来的十年里，工程师们开辟了一条横跨数千英里沙漠、平原和山脉的铁路线，这一非凡成就激发了国民的想象力，公司无与伦比的创造力也在壮观的铁路工程中展现得淋漓尽致。然而，最伟大的成就中也暗藏着失败的祸根。强盗大亨们一心想从公众、农民和同行手中肆意榨取价值，把公司变成了垄断集团。很快，这个曾是全民英雄的公司摇身一变，成为国家罪人。在此后的数十年，美国竭力应对这些损害国家根本的托拉斯，最终通过了具有里程碑意义的《反托拉斯法》，赋予政府打破垄断的权力。但是，垄断的危险一旦出现，便永远不会真正从资本主义的版图中消失。

❀ ❀ ❀

与大众的普遍认知相反，垄断并不违法。无论我们怎样从理论上对它极尽抨击，但在现实生活中，我们早已被垄断包围。知名公司如 Amazon、Facebook 以及谷歌都在某个领域拥有垄断地位。它们当然会坚决否认，但实话实说，又有多少人真的在用 Bing 呢？如果我们不喜欢垄断，为什么不采取简单的办法将其一禁了之呢？

　　如果仔细读过《反托拉斯法》的措辞，那么，你们会认为实际上垄断已经被禁止也是情有可原的。这部至今在美国仍然生效的法案第二条规定："任何人垄断或企图垄断，或与他人联合、共谋垄断跨州或与外国间的商业和贸易，将构成重罪。"该条款简洁明了：任何垄断贸易者均犯下重罪。因此，人们自然而然地认为所有的垄断都是非法的。事实上，在 20 世纪头 20 年，美国曾提出数十起指控公司限制和垄断贸易的诉讼，其中最具代表性的是 1911 年最高法院做出的一个裁决，下令解散世界上最大的石油公司——标准石油公司（Standard Oil）。

　　但从 20 世纪 30 年代开始，这种对垄断看似绝对的禁止无论在法律层面还是在实践层面都有所松动。讽刺的是，正是最高法院在新泽西州标准石油公司垄断案（Standard Oil Co. of New Jersey v. United States）中的判决为这一变化奠定了基础。在该案中，最高法院认可了对《反托拉斯法》的解读，这极大地限制了该法案的适用范围。法院没有将其中的条款解释为禁止所有对贸易的垄断和限制，而是将其判定为只禁止对贸易不合理的垄断和限制。随着时间的推移，越来越多限制贸易的行为被认为是合理的。

如今的反垄断与它在镀金时代[*]的样子仅剩下屈指可数的相同点了。已故大法官安东宁·斯卡利亚（Antonin Scalia）于2003年在威瑞森通信公司诉特林科律师事务所（Verizon v. Trinko）一案中对垄断有如下描述："根据既定法律［《反托拉斯法》］，除了在某一市场拥有垄断权力外，还要具备对该权力的有意获取和维持才构成违法犯罪，如此才能与因产品优质、商业才能卓越或历史偶然而造成的增长或发展相区别。仅仅是具有垄断权力并收取随之而来的垄断利润，不仅不是违法的，而且还是自由市场体系的重要组成部分。"请留意安东宁在此处口吻的转变。根据他的描述，垄断不仅不违法，如今更是资本主义制度的重要组成部分。我们担忧的只是不公平的垄断，而非垄断本身。

根据现代反垄断法，只要公司遵守行业规则，规避诸如掠夺性定价等重要的禁忌，那么垄断便不是不可为之事。正因如此，垄断已经成为公司发展规划中一个不可或缺的特征。随着公司逐渐意识到集中的市场力量所带来的巨大回报，它们不断探索实现更大规模和更快发展速度的方式。20世纪初，底特律一家鲜为人知的汽车公司在"规模"上就取得了重大突破。

144

---

* 美国历史上19世纪70年代到20世纪初期经济快速增长的时期，起源于马克·吐温的同名讽刺小说。

第 5 章

流水线

　　1914 年 1 月 5 日，亨利·福特（Henry Ford）精心挑选了三位来自底特律的记者到他的工厂，听他宣布一则令人惊喜的消息。凡是有事业心的记者都会立马接受邀请。福特于 10 年前成立福特汽车公司（Ford Motor Company），经过 10 年的发展，该公司已跃升为美国的龙头企业之一。福特的高地公园工厂（Highland Park factory）以惊人的速度大量生产价格合理的 T 型汽车，几乎凭一己之力把美国变成"车轮上的国度"，福特本人也因此闻名全国。由于常常在采访时抛出通俗易懂的警句，同时胸怀汽车行业未来光景的宏大理论，因此他备受美国家庭和公司董事会的欢迎。在 1 月寒冷的一天，三位分别来自《底特律自由报》（*Detroit Free Press*）、《底特律日报》（*The Detroit Journal*）、《底特律新闻报》（*The Detroit News*）的幸运儿恪尽职守地走出伍德沃德大道，来到福特汽车公司气派的总部。由于该建筑的墙壁和屋顶上有巨大玻璃窗，该建筑也被称为"水晶宫"（Crystal Palace）。三人进来后便被带到福特一名副手的办公室。福特正在那里等着他们。他静静地站在窗前，一言不发，有种"对眼前之事置之度外的淡然"。副手递给记者们一份打印好的两页纸的声明，接着开始宣读声明内容。

这一声明让众人大为震惊。因为副手宣布，从那时起，福特汽车公司所有员工的日薪为 5 美元，这是他们以前工资的 2 倍多。此外，福特还缩短了工作时间，由汽车行业标准的 9~10 小时，减至 8 小时。福特还将启动大规模的招聘，计划在未来几天内招聘数千名新员工。宣布完毕，福特向记者们解释道："我们想让这 2000 名员工生活富裕并对工作产生满足感，而不仅仅是让公司的少数高管成为千万富翁。"[1]

记者们接着追问道："哪些人有权享受这次史无前例的加薪？"福特平静地答道："即使是最普通的扫地工人每天也能得到 5 美元。"

"可是福特先生，"其中一位记者惊讶地回答道，"那明天清早就会有 5000 人拿着扫帚出现在街头！"

福特坚定地说："不，不会出现那样的情况。"[2]

事实上，第二天出现在街头的不是 5000 人，而是 10000 人！在接下来的星期一，新的工资制度生效之后，又出现了 12000名求职者。在前一天晚上 10 点，就有求职者在福特汽车公司招聘办公室门前排起长队，并在接近零度的气温中度过寒冷刺骨的一晚，他们都希望自己能获得在福特工厂工作的机会。后来，随着求职者越来越多，人们堵住了福特汽车公司的员工进出通道，保安不得不使用消防水枪驱散他们，这一举措造成了街头的短暂骚乱。此外，每周会有多达14000封来自全国各地的求职信涌入福特汽车公司的邮箱。一时间，似乎每个美国人都想为福特汽车公司工作。

然而，福特这项计划的部分内容遭到了质疑。有人说，这将使那些无力向工人支付同等工资的小型家族公司破产；另一些人则担心，当福特汽车公司的销售业绩出现下滑时，支付如此高的薪资会导致公司破产；其余一些人认为，这将导致汽车价格上涨，从而将工资增长的负担转嫁给消费者；还有人认为，工人口袋里的钱和多出来的闲暇时间会让他们养成恶习，甚至纵情于声色犬马之中。《纽约时报》（*New York Times*）的一篇报道认为，福特的计划"具有乌托邦的意味"，并警告说："汽车行业的劳动力市场将会随之出现十分严重的动荡……福特汽车公司不可能雇用所有工人，其他公司的车间会因此出现不安和不满。工人们极有可能罢工，直到以某种方式恢复平衡之前，要想维持和平状态是不可能的。"[3]

此外，几乎所有人都认为福特的计划很激进，因为这一决定似乎违背了所有传统经济理论的原则。工资本应由劳动力市场的竞争来确定，这一竞争基于公司都希望支付更低而不是更高的工资。虽然一些成功的公司可能会以稍高一些的工资来吸引优质员工，但它们也不应忽然在现行的工资待遇上翻倍。福特本人则认为他的计划是"有史以来工业界在工人报酬上最大的一场革命"。[4]

亨利·福特做出这一决定的动机很复杂，部分原因是基于福特高地公园工厂的现实需要：公司引入的流水线大大提高了汽车制造的速度，因此需要更多的工人来跟上机器生产的步伐。另一部分原因则是出于鼓舞员工士气：员工流失率高得惊人，福特需要找到激发员工忠诚度的方法。还有部分原因则是出于汽车行业竞争格局的考虑：虽然美国有许多汽车公司，但 T 型车比市场上任何其他汽车都更受欢迎，福特认为无论他生产了多少汽车，都能卖掉。虽然出于以上种种缘由，但让亨利·福特将日薪定为 5 美元的决定性因素在于他对公司所起到的社会作用的看法。他这样写道："商界中许多人的问题在于，我们总是一门心思地想赚更多的钱。事实上，这种想法从一开始就是错的。如果人们能够出于为公众、员工和自己服务的初心步入商界，他们从一开始就注定能成功。"[5]

事实证明，福特的战略就是一场巨大的成功。1913 年，福特汽车公司总共生产了 170211 辆 T 型车；1914 年，这一数字上升至 202667；1915 年，产量再次突破纪录，达到 308162 辆；到了 1916 年，福特工厂每年生产超过 50 万辆汽车；1920 年，在美国道路上行驶的汽车中，约有一半是 T 型车。福特汽车公司的故事成为美国最伟大的企业传说之一，世界各地的商人和领导人纷纷前往参观福特的工厂，学习其成功的秘诀。[6]

正如每个故事都有着不为人知的一面，福特5美元日薪的优厚待遇也是有特定附加条件的。若想有资格获得超出普通标准的额外薪资，员工必须证明他们所过的生活符合公司所制定的道德标准。正如新闻稿所宣传的那样，要获得这份新的工资，工人必须表明自己是"清醒、勤俭、稳定和勤奋的，并且必须让主管和工作人员相信，他的钱不会浪费在放荡不羁的生活方式上"。为了执行这些规定，福特汽车公司设立了一个专门监督工人的社会关系部（Sociological Department），甚至还派调查人员到工人家里巡视，并向他们的妻子、孩子和邻居询问情况。同时，福特汽车公司期望工人们具有超人般的生产力，但这一不切实际的期望使得工厂内部的状况日益恶化，也让工人们承受了繁重的体力劳动。事实证明，大规模生产及其对消费文化转型的直接影响也能使工作的形式发生重大转变。[7]

但不论人们如何诟病或批评，福特和他的公司给那个时代的美国带来了某种比工作和汽车更重要的东西，那就是梦想。詹姆斯·特鲁斯洛·亚当斯（James Truslow Adams）在其1931年出版的《美国史诗》（*The Epic of America*）一书中首次提到了"美国梦"一词，他将这个独特的美国梦描述为"不是汽车，也不是高薪，而是一种社会秩序。在这种秩序下，无论出身、社会背景和社会地位如何，每个男性和女性都能基于自身素质实现其能力范围之内的最大成就并得到社会的认可"。回到福特公布薪资改革的那个寒冷的 1 月清晨，他所传达的信息相当明确：只要努力工作并足够勤奋，你就能成功。[8]

※ ※ ※

效率一词让人觉得难以捉摸又十分棘手。我们通常希望所有事情，比如我们的生活、市场、健身计划、机场安检流程、咖啡调配师等，都能保持高效。但一旦开始深入研究效率的确切含义，我们很快就会陷入审美和道德交织的困境之中。以咖啡调配师为例，你希望他能在早上快速为你制作一杯卡布奇诺，但如果咖啡师告诉你，不煮牛奶就可以更快地制作卡布奇诺，你可能会回答说这并不是高效的表现，因为缺少牛奶的卡布奇诺是不完整的。又或者咖啡师告诉你，他可以在前一天晚上准备好一堆卡布奇诺，顾客点咖啡时只需把这些卡布奇诺加热一下，就能更快地做出你想要的卡布奇诺了。这时你可能会回答说这也并不代表高效，因为你希望你的卡布奇诺是现场新鲜制作的。那么，如果咖啡师可以雇用几个灵巧的童工打奶泡和端咖啡，从而更快地制作卡布奇诺呢？你可能依然会说，这仍然不高效，因为雇用童工是违法的，那么使用非法途径来提高效率并不是高效的表现。再退一步说，如果咖啡师能够将卡布奇诺供应的速度提高几秒钟，但前提是拒绝与客人交流寒暄，或

150

因此而增加自己被烫伤及身体过度使用性损伤的风险，那你又会怎么回答呢？这些做法是高效供应卡布奇诺的策略吗？你可能认为所有这些都是更高效的方法，你也可能否定所有。问题的重点在于，我们所认为的高效取决于我们的价值观。它们之间的关系密不可分，离开道德来谈论效率是行不通的，在某些情况下，效率与道德甚至会相互冲突。

当今社会，为公司权力（包括垄断权）的存在进行辩护的最常见的理由是：权力让公司产生效率。在古罗马，大税吏公司在征税上比其他人更可靠；在文艺复兴时期的佛罗伦萨，美第奇银行能够以超前的敏锐和谨慎发放贷款和储存资本；在伊丽莎白时期的英国，股份公司拥有无可比拟的资本和专业知识，可以与全球尚未开发的地区进行贸易往来。所有这些公司都主张提高效率，声称它们可以比其他人做得更好、更快、更可靠。

与其他类型的商业机构甚至与政府本身相比，公司被看作开展贸易和商业活动的高效载体，这是为什么呢？原因可能是这样的：首先，公司的有限责任使其能够以更少的成本面向公众筹集更多的资金；其次，公司的存续永久性使它们更倾向于从长远考虑问题；最后，公司的职业经理人使公司能够接触到商界最先进的思想。但是不可否认，所有这些理由都相当抽象，难以实实在在地把握。

有人可能会提出一些更具体的问题，比如说，公司本身如何界定效率？它们在乎什么？它们又忽视或否定了什么？效率总是涉及权衡，因此，当我们考虑公司的效率增益时，就有必要研究公司如何定义效率，以及公司如何实现效率。

要理解这些问题，我们就不得不从生产力得到空前提高的大规模生产时代讲起。尽管大规模生产背后的基本理念由来已久，起初只是一些小规模、渐进式的改进，旨在加速工业化生产，但积累到某个时刻，一切都发生了变化，小小的进步转变成为巨大的飞跃。

福特汽车公司的历史实质上是一部福特的个人史，比我们迄今所谈到的其他任何公司都更丰富。亨利·福特创建公司，引领公司的发展，为公司做出关键性决定。福特之于公司，好比罗慕路斯和雷穆斯之于罗马。他是一个神话、一个偶像，更是一个肩负所有责任的领袖。正是福特自己塑造了这样的形象。在他晚年时期，当儿子在一次争论中反驳他时，他对儿子说："年轻人，是我创造了现代。"这句话也许略显夸大，但其夸大程度确实微乎其微。福特所取得的举世瞩目的成就，再加上其颇具民间哲思意味的表达，使他当之无愧地成为工业和合作主义的智者。苏联曾要求福特汽车公司派顾问帮助他们建造卡车工厂；阿道夫·希特勒（Adolf Hitler）基于福特的理念成立了大众汽车（Volkswagen）；福特主义（Fordism）一词进入英语词典，固定成为一个强调大规模生产、标准化和大众消费的公司战略的代名词；阿道司·赫胥黎（Aldous Huxley）在一次横跨大西洋的航行中阅读了福特的自传，备受震撼，以至于他创作出了一部长篇小说——《美丽新世界》（*Brave New World*）。这部于1932年出版的反乌托邦小说，描述了一个在福特主义理想激励之下的世界、一个将福特尊为神明且因此改变的文明，小说中的年代以福特纪元计算，福特日被定为全国性节日，《基督教科学箴言报》也改名为《福特科学箴言报》。在这部反乌托邦文学作品中，公民被划分为不同的等级，被灌输了虚假的幸福感，对书籍和自然充满仇恨。对此，书中的一位官员解释说："爱好大自然会使工人们对工作产生懈怠。"[9]

　　但在这一切发生之前，福特只是密歇根州迪尔伯恩市的一个小男孩，他生活在家里的农场中，但对农耕生活没有太大兴趣。他出生于1863年7月30日，正值南北战争时期。在那个月初，联邦军刚在具有决定性的葛底斯堡战役中取得胜利。密歇根州当时处于边境，加入联邦才26年，州内大部分居民以务农为生，但显然务农这件事并不适合福特。首先，他很害怕马，因为他曾在骑马时发生过几次事故。其次，他也不喜欢无休止地在田间劳作。他在自传《我的生活与工作》（*My Life and Work*）中抱怨："我曾经手持着犁在田间跋涉无数英里，我知道田间劳作的所有艰辛和琐事。"与农业和畜牧业相比，他更喜欢机械和工程。在空闲时间，他喜欢修理手表，热衷于把它们拆开后摆弄内部的零件。1882年，福特家附近的一个农民购买了一台便携式蒸汽机，用来打谷子和锯木头。福特完全被这台机器的力量迷住了，他尽可能学习了一切关于蒸汽机的知识。不久之后，他的邻居就雇用他来操作这台机器。后来，他成了蒸汽机的操作行家，以至于连蒸汽机的生产商都开始邀请他在全州范围内进行产品的推荐和演示。[10]

大约正是在这时，福特开始实践他的"无马马车"的想法，这是一种可以利用自身动力移动人和物的车辆，后来他将其命名为四轮车。在看到德国工程师尼古拉斯·奥托（Nicolaus Otto）制造的奥托发动机，即一种四冲程内燃机之后，他开始在农场里试验并制造发动机。然而，由于他的试验设计粗糙且不可预测，尝试总是以失败告终。1891 年，他发现自己对电力的了解不够深入，这极大地阻碍了其事业发展，于是他决定搬到底特律，在爱迪生电力照明公司（Edison Illuminating Company）当一名工程师。

爱迪生电力照明公司是美国最著名的发明家托马斯·爱迪生（Thomas Edison）的心血。爱迪生在当时的美国堪比巨星，被称为"门洛帕克的奇才"（Wizard of Menlo Park）。他发明了一系列改变世界的技术，从自动电报机到留声机，再到世界上第一枚商用灯泡。报纸中用大量篇幅报道了他的每一项发明。福特也自然成为他的忠实崇拜者。在福特看来，爱迪生最大的成就在于展示了公司和商业为社会做贡献的力量。他说："爱迪生的发明不仅创造了数百万个无须资格证的工作岗位，还大大提高了每一份工作的报酬。爱迪生在消除贫困方面所做的努力，

153

比有史以来所有的改革者和政治家都要多。"福特在爱迪生的公司努力工作并迅速晋升，1893 年，在仅仅工作两年后，他已经成为该公司的总工程师。[11]

在爱迪生电力照明公司工作期间，福特一直在位于巴格利大街（Bagley Avenue）的自家后院里继续研究"无马马车"，并不断进行修正、改进和学习。经过 5 年的反复试验，福特最终于 1896 年 6 月 4 日制造出了一台可以运行的原型机。最后，经过 48 个小时几乎不间断的工作，他最终敲定了这台机器的所有技术细节，于凌晨 4 点把所有部件组装好。他自豪地称之为四轮车。虽然对现代人来说，这种"无马马车"不足为奇，不过是保留了四轮马车上的座位，以及自行车上的车轮，其蒸汽发动机只有四马力和两档速度——慢速和快速。慢速为每小时运行 10 英里左右，快速则为每小时 20 英里。车上的方向盘只是一个可以向左或向右调整的推杆。当福特把四轮车推出后院的棚子时，发现它太宽了，无法穿过门，他毫不犹豫地拿起斧头推倒了那堵挡路的砖墙，然后把车开到街上。他的朋友詹姆斯·毕晓普（James Bishop）一直协助他完成这个项目。当福特把车开上街道时，他就在前面骑自行车提醒行人。事实证明，四轮车的运转非常成功，在沿着格兰德河大道（Grand River Avenue）来回行驶的过程中，只发生了一次故障。在接下来的几周里，福特驾驶着四轮车在街上不断试验，很快，整个底特律都开始关注四轮车。福特是这样描述他早期的汽车的："人们讨厌它，因为它会发出噪声，还会吓到马匹。此外，它还阻塞了交通。无论我在城里的哪个地方停下我的机器，再次启动之前，都会有一群人围着它。如果我不去管它，哪怕只是一分钟，都会有一些好奇的人想去驾驶它。"福特每次开车出去都要带着一条链子，当他不得不把车停在无人看管的地方时，就用链子把车锁在路灯上。[12]

1896年，福特在汽车方面的试验为他赢得了良好声誉，这是他早期职业生涯的决定性时刻之一。那年夏天，仍在爱迪生电力照明公司工作的福特受邀参加在纽约市曼哈顿海滩的东方酒店举行的爱迪生年度大会。在大会的最后一晚，福特和托马斯·爱迪生同坐一桌。谈话最终转到电动马车上，福特的上司亚历山大·道（Alexander Dow）指着福特向爱迪生介绍说："这就是那位制造了汽油车的年轻人。"由于爱迪生听力不太好，他要求福特到他身旁进行交谈。他向福特抛出一大堆关于发明的问题，从发火装置到活塞工作，囊括了四轮车技术的各个方面。福特发现，将汽车的工作原理画出来比口头讲述更容易，于是拿起一份菜单，开始勾画其中的细节。听完福特的描述，爱迪生大为震惊，他一拳打在桌子上，大声说道："就是这样！小伙子，你的想法十分可行，继续努力！电动车必须靠近发电站，因为蓄电池太重了。蒸汽车也不行，因为它必须装置锅炉和火。你设计的车能自己提供动力，无须火、锅炉、烟或者蒸汽。你的发明大有可为，加油干吧！"从偶像爱迪生口中听到这些话，福特深受激励。福特后来回忆说："桌子上的那声巨响对我来说价值连城，在此之前，没有人鼓励过我。我曾希望我的努力方向是对的，有时我知道我是对的，有时也会对自己产生怀疑。但那天晚上，世界上最伟大的发明天才充分肯定了我。"备受鼓舞的福特再次全身心投入汽车的研发事业中。[13]

正如爱迪生所言，福特并不是美国第一个发明自动汽车的人。这项荣誉其实属于一个名叫查尔斯·杜耶（Charles Duryea）的发明家，他的汽油动力车于1893年就进行了首次试驾。还有一些其他车型也早已问世，包括外观看起来像独轮车、自行车或有篷马车的汽车。无论外观如何，每辆车都需要动力供给来源，主要包括三种基本类型：第一类是由蒸汽驱动，这种车具有巨大的加速度，但由于需要时间积累蒸汽，启动需要花很长时间；第二类是由电力驱动，这种车启动较快，但速度比较慢，而且航程有限；第三类是由汽油驱动，但汽油车的缺点是噪声大，且不太稳定。起初，蒸汽动力车最受欢迎，一时成为无可争议的赢家，但随着汽油发动机被制造出来，汽油车逐渐占据主导地位，福特对此十分欣慰。[14]

到1899年，福特对他的四轮车进行了重大改进，并准备以这项技术为核心成立一家公司。为此，他求助于底特律的木材和房地产大亨威廉·墨菲（William Murphy）。墨菲早已对四轮车产生了浓厚的兴趣，一直关注着福特的进展。他向福特承诺：如果福特能搭载他完成总计约80英里的旅途，即从普特南

（Putnam）和伍德沃德（Woodward）的家中出发，穿过格兰德河大道到法明顿（Farmington）和奥查德莱克（Orchard Lake），再从庞蒂克（Pontiac）回到家中，墨菲就向他的公司投资。于是，在1899年7月的一个星期六下午，福特来到墨菲的家里。他对墨菲说："我已经准备好了，我们出发吧。"这次旅行十分顺利，墨菲也如约履行了他的承诺。在其他几个富有的底特律商人也陆续同意投资后，1899年8月5日，底特律汽车公司（Detroit Automobile Company）终于成立了。[15]

然而，底特律汽车公司最终惨遭失败，部分原因在于其公司结构的实质性冲突。福特虽是公司运营的智囊，却被降职为机械主管，富有的投资者们占据了公司所有高管职位。底特律市的审计官克拉伦斯·布莱克（Clarence Black）被任命为总裁，董事会成员均由投资者担任。很快，这样的结构不可避免地引发了利益冲突。公司的高管们希望福特尽快推出汽车，而福特却想花时间制造出他能力范围内所能生产的最优质的汽车。福特的完美主义导致生产期限不断推迟，直到公司成立一年多之后的1900年秋天，连一辆汽车都还未能从车间下线。每当投资者催促福特开始生产时，他都极力反对；每当他试驾后发现有问题时，都会说"嘿，伙计们，我们必须把它拆开"，然后从头开始。1900年11月，气急败坏的董事们召开了一次会议，要求福特对此做出解释，但福特缺席了此次会议。他让一个朋友通知董事们说他不在城里。这个借口是压倒骆驼的最后一根稻草，

156

董事会迅速关闭公司并解雇工人。1901 年 1 月，公司正式宣布解散。[16]

但福特并没有气馁，他在 1901 年 11 月 30 日重新成立了一家新公司，取名为亨利·福特汽车公司（Henry Ford Company）。不过，福特还是和之前如出一辙，执着于生产一辆完美的汽车。最终，这家公司仍以失败告终。不耐烦的股东们再次对福特未能生产出可销售的汽车感到担忧。上一次就投资了汽车公司的墨菲吸取经验教训，还聘请了一位名叫亨利·利兰（Henry Leland）的当地引擎机械师来审查福特的工作。福特感觉自己被轻视，一怒之下离开了公司。由于利兰非常擅长制造，尽管福特已经另寻出路，墨菲还是决定把这家公司继续经营下去。几年后，这家公司更名为凯迪拉克汽车公司（Cadillac Automobile Company）——成为福特后来的长期竞争对手。

早期的这些失败尝试使福特不再信任资本家和股东，并在其余生中都对此深信不疑。福特说："我再也不会让这群富人告诉我该做什么。"他认为有钱人只能给真正有远见的人带来不良影响并分散他们的注意力。在他的自传中，他把这些股东描述为一味索取、头脑简单的人。他写道："我想为公众提供更好的汽车，但他们对此完全不支持。他们只想按订单生产汽车，并且卖得越贵越好。他们想要的只有钱。我在公司只是一位毫无权力的工程师，我发现新公司并不能帮助我实现梦想，它只是一个用来赚钱的工具，而且还根本赚不到。"[17]

不过对福特来说，早期的失败也带来了一些收获，这让他 157
有足够的时间做试验和学习。他开始意识到，消费者对汽车的
要求很简单，他们所需要的其实就是一个便宜、可靠、耐用的
代步工具而已。到1903年，他和工程师团队终于成功制造出了
满足这些要求的新车模型。他们将其称为A型车。该车的载客
量为两人，即一名驾驶员和一名乘客，如果加上一个可拆卸的
桶形座椅，则能再容纳两名乘客。它有八马力和两档速度，其
1240磅的重量对当时的汽车来说较重，售价却仅为750美元。
有了模型，福特就可以进入规模化生产阶段。1903年6月16日，
他再次成立了福特汽车公司。这一次，他确保自己拥有最大份
额的股份，并能对公司的日常运营做出决策。他是最大的股东，
拥有1000股中的255股，占公司总股份的1/4以上。道奇·约
翰（John Dodge）和道奇·贺瑞斯（Horace Dodge）兄弟拥有一
家机械厂，可以为A型车制造发动机，他们各认购了50股；詹
姆斯·库岑斯（James Couzens）后来担任福特汽车公司的首席业
务经理，认购了25股；总裁由底特律著名银行家和糖果业财富
继承人约翰·格雷（John Gray）担任。虽然福特只担任公司的
副总裁，但他对公司拥有足够的控制权。

福特很快启动了汽车制造工作。公司在麦克大道（Mack
Avenue）上建了一座装配厂，并雇用了12名员工进行整车装配，
每人日薪为1.5美元；道奇兄弟则提供预制发动机和车身部件；
年轻的工具制造商哈罗德·威尔斯（Harold Wills）为汽车设计

了标志，他拿了一套他十几岁时用来制作名片的印刷装置，以艺术体手写了"Ford"一词，然后在它周围画了一个椭圆形，这个著名的福特标志至今仍在使用。

A型车的设计简单、耐用，最重要的是价格便宜，起价仅为750美元，远低于售价2000美元起的帕卡德（Packard）F型车。1903年7月15日，公司成立不到一个月，便售出了第一辆A型车。

在接下来的几个月里，A型车的销量迅速增加。福特工厂的十几名工人每月可以生产大约15辆汽车，但他们很快发现，这样的生产速度很难满足日益增长的订单需求。到了1904年春天，订货量已经大大超过福特工厂的生产能力，于是福特购置了一个更大的生产场地。销售自然会产生利润。自成立伊始，该公司就从销售汽车上赚取了可观的利润。仅最初3个月的运营，福特汽车公司的利润就达到了37000美元，这个数字大约相当于如今的7200万美元。福特汽车公司1903年10月的股息仅为2%，同年11月21日的股息已经飙升到了10%；1904年1月的股息高达20%，同年6月16日的股息则达到不可思议的68%。这意味着，福特汽车公司在其成立的第一年内总共分红10万美元。在成立的15个月中，公司支付的红利超过了初始投资总额的100%。1904年秋，福特汽车公司的月平均销售额为6万美元。1905年春，300名工人每天能生产约25辆汽车。正如福特所写的那样，"业务发展如此迅猛，就像有人施了魔法一样"。总之，公司进入了快速发展期。[18]

福特的经营理念——尽可能快地生产尽可能多的廉价汽车，取得了势不可当的成功。他并不关心需求，对于这一点，他是这样解释的：

> 你完全不必担心市场，人们总是会购买的。当你开始大规模生产汽车时，你要让价格更便宜；而当你让它们更便宜时，更多的人就有足够的钱来购买它们。市场会自己找到出路的。制造汽车的方法是让一辆汽车和另一辆汽车一样，就好像这些汽车都是从同一个工厂生产出来的。这就好比所有工厂生产的大头针看起来都一样，火柴也不例外。

在接下来的几年里，福特通过创新设计来巩固所取得的成功。1906 年，福特汽车公司售出了 8423 辆新型 N 型轿车，再次创下了纪录。但是，福特深知自己可以做得更好。[19]

福特一直有一个伟大的梦想，那就是为大众制造一种可靠而廉价、简单而耐用的汽车，一种为所有美国人服务的汽车——他称之为通用汽车。不过，为了制造通用汽车，他还有很多工作要做。尽管 A 型车很简单，但事实证明它的质量无法达到预期效果，这种车无法适应美国崎岖不平的道路状况。他需要找到更坚固、更轻质、更持久的生产材料。

1905 年，福特的一个偶然发现帮助他解决了汽车耐用度的问题。在观看佛罗里达州棕榈滩（Palm Beach）的一场汽车比赛时，他目睹了一场可怕的车祸。当查看事故中的一辆法国汽车残骸时，他发现了一块看起来很奇怪的金属片。经检查，他认定这是一个阀杆，但它既轻又结实。由于不知道该阀杆的原材料，福特请教了其他人，但所有人都说不出所以然。最后，福特把这块残骸交给了助手，并吩咐他去查明究竟，因为福特认为"这就是我们的汽车应该采用的材料"。经过研究，这位助手发现这个阀杆是由一种含有钒的法国钢制成的，而且正如福特所观察到的那样，它的质量很轻，但又坚固而持久。福特确信，使用这种钒钢来改造他的汽车再合适不过，于是他着手在国内寻找钒钢生产商。在得知美国没有钢铁厂具备钒钢生产能力后，他便雇用了一位英国冶金学家研发商业化生产这种材料的方法。由于生产这种钒钢的熔炉温度比生产普通钢更高，福特与位于俄亥俄州坎顿（Canton）的一家专业钢铁公司合作，以测试和生产这种合金。福特坚信，钒钢将成为汽车生产的主要钢材原料。[20]

1908年，福特终于生产出了他梦想中的通用汽车——T型车，该款车是他多年来不断修改、设计和测试的结晶。车上配有一台20马力的发动机，重达1200磅，时速可达45英里。这种量产车采用了全新的设计，即将方向盘放在左边（便于看到来往车辆）而不是右边（便于看到乡间沟渠）。最初几年，它的售价仅为850美元，后期价格还会下降。T型车符合福特对汽车的所有想象，他本人也十分满意。在发布 T 型车时，他骄傲地宣布："我将为广大民众制造这样一辆汽车：它的大小足够全家使用，又便于驾驶和保养；它将采用最先进的材料制造，由技术最精湛的工人生产，采用现代工程学中最简单的设计；并且，它的售价将非常低廉，每一名高薪员工都能轻松拥有，并载上家人一起在上帝赐予的广袤天地中享受宝贵的家庭时光。"[21]

市场的反应和福特的预测一模一样，美国人疯狂抢购 T 型车。从 1908 年 10 月至 1909 年 9 月仅一年时间里，公司生产了 1 万多辆汽车，其中大部分是 T 型车，所有汽车全部售罄，T 型车在市场上供不应求。

在寻求既能提高生产速度又能降低生产成本的方法过程中，福特收获了他最伟大的发现，同时也是现代资本主义最重要的创新之一：大规模生产的概念和它的基本组成部分——流水线。虽然快速生产大量商品的愿望并不新鲜，但传统的应对方法是用人力解决问题：雇用更多的矿工来开采更多的黄金，雇用更多的纺织工人来生产更多的布料，采用更多的平地机来铺设更多的轨道。公司在提高生产效率上，通常只根据直觉和传承的经验做一些小的改进。但在 19 世纪末，商业领袖和工程师已经开始研究科学的生产方法，利用实验和数据客观地衡量和测试生产过程。这项新型科学管理运动的最大支持者是机械工程师弗雷德里克·温斯洛·泰勒（Frederick Winslow Taylor），他致力于将工程原理应用于工业生产。泰勒认为，现代工业的效率之所以非常低，是因为它没有使用科学理性的、可测试的方法来改进其系统，而是依靠直觉和经验。泰勒进行了时间研究，以了解工厂运转的微小变化如何提高生产效率。在这些研究中，他用秒表计算工人完成任务所需的时间，测试不同的工具和方法。然后，他利用这些研究来为工人确定更快、更有效的工作流程。他认为：工作是一门科学，必须对程序进行测试，找出有效和无效的环节，然后将最佳程序标准化，从而提高工作效率。

福特很早就是科学管理原则的支持者。1910 年，当福特汽车公司迁入神话般的高地公园工厂时，他就已经特意将相关原则应用在工厂的设计中。他没有将装配过程的不同环节分配在不同的楼栋中，而是将它们全部安排在一个巨大的建筑物中进行。为了确保最佳的照明效果，厂房四周安装了大量的玻璃窗、天窗和玻璃屋顶。高地公园工厂因此赢得了"水晶宫"的称号。为了使生产流程更科学，机器是按照汽车组装的顺序放置的，机器附近可以摆放装有装配工人所需零件的箱子，这样工人就可以在安装完一个零件后继续以同样的动作完成下一个。

高地公园工厂为流水线的兴起奠定了基础。福特后来描述了这一概念的演变："当我们开始把工作流程送到工人面前，而不是让工人前去寻找流程时，组装便向前迈出了第一步。……这个应用的最终成果是减少了工人的思考时间，并将他的移动量最小化，工人几乎只需用一个动作专注地做一件事。"1906年，福特启用了第一条初具雏形的流水线，当时的经理沃尔特·弗兰德斯（Walter Flanders）想出了一个妙计：给每名工人分配一项具体的任务来组装 N 型车，并在车身安装了一个底盘，这样就可以将汽车从一个工位推送到另一个工位。但是，真正的突破出现在 1912 年，当时福特汽车公司的工长威廉·克兰（William Klann）参观了位于芝加哥的斯威夫特公司（Swift & Co.）的肉类加工厂，他发现该工厂的包装工人可以很快地拆卸放在头顶移动手推车上的猪肉。1913 年，福特为 T 型车的一个部件——构成汽车点火系统的飞轮磁电机引入了移动流水线。在此之前，若要把身旁的一堆材料组装成一个完整的磁电机，一名熟练工人平均需要花费 20 分钟。克兰将装配过程分解为 29 项不同的任务，并且按照 29 个流程的装配顺序将工作任务排列在一条移动的传送带上，每名工人只执行其中一项。这个小小的改变收到了神奇的效果，一夜之间，一个磁电机的组装时间由 20 分钟减少到 13 分钟。后来，工长们又发现，由于每名工人必须弯腰才能适应手推车的高度，这个动作拖慢了流程，于是他们抬高了手推车的高度，将装配时间再次减少到 7 分钟。经过各种优化，最后的装配流程仅需 5 分钟。这个简单的变化——将装配分解成简单的、标准化的任务，使产量翻了两番。很快，高地公园工厂的所有区域都装配了移动流水线。到 1912 年，移动流水线的使用已大幅缩短了 T 型车的制造时间。以前，组装一个汽车底盘需要 12 小时 28 分钟，而在 1914 年夏天，这个过程仅需 1 小时 33 分钟。[22]

"水晶宫"已被改造为世界上最高效的生产系统。1912 年，也就是引入流水线之前，福特汽车公司生产了 68733 辆 T 型车；1913 年，这个数字飙升至 170211。随着公司通过不断的实验改进汽车生产方法，汽车生产速度持续提高。1914 年，该公司生产了 20 万辆 T 型车，接着是 30 万辆，然后是 50 万辆。到 1917 年，福特汽车公司的年产量高达 70 多万辆，占据了美国汽车市场的半壁江山。[23]

在外界看来，"水晶宫"可能是一座闪闪发光的资本主义堡垒，但对于目睹过其运行的观察者来说，它堪称所见过的最可怕的地方。作家朱利安·斯特里特（Julian Street）在 1914 年参观了高地公园工厂，这一经历给他留下了深刻的印象。在《畅游美国》（Abroad at Home）一书中，他专门用一章介绍了这家工厂，题为"马达上的米西纳斯（Maecenas）*"。"机械车间只有一个房间，屋顶是玻璃做的，占地不到 30 英亩。它的规模、噪声和可怕而猛烈的生产活动简直令人难以置信。"他早已知道工厂采用了某种方式组织生产，但在目睹了生产场景之后，他仍然感到难以置信。他周围满是"旋转的轴和车轮，到处都是屋顶

---

*   古罗马政治家，贺拉斯和维吉尔的文学赞助人，后引申为文学和艺术事业的赞助人。

支撑柱和在空中摇摆飞舞的皮带。一排排蠕动的机器发出刺耳的尖叫声和锤击声，车间里充斥着令人反胃的油烟味和秋天特有的令人窒息的烟霾味，粗鲁野蛮的外国工人在车间里劳作——在我的印象中，这里几乎就像一个疯人院"。可见，福特工厂是繁忙、嘈杂和混乱的。

> 想象一下，一个由车轮、皮带和奇形怪状的铁制品组成的丛林，里面有人、机器在运动，还有你所能想象到的各种声音：100万只松鼠的鸣叫声，100万只猴子的争吵声，100万头狮子的咆哮声，100万头猪的惨叫声，100万头大象在铁皮森林中的撞击声，100万个男孩的口哨声，100万个百日咳患者的咳嗽声，100万名罪犯被拖往地狱的呻吟声。想象一下，所有这一切都发生在尼亚加拉瀑布的边上，并且那里还永远充斥着大瀑布的轰鸣声。这样的描述可能会让你对福特的汽车工厂有一个大概的了解。[24]

实际上，与其说福特工厂是用机器战胜了人，还不如说是把人变成了机器。这对销量来说可能是好事，但对人来说显然是极其不愉快的体验。而且，事实证明，员工的士气对效率的影响比福特汽车公司想象的要大得多。弗雷德里克·温斯洛·泰勒曾预言引入流水线将使产量翻番，实际上，最终产量也和泰勒说的相差无几。1909年，即福特生产T型车的第一年，

164

也就是引入流水线之前，工厂里的 1548 名工人平均每月生产 1059 辆汽车，平均每人每月能生产 0.68 辆汽车。而 1913 年，在引进流水线之后，工厂里的 13667 名工人平均每月可生产 15284 辆汽车，即平均每人每月可生产 1.12 辆汽车。换句话说，工人的生产率提高了 65%，这是一个十分可观的数字，但仍然远未达到福特的预期。公司在工厂实地进行了生产力研究，以找到未达到预期产量的原因，其中有两个关键因素非常突出：旷工和人才的高流失率。这两个因素都与工人的不满情绪直接相关。1913 年，高地公园工厂报告称工厂的每日缺勤率达 10%，这意味着，在 14000 名员工中，每天都有 1400 人缺勤，其中大多数人声称自己生病了。员工流失率也居高不下：离职率为可怕的 370%，这意味着公司每年在各个岗位上平均需要雇用 3.7 名工人。员工流失和缺勤对公司来说是个大问题，因为公司需要培训新的工人或将其他工人转移到工厂的新工作区域，还会导致生产效率降低。于是福特得出结论：要解决工厂的问题，首先要解决劳动力问题。[25]

于是，1914 年 1 月 1 日元旦，福特召开了一场由公司高管参加的会议。在会上，福特先讲述了最近他和儿子参观工厂的故事，当他们二人经过装配车间时，遇到两个工人在打架。福特对于让自己的儿子目睹了这场斗殴感到非常羞耻。他认为，人们在野蛮的生活条件下，会表现得像野蛮人；而当他们的工资仅够维持生计时，他们只能拥有野蛮的生活条件。高管和客户都能分享公司的利润，为什么劳动者不可以呢？接着他在黑板上写下当年的财务预算，当写到工资预算时，他说，和公司的利润相比，工资太少了。于是他把平均工资调整到 3 美元，接着又重新计算为 3.5 美元。这时一位高管提出抗议，但福特毫不理会，继续将工资提高到 4 美元，然后又增加到 4.5 美元。公司的二把手库岑斯心生不满，赌气似的说："干脆涨到 4.75 美元好了，我赌你不敢加到 5 美元。"但是他错了。福特最终把工资定为 5 美元。于是，1914 年 1 月 5 日，董事会召开会议通过了加薪方案。当天晚些时候，福特向全世界宣布了这一消息。[26]

福特汽车公司高薪雇用工人大规模生产低价汽车的方法是十分成功的，公司利润仍然十分可观，但这个做法也造成了一系列意想不到的后果：永远改变了公司生存的格局，影响了福特汽车公司的每个群体——股东、工人和消费者。福特汽车公司的利润一直居高不下。1916 年，利润已经增长到 6000 万美元，这是笔巨款，相当于今天的 15 亿美元。人们可能会认为，能在这样一个景气繁荣的公司担任股东，大家一定很开心。但事情并非如此，仍然有一些股东认为他们得到了不公平的待遇。1916年，福特汽车公司决定不再发放任何额外红利，而在过去的 5 年里，红利一直定期发放。福特解释说，他需要现金来投资一个新的、更好的工厂，他不想把利润浪费在支付红利这件事情上。不过，对于约翰·道奇和贺瑞斯·道奇这两位股东来说，这个政策变化让他们很恼火。他们共同持有福特汽车公司10%的股份，自1903年公司成立以来，他们一直持有这部分股份，从投资中得到了很高的回报：最初的1万美元投资为他们赢得了总计550万美元的分红。但在1914年，他们成立了一家与福特汽车公司进行竞争的汽车公司——道奇兄弟汽车公司（Dodge Brothers Motor Company），他们需要现金用于运营。因此，当1916年福特汽车公司计划在胭脂河（River Rouge）建立一个冶炼厂并减少红利发放时，道奇兄弟大为恼火。[27]

1916年9月28日，约翰·道奇和贺瑞斯·道奇给福特写了一封信，表达对新股息政策的不满。他们要求福特召开董事会，将累计现金盈余的大部分作为股息分配给股东，但福特并没有理会他们的要求。于是，同年11月2日，兄弟俩在密歇根州提起诉讼。他们要求法院阻止福特继续实施其扩张计划，并迫使公司将现金盈余的75%作为股息分配给股东。雪上加霜的是，道奇兄弟是在亨利·福特的儿子埃德塞尔·福特（Edsel Ford）的婚礼后第二天提起的诉讼，他们甚至还参加了婚礼仪式。福特对此大发雷霆。双方都没有做出退让，因此该案最终进入审判阶段。这场备受瞩目的诉讼登上了各地新闻的头条，尤其是福特出庭作证的新闻。道奇公司的律师埃利奥特·史蒂文森（Elliot Stevenson）要求福特解释公司的运营方式。"就这么说吧，"福特说，"我认为我们不应该在汽车上获得如此可怕的利润。合理的利润是必需的，但不能太多。因此，我的政策是在生产允许的范围内，尽可能快地下调汽车价格，并将利益带给用户和劳动者——正是他们给我们创造了惊人的巨额收益。"于是，史蒂文森步步紧逼，追问道：

> 史蒂文森：那么，继续赚取如此可怕的利润让你觉得不满意吗？
>
> 福特：我们似乎无法减少公司利润。
>
> 史蒂文森：你说无法减少利润，那么对此你曾做出努力吗？福特汽车公司除了旨在赢利之外，难道还有其他目的？你能告诉我吗？福特先生。
>
> 福特：公司的组织宗旨是为所有相关方在所有方面做尽可能多的好事。
>
> 史蒂文森：你知道有哪些法律条款提到汽车行业或其他制造业要为人民做好事吗？
>
> 福特：我个人并不太懂法律。

福特的这番陈述——经营公司是为了"为所有相关方在所有方面做尽可能多的好事"，对他的案子造成了毁灭性的后果。正如道奇兄弟的律师在辩论中所说，福特为了荣誉不惜牺牲股东的利益。道奇兄弟只希望福特能够经营公司，尽可能多地赚取利润。他们还认为："如果一家公司只是为了扩展业务而不是为了赢利，那它的经营就是非法的。"[28]

法院显然并不赞同福特对投资者的蔑视，裁定道奇兄弟胜诉。密歇根州最高法院后来在一份判决意见书中维持了这一裁决，该意见书在公司法中获得了近乎传奇的地位。在该判决意见书中，法院提出了一个引人关注的以股东为导向的观点，那就是将资本家的利益置于其他人之上。

> 组织和经营商业公司的主要目的是让股东获得利润。董事们也是出于此目的才被赋予权力。董事有权选择实现这一目的的手段，但手段并不能改变目的，也不能随意减少利润，或不给股东分配利润。董事会无权为了股东的附带利益和出于造福他人的主要目的来打造和处理公司的业务。如果被告人公然宣称其经营目的是牺牲股东的利益，法院则有义务主张股东的权利。

168　　没有什么比这个事件更能说明股东和社会之间的冲突：法院介入其中后表示，如果二者发生冲突，股东将是获胜的一方。[29]

福特一向对股东和资本家持怀疑态度，把他们称为"寄生虫"，还说自己已经受够了这些人。1919 年 3 月 6 日，就在密歇根州最高法院做出判决的一个月后，福特宣布他将离开福特汽车公司，创办一家新的汽车公司。他不愿意与不断要求分红的小股东打交道，而且这些股东如今竟有胆量在法庭上质疑他的商业判断。这个大胆的决定大获成功。看到这样一位有远见的领导人要离开公司，股东们都吓坏了，开始抛售他们的股票，福特匿名将其全部收入囊中。虽然这花了他 1 亿多美元，但在他看来这是非常值得的。随着股东们的离去，公司已完全属于他一个人。

福特和工人之间的关系也是一团乱麻。他提出的 5 美元日薪本质上是一种浮士德式交易（Faustian bargain）[*]。也就是说，虽然员工的工资增长了、工作时间也减少了，但这些好处是有代价的。流水线的引入导致公司对生产效率的过度强调，要求工人们高效且高质量地开展工作。高地公园工厂的一名工人说："每个工长都必须用英语、德语、波兰语和意大利语学习'快一点'这个词的说法。"加薪计划生效后不久加入公司的生产一线工人查尔斯·麦迪逊（Charles Madison）描述了这种持续的压力。他写道："烦人的工长告诉我，我的操作已经被一位效率专家计时，以保证每天生产一定数量的成品零件。我也给自己计时，看看我到底能做到多快，但我意识到，只有在一切顺利，并且在整整 8 小时内不间断工作的情况下，我才有可能完成配额。"生产配额没有为吃午餐或上厕所留出时间，更不用说休息

---

* 一种经济现象，指由于一个人对一种看似最有价值的物质持有盲目崇拜心理，付出巨大的代价去追求，从而使他失去了理解人生中其他有价值的事物的理由和机会。

169　了，所以麦迪逊只能在保持机器运转的同时吃着三明治午餐。第一天，他没有达到配额，工长责备了他；第二天，一位效率计时员带着秒表来到他的工作岗位，并像鹰一样观察了他整整一个小时，偶尔做一下记录，然后向工长报告说，麦迪逊的动作太慢了，而且他没有付出努力以加快速度。为了赚到5美元，麦迪逊只能屈从于这个不人道的制度。更离谱的是，当他收到第一份工资单后，很震惊地发现他到手的工资只相当于每小时25美分。工长则是这样告诉他的："根据协议，工人只有在公司工作满6个月并证明有能力达到其最低配额要求后，才能够获得5美元的日薪。"[30]

　　流水线上的工作会使人身心俱疲。工人总是在不舒服的位置上工作，高速重复着同样的动作，这经常导致工人受伤。一位名叫安东尼·哈夫（Anthony Harff）的工人回忆了他一位也加入了高薪工人队伍的艺术家朋友的故事。哈夫回忆道："第一天晚上我去接他下班，他说他觉得非常累。"这位朋友被分配到汽车挡泥板流水线上需要蹲着工作的岗位，当他下班时，几乎无法站立。"晚上回家后，他坐在椅子上，不在乎吃不吃晚饭，只想挺直身子坐一会儿。他太疲倦了，浑身酸痛，都不知道自己的身体是否还能移动。"工作三天后，这位朋友表示再也不想继续这份工作了。正是这种遭遇让约翰·斯坦贝克（John Steinbeck）在一本关于汽车的书《愤怒的葡萄》（The Grapes of Wrath）中这样写道："我不想与亨利·福特的任何东西有任何关系。我不喜欢他，一丁点儿也不喜欢。我有个兄弟在福特工厂工作，应该听他说说他的故事。"[31]

更大的代价是，福特汽车公司还将其行业领先的薪酬与员工展现良好道德品质的期望挂钩。为了配合 5 美元日薪计划，福特汽车公司增设了一个社会关系部，负责执行这一道德要求。该部门雇用了多达 200 名的调查员去监视员工，收集有关他们的个人习惯、家庭、住房和社区的信息。他们会带着一长串带有员工住址的名单在底特律周围开车，停在员工的房前，向居民和邻居询问。一位记者曾记录了典型的一幕：

> "请问乔·波利安斯基（Joe Polianski）住在这里吗？"
> 他问。
>
> "是的，他确实住在这里。"
>
> "乔这人怎么样，是不是一个相当不错的家伙？"
>
> "当然，他是个好人。"
>
> "他晚上做什么？"
>
> "一般晚上的时候都在家，很早就上床睡觉了。"
>
> "他喝酒吗？"
>
> "不，他滴酒不沾。"
>
> "他花钱的习惯是什么？他会存钱吗？"
>
> "是的，他会存钱。他会把一部分钱寄回老家帮助老人，把
>   另一部分钱存在银行里。"

170

"好吧，如果现在乔能得到更多工资，你认为他会怎么做？"

"我想，他会把钱存起来买房子。"

这些调查会产生非常实际的结果。如果发现工人撒谎，他们将被解雇。如果调查员认为他们不够节俭或不够理智，他们的工资也可能会被扣减。[32]

从另一方面来看，福特这种无所不包的家长制雇佣方式也有一定的好处，特别是对家庭而言。在女性很少外出工作的时代，妻子和孩子只能依赖男人供养。正如一名员工在谈到福特汽车公司的社会关系部时说："我知道，如果他们不照顾小孩，离婚后也不支付赡养费，妻子不必去打扰他，只需将这件事上报给社会关系部，社会关系部就会把这些钱从他的工资中扣除……这个做法可以关照到很多儿童。"此外，该公司在关心员工的长期健康和福祉方面也走在时代的前列。它制订了几个开创性的计划来支持工人：1913年，它创建了员工储蓄和贷款协会，帮助工人积累财富；其法律部门为购房、公民身份申请和债务减免提供免费援助；它还设置了一个医疗部门，截至1920年，该部门共有20间医疗室、10名医生、2名牙医、2名药剂师和1名麻醉师；由于福特汽车公司的许多工人是移民，公司还开设了一所语言学校进行英语教学。福特主义甚至赢得了著名的黑幕揭发记者艾达·塔贝尔（Ida Tarbell）的青睐，她给予福特汽车公司高度评价，声称其计划是"非常有价值且非常人性化的"。她还总结说:"事实上,福特汽车公司的社会关系部似乎讨厌放弃每一个人,就像销售部讨厌放弃每一笔订单一样。"[33]

福特认为自己是普通人的救世主,因此,当工人偶尔抱怨时,他很难产生共情。他似乎从未真正领会到这一点:他创建的大规模生产系统并不具有人性化本质。他终究是个凡人,他这样说过:"工作使我们理智,并维护我们的自尊,让我们得到救赎。工作绝不是诅咒,而是我们最大的福祉。"当工会在20世纪30年代大行其道时,他建议工人们应不惜一切代价远离工会。他对一位记者说:"当一个人加入劳工组织时,无论这个劳工组织是何种类型,他都会失去独立性,并因此受到影响。工业竞争能保证工人获得公平的工资,而工会则会破坏这种竞争。"对福特来说,工会运动与其说是工人真正不满的表现,不如说是富有资本家的阴谋。这种观点也助长了他的反犹太主义和偏见:"国际金融家之所以支持工会,是因为他们想控制工业并扼杀竞争,这是所有罢工产生的根源。"但福特没有意识到管理者和雇员之间可能存在冲突。"我们习惯在谈论劳工时把他们归属于另外一个阶级,常常把劳工和商人置于对立的两面。我们国家的大多数商人是从劳工中产生的,他们还能从哪里来呢?我也属于劳工阶级。劳动是我人生中一直坚持做的事。"他始终认为,促进工人利益的最佳方式是让管理者自主设定工资和工作条件。市场这只"看不见的手"能确保工人在公平的条件下获得一份好工作。他强调说:"你会惊讶地发现,负责任的管理者会花费巨大的精力投身于促进劳工权益。因为他们相信，在这些劳资事务上的付出会对社会进步产生更大的贡献，也许远远超过他们所能生产的任何商品。……如果付给工人的工资远远低于雇主的收入，那么他就要对可能导致的后果负责。最可能的结果是糟糕的工作和低劣的产品，从而导致业务流失。"随着时间的推移，福特对劳工运动的态度越发坚定，并在1937年断言："工会是地球上最糟糕的东西。"[34]

接着，清算阶段到来了。早在1915年，福特就被迫前往国会劳资关系委员会（Congressional Commission on Industrial Relations）回答关于劳工待遇的问题。委员们向福特提出了一些质询，诸如为什么福特汽车公司不仅要对工厂的劳动条件负责，还要对员工的社会和道德环境承担如此大的责任，以及一家公司对雇员实施如此大的控制措施是否可取等问题。福特回避了这些问题，解释说他只是为了"改善人们的经济状况和道德标准"。但是，大萧条使这种冲突达到了顶点。福特工厂的条件在大萧条期间有所下降，工作岗位有所减少；加之由于臭名昭著的高速生产流水线使工作环节十分乏味，令人疲惫。比如，除非有人顶替，否则在流水线上工作时不允许上厕所，午餐时间也压缩为15分钟。一名工人曾用催人泪下的语言描述了他的悲惨经历："铃声一响，他就用一只手去拿他的午餐，用另一只手去关机器。他的双腿似乎瞬间失去弹性，蜷缩着坐在地上，饭盒的盖子像变魔术一样自己打开了，快到他还来不及看清楚手上的三明治就赶紧吞下第一口。如果想赶在规定的时间内把三明治吃完，他只能尽量减少咀嚼的次数，把三明治囫囵吞枣似的吃进肚子里。"受够了这样的工作条件，一些工人打算成立工会。20世纪30年代，全美汽车工人联合会（United Auto Workers, UAW）在美国各地的工厂组织了一系列罢工活动。福特得知这些工人打算成立工会的传言后，在公司成立了服务部（Service Department）以恐吓工人。该部门名义上致力于公司安全，实际的成员是一群暴徒和黑帮人物。他们在午餐时间四处窥探，偷听员工的谈话。当通用汽车公司的工厂爆发罢工时，福特的工长们接到成立紧急小组的命令，将企图罢工的员工立即赶出工厂，并将他们交给服务部的员工处理。一名福特汽车公司的工人解释说，这些服务部员工的耳朵和鼻子上都有伤，很容易辨认。[35]

在整个20世纪30年代，工人和管理层共发生了两次暴力冲突。1932年3月7日，2500名工人在福特位于密歇根州迪尔伯恩的胭脂河工厂游行，要求改善工作条件，重新雇用被解雇的工人。当他们到达工厂入口时，发现福特的私人警察和保安队早就在那里待命了。警察发射催泪瓦斯驱散游行的人群，而抗议者则向警察投掷石块以示反抗。紧接着，消防队出现了，他们将消防水带对准了抗议者。在福特汽车公司的安全主管被石头砸晕后，警察举起猎枪和手枪向人群开火，人们则用手中的棍棒和烟斗回击。最终，在这场被称为"迪尔伯恩屠杀"（Dearborn Massacre）的事件中，有5名工人死亡、数十人受伤。然而，仅仅5年后，暴力事件再次发生。1937年5月26日，全美汽车工人联合会的领导人与一群记者和摄影师一起游行至胭脂河工厂，组织者计划向福特汽车公司的工人分发支持工会的传单。服务部提前得知了这一计划，立马派出保安队在通往工厂的人行天桥上阻拦他们。在命令他们离开工厂区域后，福特汽车公司的保安队开始无情地殴打劳工组织者。一名工会成员回忆道："他们把我们打倒后让我们站起来，然后再次重重地把我们打倒。"保安队甚至还将工会主席从一段水泥楼梯上扔下去。试图拍摄此次暴力事件的摄影师的相机被抢走并被砸碎，一名摄影师试图乘车离开，但服务部的人立马追了出来，他只能被迫躲进警察局。这次袭击后来被称为"天桥之战"（Battle of the Overpass）。[36]

　　工人和公司之间的冲突日益加剧，联邦政府不得不进行干预。1933年，富兰克林·德拉诺·罗斯福（Franklin D. Roosevelt）签署了《全国工业复兴法》（National Industrial Recovery Act, NIRA），以提高工人工资并增加就业岗位。该法案还规定工人享有组织工会的权利，并命令各个主要行业制定竞争守则，以确定工资标准、工作时长和工作条件。国家汽车商会（National Automobile Chamber of Commerce）为汽车行业制定了规范，但福特本人拒绝签字。似乎《全国工业复兴法》并没有起到约束行业的作用，因此，国会在1935年采取了进一步的措施，通过了《瓦格纳法》（Wagner Act），再次保障了工人的集体谈判权，同时还成立了全国劳资关系委员会（National Labor Relations Board，NLRB）来强制执行这一权利。该委员会后来对福特汽车公司进行了调查，认定该公司违反了《瓦格纳法》。于是，直到1941年，福特汽车公司的工人们才终于有机会就成立工会进行投票，投票结果是一场压倒性的胜利：97%的工人赞成成立工会，只有3%的工人反对。

也许应该这么说，福特汽车公司和福特主义最深远的影响体现在公司之外的领域，彰显于消费文化的崛起中。福特一向重视买方的愿望和需求，正是基于他对广大汽车受众的悉心观察，福特才设计出了闻名世界的T型车；也正是由于他敏锐洞悉了消费者的支付能力，福特汽车的价格才在1914年创纪录地降低至500美元以下，这堪称汽车史上的一个壮举。福特在20世纪初创建的大规模生产系统需要匹配与之相应的消费文化革命，因为大规模生产就必然需要巨大的消费力。福特需要大量的买家来抢购每年从他的工厂送至市场的数十万辆汽车。在这个过程中，福特做出决定，他需要做更多的事情，它们的重要性远远超出满足现有需求。简而言之，他需要创造新的消费力。

1926年，福特开始在公司实行5天工作制。根据他自己的解释，这么做是为了让工人有时间来培养兴趣，这一点非常有必要，因为他了解休闲时间对欲望的强大影响。他说："国家应实行5天工作制，否则国家将无法消化其生产力并保持繁荣。"
对福特来说，休闲时间和购物需求二者如影随形。"商业是一种
交换商品的活动，商品只有在满足人们的需求时才会被购买，
而只有人们产生了需求，才可能去寻求相应的满足。人们通常
只有在休闲时间才会产生需求。每天工作15个小时或16个小时
的人只希望有一个角落可以躺着和吃点充饥的食物。"但是，福
特的研究远不止于理解消费和生活方式之间的联系。他相信消
费本身极有价值，他这样写道："没有什么比每个人都能拥有一
个充满了自己所钟爱事物的世界更美好。"[37]

为了激发人们对汽车的购买欲，福特在全国范围内开展了
广告宣传活动，利用醒目的图画展现美国人的欲望和信仰。在
1924年的一则广告中，一位女性在草地上收集火红的秋叶，吹
嘘拥有福特汽车的女性就能享有自由。广告上说："拥有一辆福
特汽车，你就能自由探索新的远方。"在另一则广告中，一名男
子将一名年轻女子从车上扶下来，并评论道："如此漂亮的女孩，
还有加利福尼亚的迷人景色。"还有一则广告是这样说的："他
渴望旅行、打猎、登山、穿越沙漠，他的欲望如此之多，但福
特汽车通通可以满足。"当福特意识到许多潜在的买家并不是不
想购买，而只是没有足够的收入购买汽车时，该公司马上推出
了一项赊购计划，即福特每周购买计划（Ford Weekly Purchase
Plan）。福特说："我们并不想要消费者的钱。如果我们认为消费
者都应该有确定收入才能购买的话，就回到了旧时代，那时的

消费饱和点是固定的。"[38]

福特对自己的决策十分清醒。他在采访时表示："嗯，事情是这样的，我们正在创造人们的新需求。刚满足了一个社会阶层的需求，另一个阶层就开始提出它的需求。需求在不断增加，不过需求越多，生意就越多，难道不是这样吗？"也许没有人比诺瓦尔·霍金斯（Norval Hawkins）更了解福特的战略，他主导公司的销售和营销部门已经十余年。霍金斯写了一本关于他的销售理论的书，名为《世界上最成功的销售方法》（The Selling Process）。他在书中表示，推销员必须抓住人们的心，而不是他们的思想。"控制欲望的不是思想，而是情感，没有人会在被理论说服后购买商品。欲望意味着想要，如果一个人想要一样东西，他会渴望得到它。他意识到自己的不足，于是内心渴望有东西来填补他的不足。我们都知道这个事实，但是否在销售过程中都应用了这一原则来鼓动和创造人们的购买欲呢？"霍金斯在福特汽车公司应用这些原则取得了绝佳的销售业绩。他发明的"通过广告给消费者带来心理暗示"的推销手法在整个销售界如雷贯耳，这个座右铭在今天的广告学理论中仍在被反复提及。[39]

福特主义创造了一个以消费者为导向的世界，在这个世界里，个人不断被这样的信息轰炸：如果能得到那件闪闪发光的新玩意，他们就会最终获得幸福。消费主义时代由此开始形成。1936 年，约翰·梅纳德·凯恩斯（John Maynard Keynes）这位20 世纪最重要的经济学家之一，非常严肃地写下这样的话："再次重复这一不争的事实：消费是一切经济活动的唯一对象和唯一目的。"[40]

与我们迄今为止研究过的其他公司不同，福特汽车公司从未倒闭，但它确实经历了很多变革。从1903年成立到1945年，福特汽车公司一直由亨利·福特主导。但在这个过程中，福特的竞争对手迎头赶上。20世纪30年代，通用汽车公司和克莱斯勒汽车公司超过了福特汽车公司，赚到了比福特更多的利润，销售了更多的汽车（1933年，通用汽车公司销售了65万辆汽车，克莱斯勒汽车公司销售了40万辆，福特汽车公司销售了32.5万辆）。导致这种变化的部分原因在于通用汽车公司和克莱斯勒汽车公司自身取得了改进：它们全盘复制了福特的流水线，使福特汽车公司的竞争优势慢慢消失。不可否认的是，还有部分原因在于福特汽车公司领导层的决策失误。在对其创始人和CEO的崇拜中，福特汽车公司屈从于福特个人的偏见和疏忽。福特有时很固执，即使其他公司已经开始生产更好的汽车，福特也不愿意制造新车型或改进原有的设计。管理层中的新想法不受重视，甚至包括福特的儿子埃德塞尔，他曾尝试使公司更加现代化，但也以失败告终。[41]

1945年，82岁的福特从公司卸任。控制权从福特转移到了一个由行政人员、董事和经理人组成的架构中，公司开始以现代公司的方式经营。正如哈佛大学经济学家约翰·肯尼斯·加尔布雷斯所描述的那样："福特汽车公司采用了层层管理制度。个性的概念开始在公司弥漫，控制权从所有者转移到了管理层。"[42]

但福特的传说仍在美国文化中产生了数十年的影响。杰克·凯鲁亚克（Jack Kerouac）在他的垮掉派小说《在路上》（*On the Road*）中就驾驶着一辆1937年生产的福特汽车；詹姆斯·迪恩（James Dean）在《无因的反叛》（*Rebel Without a Cause*）中开着一辆经过改装的1949年生产的福特旗下的水星汽车（Mercury）；福特汽车公司1948年生产的De Luxe在电影《油脂》（*Grease*）中风驰电掣。约翰·戴维森·洛克菲勒（John D. Rockefeller）称福特汽车公司为"时代的工业奇迹"，这绝不是夸张。[43]

178

❀ ❀ ❀

流水线是公司工作效率的具体体现。通过标准化生产流程和简化工人的任务，流水线大大提高了公司的生产力。值得关注的是，流水线的基本原理并不是很直观，它主要通过把生产分解为单独的步骤，然后在一条物理生产线上执行这些步骤，使工人们可以更快地完成更多的工作。但究竟是把任务拆分了更好，还是把它们合并在一起更好呢？两种做法都有其看似合理的地方。理论不如实践，福特汽车公司通过实践对流水线进行测试，最终得出了答案。

如今，大规模生产及其影响无处不在。从汽车到手机，从电脑到家用电器，消费产品比历史上任何时期都更丰富和便宜。闪亮的新产品以令人难以置信的速度从流水线上转移到商店的货架上（或进入 Amazon 仓库）。正是由于大规模生产的高效率和单个工人生产的低效率差距巨大，修理一件物品往往比购买一件全新的更昂贵。由于公司和具有前瞻性的管理层带头提高生产效率，全世界数十亿人都能将生活水平提高到前所未有的高度。从这一点来说，大规模生产的确是公司创造的一个奇迹。

不过，奇迹有时也有其肮脏的一面。以更少的努力制造更多的东西，似乎是一种双赢，福特也是这么想的。但是，大规模生产在公司内外都产生了新的问题。在公司内部，它创造了一种令人疲惫不堪的工作环境，而且往往是毫无人性和十分残酷的。在公司外部，它创造了新的以消费为目的的购买欲。更糟糕的是，它激励公司引导社会产生这些欲望，进而导致物质主义、浪费和环境破坏。人类社会经过漫长的历程才认识到这个问题的严重性，目前仍在应对其带来的后果。

流水线的兴起使公司比以往任何时候都更具生产力，并产生了相应的消费需求。我们将见证贸易和商业在接下来的几十年中急剧增长，公司形式的新演变也将进一步拓展公司的视野。跨国公司将把世界打造成一个单一的全球化市场。

第 6 章

跨国公司

　　1973 年 10 月 17 日，就在叙利亚和埃及的军队对以色列
发起突袭后的第 11 天，一群中东石油部长在科威特城召开会
议，商议使用一种具有杀伤性的新型军事手段。长期以来，阿
拉伯国家一直在考虑利用其巨大的石油储备来实现地缘政治目
标，如今终于到了部署石油这一武器的时候。沙特阿拉伯、伊
拉克、伊朗、科威特、卡塔尔、阿布扎比 6 个国家经过 8 个小时
的讨论，决定减少石油产量，并对以色列最亲密的盟友——美国
实行石油禁运。他们承诺，如果以色列没有从 1967 年第三次中
东战争中占领的领土上撤军，美国没有停止对以色列的军事支
持，未来将会实行更严厉的石油减产。伊朗国王穆罕默德·礼
萨·巴列维（Mohammad Reza Pahlavi）宣称："美国将意识到，
他们凭借廉价石油取得巨大进步甚至更惊人收入和财富的时代

182　已经结束。……最终，他们将不得不勒紧腰带；最终，所有那些来自富裕家庭的孩子，那些每顿都有很多吃的、有自己的汽车、像恐怖分子一样到处扔炸弹的孩子，将不得不重新思考先进工业世界的所有这些方面。"[1]

石油禁运对美国构成了巨大挑战，因为在过去的几十年里，无论是美国还是全世界，对石油的需求都急剧增长。近一个世纪以来，煤炭一直是发达经济体的主要能源，但在第二次世界大战后，石油超过了煤炭。与煤炭相比，石油具有许多优势。首先，石油是液体，更易于运输；其次，石油的能量密度很高，可以提供超过石油本身质量更多的燃料；再次，石油易于提炼成其他形式，且用途广泛；最后，石油燃烧相对干净，不会产生"死亡"雾——这些黄色浓雾（又称"豌豆汤"雾）在20世纪长期笼罩着伦敦等大城市。此外，随之而来的石油繁荣推动了世界各地的经济增长和生活水平的提高，改变了各国城市、家庭和交通。但美国的石油生产未能跟上不断增长的需求，因此，美国人消费的石油越来越多地来自国外。比如，1972年，他们每天使用的1700万桶原油中，有640万桶（约占38%）是进口的。此外，西欧近90%的石油是从阿拉伯国家进口的。因此，中东主要石油生产国宣布石油减产并对美国实行石油禁运是一个大问题。没有石油，经济就无法运转。[2]

美国总统理查德·尼克松（Richard Nixon）对这一威胁的严重性收到了充分的警告。阿拉伯—美国石油公司［Arabian-

American Oil Company，以阿美石油公司（Aramco）闻名］几个月来不断发送日益紧迫的信息，提醒美国政府注意中东的紧张局势。阿美石油公司是由美国最大的4家石油公司组成的财团，主要在沙特阿拉伯生产石油，成员包括埃克森石油公司（Exxon）、美孚石油公司（Mobil）、德士古石油公司（Texaco）和加利福尼亚标准石油公司（Standard Oil of California）。该公司的高管向来会在中东事务上为总统提供建议。埃克森石油公司甚至向国务院派出了一名代表，以便国务院了解该地区的最新发展情况。1973年10月12日，阿美石油公司总裁致信尼克松，警告说，如果美国仍加大对以色列的军事支持，中东国家报复的"滚雪球效应"可能会导致美国重大的石油供应危机。他们写道："现在受到威胁的远不止我们在该地区的商业利益，美国在中东的总体地位也正在受到严重损害；而日本、欧洲也许还有苏联则可能在很大程度上取代美国在该地区的地位，这损害了我们的经济和安全。"[3]

然而，这一警告来得太晚，美国还没来得及采取行动，石油禁运在科威特会议后就立即生效了。在接下来的几个月里，石油价格翻了两番，从每桶3美元涨到每桶12美元。1973年11月7日，尼克松发表全国电视讲话，警告美国人民，美国正面临着"二战"以来最严重的能源短缺。他呼吁公民为国家更大的利益做出牺牲，调低恒温器的温度，拼车上班，并把车速控制在每小时50英里以下。两个月后，即1974年1月，他再次发出呼吁，并在面向全国的广播讲话中宣布，尽管美国民众为减少能源使用做出了切实努力，但美国仍面临石油供应严重短缺的问题。对于那些质疑问题严重性的人，他讲述了温斯顿·丘吉尔（Winston Churchill）的故事。

> 我可以向你保证，节能和削减开支带来的不便、偶尔的不适和持续的担忧，并不是虚假的，而是真实存在的。在第二次世界大战期间，温斯顿·丘吉尔曾经被问及英国为什么要与希特勒作战。他回答说："一旦我们停止对战，你就会知道原因。"如果我们选择相信我们对抗能源危机的努力是不必要的，如果我们允许自己放弃努力并重新陷入能源浪费的状态，那么美国将见识到能源危机的全部力量以一种最具破坏性的形式呈现，人们也将不再对危机的现实性存有疑问。[4]

当时，石油公司受到了来自尼克松和公众的强烈批评。在警告石油危机严重性的同一讲话中，尼克松保证"要尽一切努力防止大型石油公司和其他主要能源生产商从这场危机中牟取不当利益。……一个自由的国家绝不能容忍以牺牲公众利益为代价牟取私人暴利"。阿美石油公司发现自己陷入了困境，因为沙特曾派它负责实施禁运。1973年10月21日，沙特石油矿产资源部部长谢赫·艾哈迈德·扎基·亚马尼（Sheikh Ahmed Zaki

Yamani）与阿美石油公司总裁弗兰克·荣格斯（Frank Jungers）会面，商议新的出口规定。正如荣格斯所说的那样："在讨论石油禁运的复杂性时，沙特充分意识到该计划将很难管理，但他们指望阿美石油公司来进行监督。"1973 年，埃克森石油公司和其他石油公司成就辉煌，埃克森石油公司的收益同比增长了59%，不过这在能源危机时期可不是一件值得宣扬的事。[5]

但尼克松没有提到大型石油公司在缓解危机方面所发挥的重要作用，只提到了它们在制造石油危机方面的影响。事实证明，尼克松解决石油危机的努力基本上是无效的。首先，他派出的中东国家问题首席谈判代表、国务卿亨利·基辛格（Henry Kissinger）对石油市场几乎一无所知。基辛格曾对其助手说："别跟我谈论石油，在我眼里，它们和几瓶可口可乐没什么区别，我不了解石油。"其次，政府为把国家现有石油分配给消费者所做的努力也失败了。在禁运开始之前，美国实行了一项旨在将汽油平均地分配至全国各地的分配制度，但该制度过于僵化，导致根据需求将石油从一个地区运输到另一个地区更加困难。比如，司机因为担心当地加油站的油会用光，于是开始尽可能地加满油箱。加油站的长队有时会排满整个街区，需要等待一个小时甚至更久才有可能加上油。此外，一些州制订了汽油配给计划，让偶数和奇数车牌的司机隔天交替加油。对于政客发出的这些相互矛盾的信息，民众感到非常困惑和不满。[6]

在政府陷入瘫痪的情况下，美国最大的石油公司埃克森石

185

油公司迅速采取行动。1970 年，埃克森石油公司生产的原油和天然气占世界每日需求总量的 15% 左右。此外，该公司的业务遍布全球，尤其是在中东地区。该公司在利比亚设有子公司，在沙特阿拉伯有阿美石油公司 30% 的股份，在伊朗石油合资者有限公司（Iranian Oil Participants）有 7% 的股份，在伊拉克石油公司（Iraq Petroleum Company）有 12% 的股份，在卡塔尔、阿布扎比、黎巴嫩等国家也设有子公司。而且，埃克森石油公司在中东地区的石油产量约占其全球日产量（620 万桶）的一半。由此可见，埃克森石油公司正处于石油危机的中心。从一开始，它就充分利用这一优势来削弱禁运对世界市场的影响。1973 年 10 月 8 日，在赎罪日战争爆发两天后、石油减产正式宣布之前，埃克森石油公司派其中东事务主管前往维也纳，与石油输出国组织（Organization of Petroleum Exporting Countries，OPEC）的代表谈判下调石油价格。谈判失败后，埃克森石油公司意识到，如果西方经济体想要在石油禁运中生存下来，私人石油公司必须竭尽全力进行协调。在接下来的几周内，埃克森石油公司就石油运输问题，与世界最大的石油公司群"七姐妹"（Seven Sisters）进行了密集协商。最后，它们决定建立一个复杂的系统，用荷兰皇家壳牌集团（Royal Dutch Shell）的话说，这是一个均分痛苦的系统，旨在帮助降低禁运对各国的影响。实际上，这一制度要求石油公司根据石油危机开始前各国的消费量按比例分配石油，以便每个国家的石油供应量都能以相似的百分比下降，而不是让某个国家面临巨大的短缺，而其他国家则没有任何短缺。一旦"七姐妹"确定了它们的目标，它们就开始根据地理位置、时间和石油禁运规则来转移石油供应，如来自阿拉伯国家的石油流向了石油非禁运国家，来自非阿拉伯国家的石油则流向了石油禁运国家。埃克森石油公司还增加了从伊朗、尼日利亚、委内瑞拉和印度尼西亚流向美国的灵活且未被禁运的石油，同时将其禁运的原油运往欧洲。另外，日本更多的是从印度尼西亚和阿拉伯国家进口石油，从而减少了自己在伊朗的石油进口量。[7]

埃克森石油公司之所以能够完成这一复杂的国际活动，主要在于其跨国业务的发展较为成熟。该公司在操纵全球经济方面有着悠久的历史，甚至开发了一套复杂且相互关联的系统，用于生产、提炼、运输并向其石油市场分销石油。该系统的中心位于埃克森石油公司曼哈顿总部的25楼，地处第六大道和第四十九街。在那里，公司的高管们操纵着一排排电子屏幕，记录着公司500艘油轮在65个国家之间穿梭的路径。该新型计算机系统名为逻格斯（Logics），能将埃克森石油公司纽约总部与从休斯敦到东京的全球各分支机构连接起来，且运行得非常良好。在石油禁运期间，主要石油公司的石油分销在美国下降了17%，在欧洲下降了18.6%，在日本下降了16%。据估计，如果没有石油公司重新定位石油来源，美国的石油供应将减少29%。美国联邦能源管理局（Federal Energy Administration）在一份石油禁运的报告中得出结论："美国公司通过重新分配全球石油，使石油供应得以均衡分配，从而削弱了阿拉伯石油的优势地位。……很难想象还有哪种分配计划能够更公平地分配削减的石油供应。"[8]

但石油禁运也显示出石油公司在国家权力中的重要作用，该地位使它们陷入了平衡政治压力和公司压力的困境。在整个禁运期间，埃克森石油公司面临着来自各国政府紧逼的要求。各国政府要求它支持自己的国家，或支持其盟友。美国联邦能源办公室（US Federal Energy Office）主任约翰·萨维尔（John Sawhill）告诉石油公司要尽可能多地将石油运往美国；而亨利·基辛格后来告诉它要多加关照荷兰，因为荷兰受到了禁运的打击。日本国际贸易及工业部部长在得知石油公司正计划将未禁运的石油从印度尼西亚转移到美国后，就把主要的石油公司代表召集到他的办公室，警告他们不要将石油从日本转移出去。英国首相爱德华·希思（Edward Heath）邀请英国石油公司（British Petroleum）和壳牌的董事长到专供政府首脑使用的乡间别墅契克斯（Chequers），命令他们将英国石油的供应量保持在禁运前的100%。埃克森石油公司的一位高管在谈到这次经历时说："我们很清楚，这不是一次商业行动，而是一次政治行动。"记者安东尼·桑普森（Anthony Sampson）问埃克森石油公司的一位经理，埃克森石油公司是否觉得自己在统治世界，这位经理回答说："不，是世界在统治我们。"[9]

埃克森石油公司意识到，对中东石油的依赖已经成为其自身和美国消费者的一个重大弱点，于是便开始采取行动，在中东以外的其他地方寻找石油。在接下来的十年里，埃克森石油公司加大了寻找和开发油田的力度。埃克森石油公司寻找的油田在以前被认为是不可能开发的，因为它们地处偏远、交通不便、天气恶劣。此后，埃克森石油公司在阿拉斯加、澳大利亚、马来西亚和北海开发了主要油田。这些油田将在未来几年带来巨大回报，并大大增加世界的石油供应。

在1973年新油田投产前的5个月里，埃克森石油公司一直在努力维持世界的运转。

꧁ ꧂ ꧃

我有位叔叔曾经在密西西比州的一个池塘里发现一只小鳄鱼，他把这只鳄鱼带回了他在得克萨斯州奥斯汀的家中，并把它当作宠物养在后院的游泳池里。开始的时候，鳄鱼小小的一只很可爱，但如你所料，鳄鱼很快就长成了一头体形庞大、明显不那么可爱的野兽，而我的叔叔早该料到这一点。后来，我叔叔开始害怕鳄鱼，并与它保持距离。有一天，他回到家发现鳄鱼已经逃走了。从那之后，我们再也没有见过它。不过几年前我在奥斯汀市中心的城湖碰见了一只小鳄鱼，我猜它也许是那只老鳄鱼的远亲。

188

像鳄鱼这样的野生动物都能脱离主人的掌控，更何况公司。一开始，公司是国家的产物——国家创造了它们，并赋予它们权利和特权。但从 20 世纪开始，公司就显现出突破国家束缚的迹象，并在第二次世界大战后加速发展，最终脱离了国家的控制。从中世纪晚期战火纷飞的王国到大航海时代变幻莫测的海洋，公司一直在寻求打破贸易壁垒的方式。然而，跨国贸易自古以来就是一件成本高昂且风险巨大的棘手之事。直到第二次世界大战后，各国为打破贸易壁垒，开始签订大型国际经济条约，跨国贸易的条件才变得足够有利，跨国公司才得以广泛出现。更自由的贸易、更便宜的航运，以及更先进的通信和信息技术，都推动着公司成为真正的全球性生物，形成庞大的公司帝国，控制着世界各地的子公司和部门。它们可以在一个国家购买原材料，在另一个国家生产产品，又去第三个国家销售产品，同时保持对同一公司实体的控制权。这些跨国公司利用了比较优势的基本经济原理：只要两个个体或国家有不同的能力，它们就能从彼此的互动中获益。跨国公司正是在全球范围内利用了比较优势这一原理，从一个国家的经济中不断汲取资源。

事实证明，全球化这一新概念的背后少不了跨国公司的驱动。在战后的几年里，随着供应链走向全球，人口和文化以前所未有的方式跨越国界，各国经济变得越来越相互依赖。跨国公司利用跨境贸易的经济前景，吸引世界上最优秀和最聪明的人才，并对他们进行培训，以在全球化的新世界取得成功，推进跨国贸易的发展。一种新型的世界资本主义开始形成。

但是,跨国公司在世界舞台上会扮演什么样的角色?摆脱了国家的束缚,它们会成为掠夺各国资源的危险分子,还是会无缝融入各国环境,丰富国际经济体系?更具体地说,如果它们可以随时将业务转移到国外,以逃避它们认为过于苛刻的限制,政府该如何监管它们?各国通过竞相出台淡化公司责任和义务的政策来吸引公司入驻,那么跨国公司的崛起是否会导致国家之间的竞争?跨国公司作为一种新型的公司形式,引发了人们对资本主义和民主之间关系这一基本问题的思考。

作为最早也最强大的跨国公司之一,埃克森石油公司的经验教训给全球公司展示了跨国公司所面临的前景和危机。

2006 年,记者托马斯·弗里德曼(Thomas Friedman)在杂志《外交政策》(Foreign Policy)上写了一篇文章,题为《石油政治的第一定律》(The First Law of Petropolitics)。他在这篇文章中旗帜鲜明地表示:石油财富阻碍民主进程。在他看来,石油与专制密不可分,石油价格上涨,政治和经济的自由度就会随之降低。而这种反常关系背后的机制很简单:石油生产国的统治阶级并没有将石油销售带来的意外财富用于发展经济或开放教育机会,而是将其用于贿赂或镇压要求变革的社会团体。因此,也难怪那些拥有最大石油探明储量的国家基本上都有着世界上最专制的政府。弗里德曼写道:"石油价格和自由的步伐总是背道而驰。"这篇文章在政界产生了深远的影响，并引发了对石油公司这一早已不受欢迎的群体新一轮的抨击。[10]

很难想象有哪一类公司会像石油巨头那样饱受诟病。在许多人的心中，石油公司基本上就是贪婪、腐败和环境破坏的代名词。诸如阿拉斯加海岸"埃克森·瓦尔迪兹号"（*Exxon Valdez*）石油泄漏事件、墨西哥湾深水地平线（*Deepwater Horizon*）石油泄漏事件以及全球变暖等灾难性事件，总是和石油公司脱不了干系。同时，它们还为了获得对石油储备的优先使用权而向世界各地的强盗还有独裁者提供支持。尽管存在种种劣迹，但它们却是地球上最赚钱的公司之一，人们可以想出千百种理由去谴责它们。

但是，也许正是因为人们沉迷于去指责石油公司做尽坏事却坐收渔利，才忽视了这些石油巨头能够登上权力和财富顶峰的原因。简单来说，它们之所以能够崛起，是因为它们能够满足社会对能源的需求。石油储量丰富，易于运输，且蕴含充足的能量，能够维持灯光，保证汽车运行，让经济蓬勃发展。没有石油，经济就会衰退，人类就会受苦；而有了石油，经济就会繁荣，人类就会昌盛。石油公司很早就意识到了这个问题，并为了抓住这个机会建立起庞大的公司体系。此外，它们还研究地质学，在全球各地隐藏在地下的矿床中寻找石油，并发明了钻探、运输和提炼的新技术。它们还在几十个国家开拓公司业务，以处理分销和营销。所有这些都是为了确保世界上最珍贵的资源不断流动，以满足人类对它似乎永不满足的需求。

要了解石油、能源和跨国公司在整个世界的塑造过程中所产生的广泛影响，从埃克森石油公司开始讲起是再好不过的了。长期以来，埃克森石油公司一直是世界上最赚钱的公司之一，它富可敌国，拥有数十亿桶的石油储备和遍布全球的数百家附属公司。然而，追踪埃克森石油公司的历史并不是一件简单的事。它的历史就像尼罗河一样蜿蜒曲折，沿着支流、岔道和小溪流淌，有时会分开，有时又会重新汇合。在不同时期，该公司有着不同的称呼，如新泽西标准石油公司（Standard Oil of New Jersey）、纽约标准石油公司（Socony）、真空石油公司（Vacuum）、汉普尔石油公司（Humble）、埃索石油公司（Esso）、埃克森石油公司（Exxon Corporation）和埃克森美孚石油公司（ExxonMobil）。为简单起见，我们将主要以埃克森石油公司来称呼它，在必要的时候会有例外，以区分其形式的重大变化。

埃克森石油公司的前身是标准石油公司。1870年，俄亥俄州克利夫兰市的炼油业务日益增长，为了利用这一优势，30岁的商人约翰·戴维森·洛克菲勒成立了标准石油公司。19世纪60年代，煤油作为一种廉价且稳定的照明用油占领市场，取代了以前用于灯具的昂贵且臭名昭著的鲸油。煤油就是从石油中提炼出来的，这种"岩石油"于1859年在宾夕法尼亚州的泰特斯维尔地下69英尺处被发现，不久后在美国其他地方也发现了这种矿产。洛克菲勒认识到煤油将非常受欢迎。因为从非常现实的意义上来说，它将给国家带来光明。过去大多数美国人因为买不起鲸油来点灯，所以通常在日落后不久就睡觉了。廉价煤油灯的出现意味着，美国人可以熬夜消费，如吃饭、喝酒、读书，还有娱乐。[11]

从一开始，洛克菲勒就对他的公司有着宏伟大计。他曾经说过："标准石油公司总有一天会提炼天下所有的石油，填满天下所有的石油桶。"尽管他达成目的的方式不那么光彩，但他的预言或多或少也算是真的实现了。在接下来的几年里，他威胁、哄骗竞争对手，逼迫他们出售或关闭公司，并使用一切能想到的手段来对付他称之为"破坏性竞争"的对手，可以说洛克菲勒书写了一本如何成为垄断者的书。他与铁路公司谈判，让它们给他最优惠的价格来运输石油，甚至成功说服铁路公司在竞争对手通过铁路运输石油时向他付款。然后以低于市场的价格出售石油，将规模较小的竞争对手挤出市场，并在它们破产后立即提高价格。他还成立空壳公司，隐藏自己在其他行业的利益，并雇用间谍窃取其他公司的业务和收费信息。很快，标准石油公司就有了"八爪鱼"的绰号，因为它的触手可以抓住任何东西。1879 年，标准石油公司控制了美国 90% 的炼油量。到 1891 年，美国 1/4 的原油产量来自该公司。因此，洛克菲勒自豪地宣布："联合的日子已经到来，个人主义一去不复返。"[12]

但是，就像那个时代的铁路公司一样，标准石油公司也高估了自己的实力，其欺骗和霸凌的手段很快就招致了全国人民的愤怒。多年来，国会议员和公民一直对标准石油公司不公平的商业行为表示不满，但标准石油公司却一直置之不理。正如 1888 年标准石油公司的一位高管向洛克菲勒解释的那样："我认为这种反垄断热很疯狂，我们应该得体地应对，在回答他们的问题时要说实话，同时也要回避一些基本事实。"但在 1902 年，标准石油公司遇到了它的对手——来自《麦克卢尔杂志》（*McClure's Magazine*）的记者艾达·塔贝尔，她是一名专门揭发丑闻的调查记者。塔贝尔在泰特斯维尔长大，该地是美国第一次石油大繁荣的发源地。因为标准石油公司毁了她父亲的石油公司，所以她对洛克菲勒特别不满。1902 年，在对该公司的幕后运作进行了几个月的调查后，她开始在《麦克卢尔杂志》上发表一系列文章。这些文章最终汇集成一本书，揭露了标准石油公司所有肮脏的秘密，如欺骗性商业行为、反竞争协议、立法操纵。有一次，她问标准石油公司的一位高管，标准石油公司是否曾试图操纵立法。这位高管答道："哦，当然，我们很关心这一点！立法者找过来要求我们为他们的竞选基金捐款，我们就以个人名义捐了很多钱资助他们竞选。此后如果出现有违公司利益的法案，我们就去找竞选人说：'有一个法案，我们不太喜欢，希望你能照顾到我们的利益。'大家都是这么做的。"塔贝尔由此得出令人无可辩驳的结论："洛克菲勒先生一直在有计划地暗中搞鬼，很难不怀疑他自 1872 年以来是否曾有过与竞争对手真正进行公平竞争的时候。"[13]

193

1901 年以取缔垄断为纲领当选的西奥多·罗斯福（Theodore Roosevelt）总统决定充分利用美国的标志性反垄断法——《反托拉斯法》。罗斯福对标准石油公司持有一些负面的评价，在 1908 年的一次重要讲话中，他提到了这家公司的名字，并说："过去六年来，每一项为保障商业信用而出台的措施，在通过和实施管理时，都遭到了这些人的反对，他们用尽一切卑鄙无耻的手段，以确保源源不断的资金。"于是罗斯福下令对该公司进行调查。1906 年，联邦政府提起诉讼，指控该公司违反反垄断法。再加上塔贝尔的调查，标准石油公司更是没有胜诉的机会。1911 年，美国最高法院下令强制解体标准石油公司。[14]

标准石油公司的解体可谓创世纪的大事件。到 1911 年，标准石油公司已经成为一家规模庞大的公司，即使用任何正常的标准来衡量，解体后的每一块碎片也都是巨大无比的。最高法院下令将其拆分为 34 家独立的公司，但没有注意平均分配这些公司的实际规模。新泽西标准石油公司是其中最大的一块，它几乎保留了标准石油公司总值的一半，于是成了埃克森石油公司的前身。但其他公司的规模也很大，比如第二大的纽约标准石油公司（Standard Oil of New York）拥有标准石油公司总值的 9%，该公司是美孚石油公司的前身。加利福尼亚标准石油公司成为雪佛龙公司的前身。俄亥俄标准石油公司（Standard Oil of Ohio）为英国石油公司的美国分公司。大陆石油公司（Continental Oil）变成了康菲石油公司（Conoco）。它们都是新的石油巨头时代中的主要参与者。

20世纪是成立石油公司的好时代。到20世纪初，人们已经清楚地认识到，石油除了照明之外还有很多用途，轮船、铁路和汽车等其他行业也开始把石油作为主要能源。毕竟，正是在1903年，亨利·福特成立了他的汽车公司，接着在1908年，他的T型车问世。而接下来的十年，世界见证了汽车销量的指数级增长：1914~1920年，美国注册的机动车数量从180万辆增加到920万辆；到1930年，这一数字达到2310万。汽车热潮引发了石油热潮。1910年，汽油的销量首次在历史上超过煤油，此后这一趋势只会加速。而埃克森石油公司作为美国最大的石油公司，在美国能源供应方式的巨大转变中依然占据着有利地位。[15]

然而，埃克森石油公司第一步必须在世界大战中幸存下来。第一次世界大战前的几年里，美英两国的海军设备都开始从燃煤动力舰艇过渡到燃油动力舰艇。与燃煤动力战列舰相比，燃油动力战列舰有几个优势：一是，最高速度和加速度都更胜一筹；二是，船员们不会接触到烟雾和灰烬；三是，由于石油是液态的，所以无须投入大量人力把煤从煤仓铲到炉子里。1912年，第一任海军大臣温斯顿·丘吉尔宣布，皇家海军从此以后只建造燃油动力船。[16]

然而，1914年第一次世界大战爆发，问题开始出现。英国青睐建造燃油动力船，但由于国内不生产石油，于是只能从协约国进口石油，尤其是美国。而在美国的石油公司中，英国尤其依赖埃克森石油公司。1914年，美国的石油年产量为2.66亿桶，约占全球产量的65%，其中大部分出口到欧洲。战争期间，美国提供给协约国的石油占比约为80%，仅埃克森石油公司一家出口的石油就占了协约国石油总量的1/4，但这仍远远不够。在战争后期，德国认识到美国为盟军提供源源不断的石油，使得他们的战斗力持久，因此德国潜艇舰队开始瞄准横跨大西洋的埃克森石油公司油轮。仅1917年5月至9月，德国潜艇舰队就击沉了其中6艘油轮，英国海军因此缺乏燃料，紧急向美国政府发送电报，称再不运送大量石油的话，英国皇家海军舰队将毫无用处。1917年7月，美国驻伦敦大使写道："德国人正在取得成功。他们最近击沉了大量燃油船，英国舰队因此缺乏燃料，英国很快就会陷入非常危险的境地。"1917年10月，英国殖民地事务大臣沃尔特·朗（Walter Long）再次警告说："目前，石油比什么都重要。即使有人力、军火和金钱，但如果你没有石油这一动力能源，所有其他优势都将是徒劳的。"[17]

然而美国政府不知道国内石油生产的相关可靠信息，对运输系统也知之甚少，因此无法回应盟友的紧急信息。于是，美国政府为了解决盟军的燃料供应问题开始转向石油公司。埃克森石油公司总裁阿尔弗雷德·贝德福德（Alfred Bedford）领导成立了国家石油战争服务委员会（National Petroleum War Service

Committee），负责将石油输送到最需要的地方。1918 年 2 月，埃克森石油公司再次走在了世界前列，与国际上主要竞争对手荷兰皇家壳牌集团合作举行了协约国石油会议，以协调协约国之间的跨国石油供应和运输。这既成立了优秀的组织，又着重保护了油轮，大大解决了石油供应问题，为协约国的胜利提供了动力支持。

196

《凡尔赛和约》（Treaty of Versailles）的签订标志着第一次世界大战的结束，此后，埃克森石油公司开始探索另一件大事，并在国外找到了答案。两次世界大战期间，石油需求的增长令人震惊，而埃克森石油公司也一直担心无法生产足够的石油，美国政府也十分担忧美国本土石油公司无法生产出足够的石油来满足国内需求。1911~1918 年，美国的石油消费总量增长了90%，而国内产量仅增长了 50%，因此埃克森石油公司根本无法跟上石油消费增长的步伐。石油的未来十分可怕。1919 年，美国矿业局局长预测："在接下来的 2~5 年里，我国的油田将达到最大产量，从那时起，我国的石油产量将日益严重衰退。"在此情况下，埃克森石油公司开始在本国以外寻找石油。[18]

其中带头冲锋的是埃克森石油公司的新任总裁沃尔特·蒂格尔（Walter Teagle）。蒂格尔也是一个传奇人物，他于 1917 年成为埃克森石油公司的掌舵人，当时年仅 39 岁，但他很快就主宰了这家公司，这自洛克菲勒时代以来都是少见的。他身高 6 英尺 3 英寸，体重将近 300 磅，可以塞满整个房间。他说话直率，从不回避冲突，以谈判态度强硬而闻名——他的下属称他为"老板"。一位同事说："他可以一直交易个不停，做什么都讨价还价，尤其在花公司钱的时候，他认为一支 5 美分的雪茄太贵，试图以 4 美分的价格拿下。"但在石油行业，蒂格尔有着过硬的技术知识。他曾是康奈尔大学机械工程学院的一名优秀学生，毕业论文写的是原油脱硫，因为过于优秀曾受到院系邀请加入教员队伍，但他拒绝了，转而进入石油行业。[19]

升任埃克森石油公司总裁时，蒂格尔就有一个明确的计划。他认为，埃克森石油公司缺乏已探明的原油储备，这是一大致命弱点，因此埃克森石油公司应该在世界各地积极寻找石油，而不应仅仅局限在美国。由于其他董事抵制在国外寻找石油，认为风险太大，所以该计划在当时并未明确执行。一位董事说："我们只是一家营销公司，没必要在全世界开发油田。"事实上，原油产量仅占埃克森石油公司炼油厂产量的 16%。然而蒂格尔态度强硬，劝说董事们支持他的决定，加大收购外国储备的力度，最终他赢得了胜利。1920 年，在标准石油公司 50 周年庆典上，他宣布了埃克森石油公司发展的新方向："目前标准石油公司的政策不再局限于国内，而将涉足世界各地的每个产区。"[20]

美国政府积极支持埃克森石油公司在国外寻找石油。在经历了第一次世界大战之后，国会和白宫已经充分认识到石油对美国国家安全具有重要的战略意义。美国地质调查局局长乔治·奥蒂斯·史密斯（George Otis Smith）认为，政府应在道义上支持美国企业在全世界扩大石油生产。美国国务院向驻各国的领事馆发出指示："确保美国目前和未来有充足的石油供应至关重要。"外国政府试图将美国石油公司拒之门外，但是美国政府向它们施压，要求它们允许美国公司进入，不然就剥夺它们进入美国市场的机会。1920 年，这一政策被写入《矿产租约法》（Mineral Leasing Act），其中规定，歧视美国石油公司的外国公司将无法获得美国矿产的任何权益。[21]

198

蒂格尔在国际贸易中的冒险行为大大扩大了埃克森石油公司的影响力。首先，该公司去到委内瑞拉。1919 年，埃克森石油公司向这个南美国家派出了地质学家，不过他们在该地却没有任何发现。一位参观了马拉开波盆地并建议不要投资的地质学家报告称："无论何人在那里停留几周，都会感染疟疾或肝脏、肠道疾病，这些疾病很可能发展为慢性疾病。"然而，埃克森石油公司的主要竞争对手荷兰皇家壳牌集团向委内瑞拉投资数百万美元，这一事实说服了蒂格尔去推翻地质学家的意见，进行了投资。起初，这似乎是一个糟糕的决定，因为已经有其他公司在委内瑞拉开采石油，此时埃克森石油公司只能设法协商获得一些面积小、位置不理想的地区特许权。[22]

该公司获得特许权的最大开发地区位于马拉开波湖下的4200 英亩土地。一位官员开玩笑说，如果没有石油，他们至少可以从事捕鱼业。事实证明，那里的条件如之前的地质学家所警告的一样危险。派往该国开发该地区的工程师发现，那里可通行的道路少之又少，大多数路只能通过牛车穿行，汽车根本无法通行。在那里，地图并不可靠，钻井工人经常在地图上显示丛林的地方发现河流，而在显示河流的地方发现丛林。此外，那里疾病猖獗，原住民部落敌视他们，还经常发起袭击，一名钻井工人曾在公司自助餐厅的门廊上被箭射死，后来埃克森石油公司下令砍掉营地周围一支箭射程内的树木。终于在 1928 年，埃克森石油公司开采到了石油，改进了水下钻井技术，并在马拉开波发现了巨大的矿床，由此蒂格尔的赌注得到了丰厚的回报，很快在墨西哥和玻利维亚开设了众多子公司。[23]

接下来到了中东。1925 年，埃克森石油公司派遣地质学家与英波石油公司（Anglo-Persian Oil Company）和荷兰皇家壳牌集团的代表一同前往伊拉克进行联合勘探，他们回来后坚称该地区具有巨大潜力。其中一个特别有价值的地点位于巴巴古尔古尔（Baba Gurgur），是在该国库尔德地区基尔库克附近的一块田地。在那里，燃烧的天然气以巨大的火焰从地面喷出，这种情况在有人发现之前就已经存在。普鲁塔克（Plutarch）在他的著作《希腊罗马名人传》（*Parallel Lives*）中表示，当地人用石油点燃了一条街道，以纪念亚历山大大帝的到来。1927 年，刚开始钻井时，一个巨大的喷油井中的石油喷出了 50 英尺高，公司花了 8 天时间才控制住。1928 年，埃克森石油公司与其他主要石油公司签署了一项特许权协议，授予它们在今土耳其、叙利亚、伊拉克、卡塔尔、沙特阿拉伯、也门和阿曼等国大部分地区的权利。因为使用奥斯曼帝国在战前手绘的边界，该协议后来被称为《红线协定》（Red Line Agreement），虽然长期饱受争议，但这一协议也是有利可图的。[24]

蒂格尔还在苏联和德国开展业务。诺贝尔家族在俄国革命期间离开了俄国。1920 年，埃克森石油公司买下了该家族留在当地的石油公司。然而事实证明，这项投资是不明智的。1921年，弗拉基米尔·列宁（Vladimir Lenin）宣布他的新经济政策，并对西方企业做出了和解性的声明，他写道："如果没有国外的设备和技术援助，我们无法靠自己的力量恢复破碎的经济。"苏联乐于与"最强大的帝国主义集团"进行交易。但很快会发现，列宁并未完全遵守主张，苏联并不想对外国公司让步，只是想把石油拿走然后在国内销售。蒂格尔对这种态度感到愤怒，因此拒绝与苏联有更多来往。"我知道我这样想很老套，但是尝试与入室行窃或偷盗你财产的人保持友好关系，对我来说从来都不是对付他最稳妥的办法。"列宁的继任者约瑟夫·斯大林（Joseph Stalin）对西方石油公司更加敌视。他评论说，我早期的工作一直在灌输对石油实业家无限的不信任。[25]

德国的发展更令蒂格尔满意，他曾在 1926 年参观大型化工集团法本公司（I. G. Farben）的工厂，对此印象深刻，离开时他说："此前，我不知道研究意味着什么。我看到这家工厂之后，发现我们做的工作还远远不足。"蒂格尔坚信与法本公司结盟非常明智，他让埃克森石油公司与该企业集团签署了一项协议，基于集团专利技术利用煤炭制造合成油，那么作为回报，埃克森石油公司给予法本公司 2% 的股份。在接下来的 20 年里，两家公司分享研究成果并交换专利。后来，蒂格尔受到包庇法本公司推进纳粹战争的指控。法本公司的董事们最终在纽伦堡审判中被判战争罪，罪名之一是在奥斯威辛集中营建了一家工厂，并雇用那里的奴隶劳工。[26]

到第二次世界大战时，蒂格尔已经彻底改变了埃克森石油公司，它不再是一个行政管理混乱、外国利益零散的营销公司，而是一家真正的跨国公司，有高效的中央管理部门、复杂的研究部门和由全球 100 多个分支机构组成的网络。公司变化一方面是因为蒂格尔决心按照自己的愿景改造公司，另一方面是因为石油越来越重要。正如内政部部长哈罗德·伊克斯（Harold Ickes）在 1935 年写的那样："毫无疑问，我们绝对且完全地依赖石油，我们已经历经石器时代、青铜时代、铁器时代、工业时代，到现在的石油时代。没有石油，我们所知的美国文明就不可能存在。"[27]

随着第二次世界大战的爆发，埃克森石油公司再次发现自己处于美国战争准备的中心。轴心国急于获得石油供应，为军队提供动力，为了保护油田安全，它们做出了一系列致命的决定。例如，1941 年，珍珠港的美国舰队可能对东印度群岛构成威胁，日本为了获取东印度群岛的石油资源偷袭了珍珠港。正如一名日本海军上将所说："如果没有石油供应，战列舰和任何其他战舰都不过是'纸老虎'。"德国入侵苏联至少一部分动机是希望获得高加索地区的油田，德国军备和战争生产部部长阿尔伯特·施佩尔（Albert Speer）说："对石油的需求当然是德国做出这一决定的主要动机。"为了击中驶往英国的油轮，德国 U 型潜艇以"狼群战术"在美国海岸附近的大西洋徘徊。正如德国将军埃尔温·隆美尔（Erwin Rommel）所解释的那样："没有枪，就算是再勇敢的人，也什么都做不了；没有充足弹药的枪支，什么也不是；没有加满汽油的车辆来拖运的话，枪支和弹药在机动战中没有多大用处。"[28]

在美国国内，埃克森石油公司竭尽所能地开采和输送石油来支援战争。美国的石油对盟军事业至关重要，上一次战争早已印证了这一点。1941 年，富兰克林·德拉诺·罗斯福总统发布了一项租借计划，承诺美国将向盟国提供大量石油，他任命哈罗德·伊克斯为国防石油协调员来监督这项工作，而伊克斯发现盟国正处于绝境。1941 年 7 月，他从下属那里得知英国的石油资源已快"油尽灯枯"。英国当前只剩下供 2 个月用的海军燃料和 5 个星期的车用汽油，于是伊克斯向埃克森和其他大型美国石油公司寻求帮助。他提出石油公司应减少对美国加油站的供应量，增加给盟军的石油量。他率先向司法部申请了反垄断豁免，允许石油公司之间就业务进行交流，同时允许集中供应。

为鼓励加大石油勘探力度、刺激石油产量，他还为石油公司的钻探费用争取到优惠的税收减免政策。[29]

这些努力终于得到了回报。在战争这几年，美国的石油产量大幅增加。1940年，美国的石油公司每天生产370万桶石油；到1945年，每天能生产470万桶；"二战"期间，美国运货量五成以上是石油，而盟军使用的石油也几乎都来自美国石油公司。1941年12月到1945年8月，盟军消耗了70亿桶石油，其中60亿桶来自美国。就其本身而言，埃克森石油公司当时投资建造了100辛烷值的高性能飞机。在1940年的不列颠战役中，其燃料使英国喷火战斗机的性能超过德国空军87辛烷值的梅塞施密特式战斗机，可以说是石油帮助盟军赢得了战争。斯大林在战时宴会上向温斯顿·丘吉尔敬酒时说："这是一场发动机和辛烷值的战争。这一杯，我敬美国汽车和石油工业！"[30]

美国和埃克森石油公司从战争中凯旋。在之后的20年里，美国经济发展堪称世界奇迹，其国内生产总值和生活水平以历史性的速度飙升。1945~1970年，美国国内生产总值从2280亿美元增加到1.1万亿美元，战后的经济繁荣让美国中产阶级工人迎来了前所未有的富裕生活。人们把财富用于购置房屋、汽车和电器上，这些行为又推动石油需求量增加。仅1945~1950年，美国汽油销量就增加了42%。埃克森石油公司的利润反映了这种飞速增长。1950年，该公司的收入为4.08亿美元；而到了

1957 年，该数字已经飙升到 8.05 亿。它在 140 个国家和地区拥有 250 多家子公司和附属公司，并在全球主要生产国和消费国开展业务。[31]

为了管理好持续扩张的庞大企业帝国，埃克森石油公司设计了一套内部人才培养体系。"埃克森系统"专注于雇用顶尖人才，这些人通常是刚大学毕业或研究生毕业的学生，专业涉及化学工程、石油工程或土木工程等技术领域。当新员工进入公司后，公司便会安排一系列评估，并每年两次根据他们的表现进行评估和排名。为确保员工了解公司的情况，高管们会频繁搬迁办公室。一位高级副总裁在接受采访时表示，他在职业生涯中换过 16 次办公室。表现出色的员工通常会被派往埃克森石油公司的巴吞鲁日炼油厂，该厂是当时著名的"学院"，培养了大量高级管理人员。最重要的是，埃克森石油公司非常重视忠诚度。若员工对公司忠心耿耿，公司则会以高薪作为奖励，并延长雇用期。正如埃克森石油公司的一位公共事务专家所说："我来到这里之后，有人告诉我，美孚在大张旗鼓地搞发展，而埃克森则在默默地搞内部体系改革。"[32]

正是这种高端人才和全球影响力，让埃克森石油公司能够应对 1973 年石油禁运带来的挑战。只有跨国公司才有能力在日益紧密的世界经济中挖掘全球资源并分销石油。但即使对埃克森石油公司来说，这个挑战也是不易的。正如该公司在 1975 年的年度报告中所写的："埃克森正转向其他前景良好的地区，以探索新能源。"同时该报告也指出："这些潜在的储量中，有许多位于高技术难度的地区，如大陆架以外的深水区或北极的远端。"一位高管后来回忆说，埃克森在20世纪70年代开发阿拉斯加、北海、马来西亚和澳大利亚的巴斯海峡等地，需要其团队做出超人的努力。"我们夜以继日地工作，案桌就是我们休息的地方，所以才打赢了这场大仗。"[33]

以埃克森石油公司在普拉德霍湾的开发为例，阿拉斯加的北坡是一片苔原地带，冬天没有阳光，只有极光闪耀着绿芒，北美驯鹿成群结队地四处漫游。普拉德霍湾位于北极圈以北250英里处，那里天气寒冷、狂风肆虐，但恰好也是北美最大油田的所在地，埃克森石油公司于1967年12月26日发现了该油田。埃克森石油公司在那里开采石油时，气温达到零下30摄氏度。但这一发现具有里程碑意义：据估计，普拉德霍湾油田蕴藏着100亿桶石油，占1977年美国石油总储量的30%左右。最初，从阿拉斯加冰冻地区钻探和运输石油的目标似乎高不可攀。而从1973年石油禁运开始，寻找中东以外的石油更加迫在眉睫，也迫使埃克森石油公司向前迈了一步。其研究团队开发了克服严寒的新技术，包括冰原岛屿和砾石堤道，以推动钻井和石油生产。1977年，埃克森石油公司及其合作伙伴修建了一条800英里长的管道，横跨整个州，将普拉德霍湾与阿拉斯加南岸连接起来。到1986年，普拉德霍湾油田是埃克森石油公司最大的石油生产地。

与此同时，埃克森石油公司要在北海处理截然不同的问题。正如一位船长所说："没有什么比北海的脾气更坏了。"暴风雨在几分钟内形成和消散，100英尺高的海浪拍打着船只，狂风呼啸着划过水面，北海的生活便是如此变幻莫测。但到20世纪70年代初，石油公司开始在那里发现了大量石油。据估计，仅布伦特油田（Brent Oil Field）就有数十亿桶石油的储量。但问题在于如何从如此恶劣的环境中开采石油，天气变化莫测，工人无法在暴风雨来临之前撤离，只能在石油平台上渡过难关。海浪和海风冲击着平台，导致焊接处不断裂开。1965年，英国的一个石油钻井平台散架，造成13人死亡，因此埃克森石油公司必须研发新的技术和工艺来保障工人的安全。[34]

深海钻探的关键问题之一是如何处理海浪、海风导致平台共振甚至摇摆，如果钻井结构以与海浪相同的频率摇摆，其破坏效果将被放大，并对钢结构造成潜在的灾难性冲击。埃克森石油公司的研发小组致力于研究新型钻井结构，例如"顺应塔"式平台，通过长钢缆直接插在海床上。他们在墨西哥湾测试过这些结构。埃克森石油公司的一名职员描述了这次行动。

这一天意义非凡，墨西哥湾变得像桌面一样平坦。我们铺放了各式设备，有拖船、下水驳船、总部驳船和直升机。发出设定好的指令后，只需按下按钮，吹开爆炸螺栓，顺应塔会随动力滑落并漂浮到指定位置，操作设备将平台倒置，拖到作业台上。如果移动的过程中因为底部过于细长而脱落，可能会导致钢缆弯曲，或直接被丢弃。

设备安装顺利进行，这些创新使石油公司顺利进入北海，并为全球石油的大规模开采铺平道路。[35]

战后是埃克森石油公司空前繁荣的时期，在《财富》（*Fortune*）杂志评选美国最强公司的前50年中，埃克森石油公司每年都排在前四名，并经常排第一。但埃克森石油公司的繁荣也表明，公司对自身发展有了崭新而又颇具风险的考量。埃克森石油公司是第一家在世界各地开展业务的新型跨国公司，它无论在哪儿都能赚钱。埃克森石油公司的办公室里摆满了地球仪和世界地图，显示着公司新的全球覆盖范围，公司营收常常使其经营所在国的收入相形见绌。但随着公司的发展超越国家，它便逐渐认为自己不受国家约束。埃克森不再是一家美国公司，而是全球性公司。但如果它是全球性公司，它对国家的忠诚又体现在哪里呢？

碰巧的是，埃克森的石油是在没有强大民主治理传统的地方发现的。从战后开始，该公司发现自己一直被指责与暴君和独裁者做生意。它在沙特阿拉伯的经历就是一个典型。1946年，埃克森石油公司的一位官员访问了沙特阿拉伯，回来时他非常震惊。这位官员说："虽然他的建议总是'瓜要挑大的捡'，小项目就不要费神去做了，但不得不说眼前的确是块儿肥肉啊！"
董事会因此确信埃克森需要去沙特捞钱，于是派埃克森石油公
司的董事约翰·苏曼（John Suman）去见沙特国王伊本·沙特
（Ibn Saud）。这次会面非常成功，一位官员汇报说，苏曼和伊
本·沙特"就像一对老印第安人一样，交流才不到15分钟，就
能开玩笑地拍打对方的腿，他（苏曼）授权我们在当天下午发
出一份电报，让我们继续行使对阿美石油公司股份的购买权"。
1947年，埃克森加入了阿拉伯—美国石油公司，即阿美石油公
司，以出口沙特石油。但该合资公司的大部分巨额利润流向了
沙特家族，帮助沙特国王维持与西方价值观相悖的体系。因此
该公司在接下来的几十年里，被指责在伊斯兰世界传播极端主
义。极具讽刺意味的是，阿美石油协议（Aramco agreement）最
终于1947年3月12日签署。而同一天，哈里·杜鲁门（Harry S.
Truman）提出了杜鲁门主义，承诺美国政府将"支持自由人民
奋起反抗企图征服他们的少数武装分子或外来势力"。[36]

207

一些评论家断言，埃克森石油公司与独裁政府不仅是生意
关系，本质上就是它们造就了这些政权。还有一种更广泛的现
象被称为"资源诅咒"：石油资源丰富的国家往往在其他方面
很窘迫，如经济发展、人权和平等。正如托马斯·弗里德曼所
认为的那样，石油行业破坏了民主。例如，在伊朗，首相穆罕
默德·摩萨台（Mohammad Mosaddegh）于1951年上台，将英
国的英伊石油公司（Anglo-Iranian Oil Company）国有化。由

于对摩萨台的言论感到震惊，美国中央情报局和英国陆军军情六处策划了一场政变，推翻了摩萨台，恢复了专制国王穆罕默德·礼萨·巴列维的统治。此后，谁将继续在伊朗开展石油业务成为新的问题。美国国务院担心，如果不重新开始石油生产，伊朗的经济就会崩溃，导致国家只能蛰伏于苏联的势力范围。鉴于英伊石油公司在伊朗国内极不受欢迎，因此决定由美国公司来开展这项工作。国务卿约翰·福斯特·杜勒斯（John Foster Dulles）任命小赫伯特·胡佛（Herbert Hoover Jr.）为特别代表，与美国公司进行谈判，他最终说服了埃克森石油公司来领导这项工作。埃克森石油公司的副总裁奥维尔·哈登（Orville Harden）写信给杜勒斯解释这一决定："从严格的商业角度来看，我们公司对进入这样一个集团没什么兴趣，但我们非常清楚其中牵扯到重要的国家安全利益。因此，我们会采取一切合理手段做这件事。"埃克森与英国石油、荷兰皇家壳牌和雪佛龙等6家大型石油公司一起成立了伊朗石油合资者有限公司。在接下来的20年里，该公司一直是伊朗人愤怒的靶子，直到1979年伊朗革命后，该公司被国有化，情况才有所改变。[37]

埃克森石油公司不再从属于国家的势力，它屹立于国家之上，比国家更坚挺、更富有、发展更快、更果决，甚至像美国这样强大的国家也不得不向它寻求帮助。"政府代代更迭，而我们却屹立不倒，"埃克森石油公司以好斗著称的CEO李·雷蒙德（Lee Raymond）告诉记者，"我们在全球诸多国家开展业务，长期以来不一定奉行符合您定义的民主，而这便是我们业务的本质。"但对越来越多的观察家来说，埃克森石油公司的商业本质损害了美国在全球的利益。公司的体量和国际化程度如此之大，它渐渐认为自己不必忠于任何国家，雷蒙德甚至有时会明确表明这一想法。例如，在某次华盛顿特区能源会议上，一位与会者问雷蒙德，埃克森石油公司是否会在美国而不是国外多建些炼油厂，以防止本国天然气短缺。"我为什么要这样做？"雷蒙德反问道。"因为美国需要它来保障安全。"与会者回答说。"我不是一家美国公司，我们不会根据是否对美国有利来做出决定。"雷蒙德反击道。[38]

跨国公司就像弗兰肯斯坦（Frankenstein）创造的怪物一样，已经挣脱了其创造者的掌控。如今它遍布世界，无拘无束，到处寻求利润。在接下来的几年里，越来越多的政策制定者、学者和监管机构表达过担心，因为跨国公司给社会带来了一系列棘手的问题。社会依赖跨国公司，却无法控制跨国公司。正如哈佛大学学者德特勒夫·瓦格茨（Detlev Vagts）所描述的那样，跨国公司"基本上没有道德或法律约束……它们无情地朝着其金融和技术目标前进，像章鱼一样将其触角伸向世界，勒索其他国家，特别是欠发达国家"。[39]

但还有另一个问题与结构关系不大，而与物质——准确地说，是石油这种黑色黏稠的物质关系更大。埃克森是一家石油

209　公司，从事的是销售石油的业务，而且销量非常好。这么长时间以来，从来没有哪家公司能向这么多人出售这么多石油。然而，没有人真正知道开采和燃烧这些石油会给世界和环境带来什么后果，至少在一开始并不知道。事实上，在20世纪的大部分时间里，人们都认为石油是解决环境问题的方法。毕竟，它在很大程度上取代了煤炭，而煤炭这种臭名昭著的肮脏燃料，会产生酸雨、致命雾等各种污染。起初，石油取代煤炭看似对环境有利，但后来，石油对环境的有害影响开始显现出来。

第一个浮出水面的问题是石油泄漏。人们一直都知道，钻探石油会有一定程度的泄漏。当钻头钻进地表下的高压油藏时，石油往往会涌出洞口并向上喷出，有时会喷到几百英尺高的空中。例如，得克萨斯州纺锤顶（Spindletop）油田的卢卡斯喷油口（Lucas Gusher），每天会喷出10万桶石油，用了9天才将其封住。1927年，埃克森石油公司在伊拉克巴巴古尔古尔的油田以每天9.5万桶的速度产出石油。当石油泄漏到地面上时，或多或少会留在地面上。而当它在海上泄漏时，情况就完全不同了。1989年，埃克森·瓦尔迪兹号油轮在威廉王子湾触礁，该油轮装载着从普拉德霍湾输送到阿拉斯加瓦尔迪兹港口的石油。约有1080万加仑的原油因此泄漏，并迅速蔓延，随着海浪抵达该地区周围数百英里的岩石海滩上。电视网络播放的沾满油污的海鸟和水獭的图像证明了石油泄漏的严重性，引起了全世界对石油泄漏的关注。此外，还有更大、更致命的漏油事件。

2010 年，英国石油公司的深水地平线钻井平台在封盖前向墨西哥湾释放了 2 亿加仑的石油。2004 年，泰勒能源公司（Taylor Energy）在同一水域的漏油事件更是无法控制。据估计，该事故可能会导致事发地原油泄漏持续 100 年。[40]

事实证明，全球变暖是一个危害更大的问题。从 20 世纪 60 年代开始，随着石油消费的激增，科学家们观察到大气中二氧化碳的增加，这引发了一系列疑问，即是什么导致了这种变化，以及它对世界可能意味着什么。1962 年，埃克森石油公司的子公司汉普尔石油公司在广告中刊登了巨大的冰川图片，并附上"汉普尔每天提供的能量足以融化 700 万吨冰川"的标题。但越来越多的证据让人们清楚地认识到，化石燃料的燃烧导致了二氧化碳的积累，而大气中二氧化碳含量的变化正导致全球气候的变化。1979 年，美国国家科学院（National Academy of Sciences）就这一问题发表了一份具有里程碑意义的研究报告，该报告认为如果二氧化碳的排放继续增加，很可能会导致重大的气候变化。但它也警告说可能需要一段时间才能感受到气候变化的全部影响，"全球气候系统巨大而笨重的飞轮，可能会减缓可观察到的气候变化的进程……但观望政策可能意味着等到一切都为时已晚"。1981 年，在美国航空航天局（NASA）工作的科学家詹姆斯·汉森（James Hansen）在《科学》（Science）杂志上发表了一篇文章，将气候变化与石油消费联系起来。他发现，全球气温在 20 世纪有所上升，这种上升可归因于大气中

二氧化碳含量的上升，而大气变化主要是由人为燃烧化石燃料
造成的，而不是自然的气候变化。汉森警告说，如果化石燃料
的消耗继续增加，将会导致全球范围内干旱、冰山融化、海平
面上升等重大的环境变化。到20世纪80年代末，全球变暖已
成为全世界关注的主要环境问题，为此1988年各国联合成立了
政府间气候变化专门委员会（Intergovernmental Panel on Climate
Change，IPCC），专门研究这一现象并提出解决方案。[41]

211   埃克森石油公司饶有兴趣地观察着这一科学的发展。毕竟，
它的商业模式取决于说服人们购买和燃烧石油。正如1963年
《清洁空气法》（Clean Air Act）和1975年《能源政策和节约法》
（Energy Policy and Conservation Act）的通过所表明的那样，未
来加强对化石燃料使用的监管将是一个严重的威胁。因此，埃
克森石油公司开始采取行动，资助自己的科学研究，并进行游
说，反对对气候变化的监管。1980年，就在国家科学院报告发
布一年后，埃克森石油公司从哈佛大学聘请天体物理学家布莱
恩·弗兰纳里（Brian Flannery）来研究气候变化并发表相关研究
报告。碰巧的是，弗兰纳里的结论经常让人质疑气候变化的科
学性以及是否有必要努力去减缓气候变化，他常说科学本身就
是"不确定"的。在1996年对意大利埃索公司（Esso Italiana）
的一次演讲中，弗兰纳里说："[气候变化]在科学、技术和经济
层面上的认知因其巨大的不确定性依然受到限制。这里的不确
定性并不是指在某种有限的精度范围内，加上或减去某种因素

就能知道结果的不确定性,而仅仅是指我们的无知。我们不知道如何描述可能发生的情况。对气候变化影响的描述要么是基于未经验证的模型,其中充满了不可检验的假设,要么就是基于纯粹的猜测。"他还对石油替代品的前景表示怀疑:"即使有充足的资金、长期的研究和开发,也不能保证替代能源技术在环境、社会和经济上都能被接受。"[42]

弗兰纳里的结论得到了埃克森石油公司最高层的响应。例如,1997 年,当时具有里程碑意义的环境条约《京都议定书》(Kyoto Protocol)仍在谈判中,CEO 李·雷蒙德在北京举行的第十五届世界石油大会上发表了以下演讲:"让我简要说明三个关键问题:地球真的变暖了吗?燃烧化石燃料会导致全球变暖吗?我们现在有合理的科学依据来预测未来的温度吗?"虽然雷蒙德在接下来的演讲中没有明确回答这些问题,但他的倾向很明确。关于地球是否真的在变暖的问题,他谈到了地球温度的自然波动在整个历史中是如何发生的。关于化石燃料是否会导致全球变暖的问题,他谈到大部分温室效应是由自然资源产生的,尤其是水蒸气。在预测未来气温的问题上,他引用了一位匿名气候建模师的话说:"你学得越多,就越明白自己并不是很懂。"[43]

埃克森石油公司为反对气候变化法规所做出的大部分努力得益于匿名行业组织的庇护。美国石油学会(American Petroleum Institute,ΛPI)——代表包括埃克森石油公司在内的石油公司的贸易集团,强烈反对气候变化法规。例如,在 1997

年《京都议定书》签署后，该学会向其成员发送了一份备忘录，概述了一项耗资数百万美元的行动来反对为对抗气候变化采取的"鲁莽行动"。埃克森石油公司的一名代表参与了该计划草案的制订，该计划指出："当普通公民认识到气候科学的不确定性时，就会取得胜利。对不确定性的认识会成为'传统观念'的一部分。"为了实现这一目标，美国石油学会计划确定、招募和培训一个由5名独立科学家组成的团队。重要的是，被招募的科学家是在气候变化辩论中没有广泛知名度或没有参与气候变化辩论的个人。然后，他们将为媒体开发一个全球气候科学资料包，其中包括打击气候科学传统观念的同行评议的论文。[44]

气候变化给世界带来了一个新的问题。与过去大多数只带来局部原因和局部危害的公司弊端不同——如果联合太平洋铁路公司的火车撞到一头奶牛，奶牛的主人若想获取赔偿知道该起诉谁以及应该在哪里游说，气候变化是一个真正的国际问题。外国工厂排放的废气影响了得克萨斯州的气候，反之亦然。一个国家排放的减少可能被另一个国家排放的增加所抵消。政府没有能力处理这类问题，这需要一个协调一致的国际协议，而这种协议在现代是很难达成的。埃克森石油公司试图阻挠气候变化监管，使得问题更加无法解决。即使在今天，一个全面的解决方案仍然遥不可及。

在某种程度上，埃克森石油公司的历史就是20世纪的历史。埃克森石油公司从标准石油公司的灰烬中涅槃重生，组建了世界上第一个真正的跨国公司。到20世纪中叶，其由地质学家、工程师和物理学家组成的精英团队已经遍布全球，寻找并开采世界急需的石油，以促进其经济增长。丰富的石油推动了美国国内外的经济扩张，并为公司股东带来了巨大的财富。在此期间，该公司站在能源创新的最前沿，创造了在从北海到阿拉斯加等世界最极端环境中工作的新技术。但是，埃克森石油公司也给社会带来了似乎比以往更加棘手的新问题，例如，它与独裁者和专制者做生意，它的跨国结构破坏了其与单一民族国家的联系，它的产品很快被发现破坏了环境。石油巨头是一个大麻烦。

◎ ◎ ◎

跨国公司代表了资本主义性质的重要转变。长期以来，公司一直是地方政府的产物，最终从其创造者的魔掌中解放出来。公司不再主要在单一国家和单一国内市场开展业务。现在，只要业务合理，它们可随时随地进行交易，不用考虑司法管辖区、国界、货币或语言。如今，我们在各地的公司形式中都能看到这种巨大转变。美国所有大公司都有资格成为跨国公司，如沃尔玛、Amazon、苹果、埃克森和Facebook都是真正的全球性实体。

从公司结构的角度来看，跨国公司的兴起意味着公司越来

214 越多地由复杂的外国附属公司和子公司组成，每个公司在单一的总体业务中都有自己的功能和作用。公司可以根据需求在全球范围内转移员工。资本、知识产权、设备和产品都可以在这些不同的实体之间流动，以达到利润最大化。这些影响深远的结构性变化使公司高管的思维模式发生了微妙的变化。他们越来越多地从全球而非国家的角度考虑问题，有时，这是因为他们的国籍与雇用他们的公司不同；有时是因为他们曾在国外分公司工作过；有时只是因为他们不得不学会应对文化差异，以便在一个横跨全球的公司中取得成功。

　　跨国公司为自由贸易和全球化提供了诸多好处。跨国公司为那些长期被拒于国际经济体系之外的国家提供了就业机会、商品、专业知识和收入。跨国公司生产的商品比以往任何时候都要便宜，让消费者有机会获得原本可能过于昂贵的产品。就石油公司而言，跨国公司还有一个好处，那就是为国际经济提供能源，使其持续运转。因此，在许多方面，跨国公司展示了企业可以为全球提供的所有好处。当人类本着合作和进取的精神走到一起时，不寻常的事情便发生了。

　　但事实再次证明，这种新型公司若是由肆无忌惮、不计后果或目光短浅的人掌控，那便很危险。"二战"后，跨国公司的崛起恰好赶上世界上最紧迫的气候变化问题，这其实不足为奇。跨国公司有办法寻找最有利的司法管辖区开展业务，即那些承诺为股东提供更大利润的司法管辖区。虽然这有时意味着寻找

新的资源或市场，但它往往也意味着寻找在法规上对公司更有
利的国家，即那些征收较低税收、对工作条件限制较少或环境
规则较宽松的国家。随着公司游说改变规则，各国突然发现自
己陷入了困境。它们要么加强环境保护，冒着企业转移到法规
更加宽松的国家的风险；要么放松自己的环境标准，保留企业
和它们迫切需要的就业岗位。很多时候，政府选择了卑躬屈膝，
这导致在环境监管以及税收和就业法规方面，出现国际关系学
者所称的底层竞争。国家之间的监管竞争导致政府放松法律监
管，最终损害的还是公众的利益。

现在，随着公司与国家的力量相抗衡，公司有时甚至超过
了国家的力量，密切关注资本主义的人们心中产生了一个问题：
这就是公司历史的结局吗？它是否已经达到了它最终、最强的
形式？还是它即将在形式上有更多的变化？

第7章

掠夺者

1976 年，罗切斯特大学教授迈克尔·詹森（Michael Jensen）与威廉·麦克林（William Meckling）写了一篇文章，对我们自以为对公司的了解提出了质疑。在《厂商理论》（Theory of the Firm）一文中，这两位经济学家认为，公司的结构已经腐朽。长期以来，许多经济学家一直认为，公司是一个追求利益最大化的实体，一直在以合理且小心的方式追求自身利益。但是，詹森与麦克林认为这样的说法完全不对。为了理解公司的运作方式，我们需深入观察公司内部，打开它的"黑匣子"，了解工人的工作动机。然而，正如詹森与麦克林所说的那样，工作动机其实是产生问题与矛盾的信号，这些信号也可称为"代理成本"（agency costs）。股东持有公司股份，但他们却将决策权委托给专业高管。高管的利益与选择他们的股东的利益都不完全

一致，更不用说与下层工人的利益了。他们不用为了提高生产 218
率而提高工人工资，而是利用这些资金给自己支付更多的奖金；
他们也不用向股东发放股息，相反，他们可以用钱购买公司商
务飞机或者高尔夫俱乐部会员资质。虽然股东能够投票罢免公
司董事，但大多数投资者并没有时间或意愿仔细检查项目经理
的支出明细。即使检查了，他们也永远无法发现浪费资金的所
有方式。詹森与麦克林认为，问题的根源在于自古罗马时代公
司创立以来就实行的公司所有权与管理权分离的制度。

詹森和麦克林并非首个提出公司核心矛盾的人。亚当·斯
密在《国富论》中也得出了类似的结论：股东对他们所拥有的
股份公司的业务内容知之甚少，他们仅仅是为了在年底能够获
得股息。同样，董事也不太关心公司的经营情况，因为他们是
"别人资金的管理者"，而非"自己资金的管理者"。他们认为
关注公司盈亏状况这样的小事有失身份。由于没有掌舵人，股
份公司迟早会发生问题。正如亚当·斯密所写的那样："因此，
在这样一家公司的事务管理中，或多或少总是存在玩忽职守和
铺张浪费的问题。"[1]

詹森和麦克林用了一个词来理解亚当·斯密对公司缺陷的
最初直觉。他们的文章将成为公司法历史上的一个转折点，未
来的学者也会经常引用他们的著作。在学术界以外，他们的文
章也获得了超乎寻常的广泛关注。在 CEO 的薪酬已经得到长期
且大幅度的增长时，《厂商理论》引起了人们的共鸣。对大多数

公众来说，公司似乎成了国家的敌人，而非盟友。报纸上充斥着关于公司高管的奇闻逸事，还有关于他们的豪宅、异国度假和高达百万美元的奖金等新闻。资本主义迷失了方向。现代公司不再是勤勉和效率的典范，而是贪婪欲望与铺张浪费的象征。在詹森与麦克林的文章中，他们揭示了其中的缘由。

然而，在文章结尾，詹森和麦克林提出了一线希望。在一段似乎是随口一提的评论中，他们假设了一个完全不同类型的公司，这类公司与充满缺陷的现代公司相比，更强大，更有韧性，设计上也更合理。"为什么我们没有意识到，在私人持有的大公司中，只有一小部分资金是由企业家自己提供的，而其余资金都是借来的呢？"詹森与麦克林知道，大多数人觉得这个问题有些愚蠢，认为难道不是每个人都知道企业必须筹集资金，而筹集资金的最好办法就是向公众出售股票吗。这可是300多年前我们从东印度公司那里汲取的教训。"不，"詹森和麦克林不赞同地说道，"事实上，这个问题目前在金融学与经济学的文献中都没有明确的答案。"此外，我们有充分的理由相信，公司的所有者自己管理公司是更为理性的方法，因为公司的所有者更清楚自己想要什么。詹森和麦克林总结道："若一家公司由其所有者经营管理，他将做出使公司效益最大化的经营决策。"[2]

就在詹森和麦克林完成这篇文章的同一年，一群鲁莽的前投资银行家成立了一家新公司，几乎全盘采纳了两位教授提出的投机性改革，这种命中注定的巧合堪比狄更斯的小说。新

公司名为"科尔伯格·克拉维斯·罗伯茨"（Kohlberg Kravis
Roberts & Co., KKR），该公司对美国的许多大公司发起猛烈
抨击，指责其铺张浪费、管理不善。事实证明，他们的"突袭"
效果惊人。很快，一大批模仿者如雨后春笋般不断涌现，效仿
他们的经营策略。公司掠夺者的时代已然拉开序幕。

※ ※ ※

我经常告诉我的学生们，私募股权投资的故事就是"两位 220
戈登"的故事。

第一位戈登是戈登·盖柯（Gordon Gekko）。从这个角度
来看，私募股权投资公司与其经营者就相当于电影《华尔街》
（*Wall Street*）中奥利弗·斯通（Oliver Stone）饰演的不道德银行
家*。他们相信"贪婪是好事"，相信在爱情与生意中一切都是公
平的，相信在自由市场上贪婪是一种竞争优势。戈登·盖柯将
私募股权投资看作一个道德故事，讲述的是那些什么都没有创
造却攫取一切的人的故事。

第二位戈登是闪电侠戈登。从这个角度来看，私募股权投
资并非《华尔街》里的那种不道德世界，而是闪电侠戈登系列
漫画中描绘的那个高尚、自我牺牲的世界。戈登是一位从耶鲁

---

* 即戈登·盖柯。

大学毕业的美国马球运动员，成为超级英雄"闪电侠"之后，就致力于将世界从破坏与浪费中拯救出来。在这个故事里，私募股权投资经理是现实世界的超级英雄，为经济带来新的活力。

至于什么是私募股权投资，以及它是如何运作的，以上两个派别的戈登讲述了两个截然不同的故事。"戈登·盖柯"派将其理解为一个消极的故事：通过出售养老基金收取高额费用，与苦苦挣扎的公司讨价还价，解雇与虐待工人，利用税收漏洞将公司以虚高的价格出售给容易上当受骗的公众，以此来达到榨取财富的目的。而"闪电侠戈登"派对私募股权投资的理解则截然不同：每一个接触到私募股权投资公司的人都过得更好，他们的养老基金得到了更好的回报，那些陷入困境的公司也获得了世界一流的专业知识与财务指导；私募股权投资公司创造了更多的就业机会，社区变得更富裕，政府的收入也有所增加——这是一个乐观的故事。

私募股权投资是带来了更多的工作机会还是造成了更多的裁员？养老基金是否从私募股权投资中获得了更好的回报？税收是增加了还是减少了？私募股权投资公司上市后，股价发生了什么变化？你可能会认为，只需看看数字，就能解决这些争论。然而，这些问题听起来似乎很简单，很容易解决，但事实并非如此。首先，我们很难获得关于私募股权投资的全面数据。众所周知，该行业是出了名的神秘，要想获得相关的全面数据简直难于登天。其次，人们对以上问题的衡量标准持有不同意见。应在何时测量就业数据？私募股权投资回报的衡量基准是什么？众多学者就这些问题争论多年，但直至今日仍未达成共识。

如今，私募股权投资公司已经极大地改变了美国企业的格局，这一事实已无可争议。它们拥有许多美国最大的公司，涉及医疗、房地产和玩具等各个领域，它们的管理者已经成为世界上最富有的人之一，年复一年地赚取着令人难以置信的高薪。但私募股权投资在政治上的影响力同样不可小觑，因此，想要更好地理解现代公司，应从 1976 年开始，因为这是掠夺者时代的黎明。

杰罗姆·科尔伯格（Jerome Kohlberg）掌握了这一切。20 世纪 70 年代初期，40 多岁的他就已经登上投资银行业的顶峰，担任久负盛名的贝尔斯登公司（Bear Stearns）的负责人。他的事业十分成功，他以十足的小心谨慎和坚守原则而闻名。他曾在斯沃斯莫尔学院读过本科，深受贵格会思潮的熏陶，喜欢称自己为"犹太贵格会"。后来，他获得了哈佛大学的工商管理硕士学位和哥伦比亚大学的法律学士学位。在做了一段时间的法律助理后，他加入了贝尔斯登公司，并在那里工作了 20 年。几乎所有见过他的人都会被他非凡的道德责任感所打动。他致力于以正确的方式做事，把客户的利益放在第一位。在和那些正在考虑是否和他的公司合作的高管会面时，他经常说："我们都

222 坐在谈判桌的同一边。"一位曾与他共事的职员说道："杰罗姆是一位不受干涉的资深政治家，他总是在谈论诚信。"杰罗姆加入了贝尔斯登公司的财务部门，因为他认为这能为他提供一个帮助公司成长的机会。在工作中，杰罗姆是一位值得信赖的顾问，而不仅仅是一个"储蓄罐"，他解释道："我爱好长时间的思考，喜欢与管理层合作，我不仅提供财务手段，而且会在其他方面与他们交流。"工作之余，他最喜欢与他的孩子们玩耍，喜欢吹小号、读书、打网球（他的儿子詹姆斯·科尔伯格后来成为一名职业网球运动员）。[3]

对于杰罗姆·科尔伯格这样的人来说，贝尔斯登公司是一个奇怪的地方。即使在充满竞争的华尔街，贝尔斯登公司也能因其激进的企业文化脱颖而出。该公司的长期执行合伙人萨利姆·塞·刘易斯（Salim "Cy" Lewis）曾是一名职业足球运动员、鞋类推销员，以脾气暴躁与冷血无情著称。他经常嘲笑下属，嘲笑他们的花销开支，嘲笑他们的穿衣搭配。如果有人在他身边说错话，他会永远怀恨在心。应聘者通常会在面试中遇到这样一个问题："你对金钱做何感想？"尽管如此，几乎所有人都认为科尔伯格超越了贝尔斯登公司无拘无束的企业文化。[4]

杰罗姆·科尔伯格之所以能做到这一点，在一定程度上是因为他自己开辟了一个既有利可图又合乎道德的利基市场。这是他发明的一种创新金融交易，或称为"鞋带收购"（bootstrap）。20 世纪 60 年代初期，许多在"二战"繁荣时期创业的公司创始人开始退休。他们希望从公司的成功中获利，也希望公司在自己死后仍能继续存在，留下一份遗产。他们的子女往往不想接管公司，他们自己当然也不会将公司卖给多年来的竞争对手。这个问题很难解决，但是科尔伯格解决了，他的想法是：允许家族企业中年迈的创立者将公司套现，同时他们对公司的控制权将再保留一段时间。科尔伯格会找到一群愿意拿出资金从创立者手中收购公司的投资人，并与之达成合作协议。创立者将持有公司的部分股票，并继续担任几年的 CEO，指导公司完成转型。这些友好的交易使各方都非常满意。公司创立者从公司获得了巨额利润，并最终将公司交给了值得信赖的科尔伯格；而科尔伯格则以高于收购价几倍的价格出售精简后的公司。

科尔伯格在 1965 年与斯特恩金属公司（Stern Metals）的交易体现了他的这一策略。那一年，科尔伯格得知斯特恩金属公司 72 岁的创始人 H. J. 斯特恩（H. J. Stern）正在筹集现金，为他的孩子们留下遗产。斯特恩认为他的孩子们不会管理公司，因此，他还不想放弃公司的控制权。他对贝尔斯登公司说："经营一家公司不像经营一口油井那样，你要做的只是拿着秤盘收集石油，经营公司更像拉小提琴，但我不确定我的孩子们是否能拉好这把琴。"经过与斯特恩的长期协商，科尔伯格制订了一个计划：他成立了一家公司，这家公司为他所找到的那些投资人所有，他们用 150 万美元的投资资金与 800 万美元的银行和保险公司贷款，共计 950 万美元收购斯特恩金属公司。斯特恩持有公司的部分股票，并继续经营该公司。8 个月后，科尔伯格以每股 8 美元的价格向公众出售了他最初以每股 1.25 美元的价格购买的部分股票，并用这笔钱收购了几家新公司，扩大了斯特恩金属公司的市场。两年后，当该公司上市时，投资者收到的回报是最初投资的 8 倍。斯特恩非常高兴。在一次庆祝交易的晚宴上，他向科尔伯格与贝尔斯登公司祝酒，并郑重宣布："我们以我们的生命、我们的财富和我们神圣的荣誉，相互起誓。"[5]

不过，科尔伯格的杠杆收购交易非常复杂，他需要外界的帮助才能建立和完成这些交易，为此，他请来了两位合伙人乔治·罗伯茨（George Roberts）和亨利·克拉维斯（Henry Kravis）。其中，罗伯茨加入得更早。他的父亲是休斯敦的一名石油商人，曾因逃税入狱。罗伯茨的性格非同常人，他带有一种生人勿进的超然气质，仿佛无时无刻不在分析胜算。也许是因为他在印第安纳州库尔沃军校读过高中，才造就了他如此冰冷的性格。那时，他每天凌晨 4 点起床铲雪。在克莱蒙特学院读本科时，他在空闲时间用自己的爱马仕打字机给《财富》500 强企业的 CEO 写信，提出潜在的收购建议，希望能换取一笔小费。但是，没有人接受他的建议。大学毕业后，他进入加州大学黑斯廷斯法学院学习，后来进入贝尔斯登公司工作。在那里，他遇到了科尔伯格。很快，两人开始密切合作。当他最终调到贝尔斯登公司在旧金山的部门时，他说服科尔伯格选择他的表弟亨利·克拉维斯作为他在纽约的接替者。

从照片上看，克拉维斯与罗伯茨长得非常像。与罗伯茨一样，他也是一名石油商人的儿子，也是先在寄宿学校读了一段时间后去克莱蒙特上大学。他从小就对金融感兴趣，毕业论文就是关于可转换债券的。大学毕业后，他去了哥伦比亚商学院，之后进入贝尔斯登公司。但两个人的相似之处也就仅限于此。罗伯茨沉默寡言、善于分析，而克拉维斯更为轻浮和傲慢，他经常出现在纽约的社交场合，参加各种晚会与派对。克拉维斯还喜欢穿意大利风格的裤子与古驰的乐福鞋。在他30岁生日那天，他收到一辆本田摩托车作为生日礼物，当天他就骑着这辆车在他位于公园大道的公寓附近驰骋。

诚然，科尔伯格、克拉维斯与罗伯茨三人在性格上可能存在差异，但他们三人都非常追求经济上的成功。1971年，科尔伯格收购的鞋业公司考比勒鞋厂（Cobblers Industries）的创始人在午休时间走上了鞋厂的屋顶自杀身亡。科尔伯格得知此事后勃然大怒。鞋厂的一位投资人回忆道："杰罗姆打电话给我，大喊道：'那混蛋从房顶上跳了下来！'"最终，考比勒鞋厂走向破产，所有投资全部损失。乔治·罗伯茨也只好务实地说："除了你的妻儿，永远不要爱上任何东西！"[6]

20世纪70年代中期，三人与贝尔斯登公司其他部门的关系已然恶化。科尔伯格的"鞋带收购"收益已大幅下降。因此赛·刘易斯认为，这个策略很失败，他们应该放弃，转而投身于贝尔斯登公司的核心企业融资业务。然而，科尔伯格不同意这个观点。他仍然对"鞋带收购"策略有信心，认为现阶段利润不断下降仅仅是极少数负面因素造成的，其本身是个好策略。因此，1976年，他找到自己的两个年轻徒弟，讨论离开公司的事儿，打算自主创业。克拉维斯和罗伯茨渴望功成名就，因此二人听后都跃跃欲试。罗伯茨告诉赛·刘易斯他要离开公司时，刘易斯还试图劝阻他："兄弟，你这个选择，大错特错，还没有谁在离开这家公司后仍能取得成功的。"但是，科尔伯格、克拉维斯和罗伯茨三人都坚信，他们的新公司会是个例外。[7]

1976年5月1日，科尔伯格·克拉维斯·罗伯茨公司正式成立。然而必须承认，公司成立初期，情况有些糟糕。公司预算紧张，因此必须尽可能削减成本。科尔伯格以个人名义投资10万美元，克拉维斯、罗伯茨各投资1万美元。他们在纽约曼哈顿中城第五大道的纽约互惠大厦租了间办公室，这里看起来就像假日酒店。不过，他们成功说服了之前的租户，留下原本那些单调的家具，包括金属办公桌、灰色地毯和普通装饰品。这儿已经不是业绩卓越的贝尔斯登公司了。

科尔伯格三人走遍全国，尽其所能招揽生意。但不可否认，这很难。鲍勃·麦克唐纳（Bob MacDonnell）是他们的第一个合伙人。冬天的时候，他去南达科他州的一家谷物处理设备公司讨论收购该公司的相关事宜，希望以300万美元左右的价格成交。那时室外温度为零下15摄氏度，老板把他带到外面，问他：
"来比试比试？"麦克唐纳不知道他在说什么，但还没等他反应
过来，老板已经拔出.32口径的左轮手枪，瞄准远处一堆坎贝尔
汤罐头射击。之后老板冲他喊："让我看看你能打中几个！"没
人记得麦克唐纳那天打中多少罐头，但想必不会很多。最后这
个老板拒绝出售公司。[8]

从投资者那里筹集资金同样困难。最初，他们的目标是从
机构那里筹集2500万美元的投资款，所以他们不停与银行和保
险公司接洽。但由于KKR成立时间太短，合作风险太大，因
此两个月过去了，他们仍一无所获。后来有一天，他们接到亨
利·希尔曼（Henry Hillman）的电话。他来自匹兹堡，是一位
富有的风险投资家。克拉维斯一周前和他交流过，当时他说会
在两周内答复。但刚过6天，他的助理便打来电话说："你对我
们不满意吗？"克拉维斯听后很慌张，忙问他是什么意思。助理
解释道："你一出门，我们就决定了，我们公司愿意出一半的资
金。"希尔曼承诺投资1250万美元。与希尔曼的这次合作让三人
相信，相比于寻求机构投资，向个人投资者筹集资金可能是更
好的选择。因此，从1976年夏天开始，KKR便开始通过客户，
与他们的家人朋友接触，筹集资金，这是因为这层关系牢不可
破，经得起时间的考验。事实证明，这样做颇有成效。仅几个
月时间，他们就找到了7位投资人，其中包括克拉维斯的父亲，
他愿意每年投资5万美元来负担公司的费用。作为回报，投资人

可以参与KKR任何一笔收购交易，并从中获利。这无疑是一场胜利，但还没有达到他们的预期。即使个人再富有，也有投资上限。他们中有位投资人在不到一年时间里就收到了KKR 4次追加投资的请求，他只好打电话给克拉维斯抱怨："亨利，你这是要让我破产啊！"[9]

现在，KKR已经筹到了足够的资金，终于可以收购公司了。公司虽然前期投资少，规模相对较小，但利润却很可观。1977年，KKR收购了3家公司：以2600万美元收购一家洛杉矶喷气式飞机燃油公司（AJ Industries），8年后出售该公司，投资人获得的利润是原始投资的44倍；以1.06亿美元收购匹兹堡钻井设备公司（L. B. Foster），12年后，投资人获得了6倍的投资回报；以2200万美元收购位于俄勒冈州的煤炭机械公司（US Natural Resources），7年后，投资人获得的利润为原始投资的20倍。

这几笔交易让科尔伯格三人逐渐对工作有了更深层的设想：收购小公司可以成功，那大公司是否也适用呢？他们认为，答案是肯定的。为了捕获"大鱼"，在投资上他们就需要"广撒网"。所以在1978年，他们成立了一个收购基金。现在，他们的业绩更好了，因而可以将目光再次投向那些第一次拒绝投资的投资人，这次他们成功了。当年年底，他们筹集了3000万美元的收购基金。投资人包括好事达保险公司（Allstate）、花旗银行（Citicorp）以及教师保险养老基金（Teachers Insurance）等大公司。现在他们已然成为金融大联盟中的一员。

　　KKR 现在资金充裕，便开始在市场上等待时机，希望收购一家大公司。1978 年夏天，科尔伯格翻阅《纽约时报》，偶然看到商业版块里一篇小短文，内容与一家名为侯戴乐（Houdaille Industries）的减震器公司有关。文章指出，这家公司是一家大型联合企业，曾在 20 世纪 70 年代统治美国市场。该公司规模庞大，最初是纽约布法罗市一家液压减震器制造商；但经过多年发展，其业务已拓展到诸多领域，例如建筑业、碎石场、机械加工、工业泵等。该公司经营模式保守，因此资金余额充足，债务较少。文章还指出，该公司 CEO 杰拉尔德·萨尔塔瑞里（Gerald Saltarelli）现已 67 岁，远超"正常退休年龄"。因此该公司现状不禁让专栏作家发问："这家减震器公司……可以收购吗？"读到这篇短文时，科尔伯格就知道，这家公司就是他的"鞋带收购"的完美目标。但有一个问题，没人想到这家如此大规模的减震器公司会被杠杆收购，甚至这家公司在高盛集团的投资经理们也没想到。从贷款人那里筹集到那么多资金几乎不可能。但是，KKR 三人另辟蹊径。[10]

　　1978 年 8 月，科尔伯格和克拉维斯飞往侯戴乐公司的新总部劳德代尔堡，与萨尔塔瑞里见面，并向他阐述 KKR 的新计划。二人极力展现 KKR 的魅力。萨尔塔瑞里事后回忆这个过程："确实是一次劝诱式的销售。"科尔伯格还向萨尔塔瑞里介绍了 KKR 的历史与经营模式；克拉维斯则描述了收购公司后 KKR

228

的资产负债表（暗示公司可能负债累累）。克拉维斯递过去一个袋子，里面装着预测财务状况的表格，解释说："我知道过去你是如何经营公司的，所以这肯定会吓到你。"但萨尔塔瑞里却表示："你一开始就告诉我，这件事行不通；而我想告诉你的是：会成功的！"他希望尽快退休，由他的两个下属——执行副总裁菲尔·奥赖利（Phil O'Rdilly）和财务主管唐·博伊斯（Don Boyce）来做决策。对此，科尔伯格和克拉维斯向他保证会尊重其决定。

那么下一步，就是让奥赖利和博伊斯这两位顺位继承人同意收购。科尔伯格邀请二人到他在维尔京群岛的度假屋做客。他们到达之后，科尔伯格说了个提议，让他们无法拒绝，即提供二人新的雇佣合同。科尔伯格把奥赖利的工资提高到每年20万美元，博伊斯的工资提高到每年10万美元，比他们之前的收入增长了50%以上。萨尔塔瑞里将通过出售股票获得520万美元。这些数字足够吸引人，没人想错过。终于，侯戴乐公司与KKR达成了交易。[11]

交易结构与合作关系同样重要，其中税务问题是最重要的，需要深思熟虑。通过对侯戴乐公司的财务状况进行分析，克拉维斯相信，通过债务分层，KKR可以将侯戴乐公司的税收负担减少一半左右。但克拉维斯想知道有没有可能进一步降低税负，直至为零。为了做到这一点，他们需要采取一种被称为逐级折旧的策略，其基本含义就是增加公司资产价值，这样公司就可以在未来几年对这些资产进行较大折旧扣除。侯戴乐公司拥有大量旧资产，如工厂、设备等，这些资产的账面价值一直很低。KKR 在德勤会计师事务所（Deloitte）的会计师分析了这些资产，得出结论：侯戴乐可以使其价值增加约 1 亿美元，折旧价格可以额外抵扣 1500 万美元的税款。[12]

不过，这样做需要复杂的公司架构作为支撑。KKR 聘请了华尔街最强律师事务所之一——世达律师事务所（Skadden）来处理这些文件。世达律师事务所提出了一笔更复杂的交易。例如，1978 年 3 月 5 日，HH 控股公司（HH Holdings Inc.）在 KKR 办公室"开会"，仅有 KKR 董事克拉维斯一人参会。会上，克拉维斯提出 18 项决议，并以 1∶0 的票数通过。几天后，克拉维斯又和 HH 收购公司（HH Acquisition Corporation）开会，交易混乱了。后来，当克拉维斯发现侯戴乐公司和 HH 控股公司之间的协议有误时，他以侯戴乐普通合伙人的身份，给 HH 控股公司董事长——也就是自己——写了封信，请求自己同意修改该协议。还好当时克拉维斯心情愉快，他给自己回信"接受并同意"。然而，美国证券交易委员会（SEC）对此交易结构很困惑，要求集团制作一个组织架构图，表明各实体及它们之间的关系，最后图表看起来像蜘蛛网。负责这笔交易的 KKR 职员打印了一份 3 英尺宽的合同副本，挂在他办公室的墙上。有人来，他就会很骄傲地告诉他，这是"三里岛核电站的控制室"。[13]

KKR 宣布以 3.55 亿美元杠杆收购侯戴乐公司时，美国商界都为之震惊。没人想到侯戴乐这样规模的大公司会被KKR这样的小公司收购。美国所有公司董事会普遍认为，只有通用汽车、埃克森或福特等蓝筹股公司才能在并购上花那么多钱。美国盛信律师事务所（Simpson Thacher & Bartlett）律师理查德·贝蒂（Richard Beattie），曾代表KKR参与早期交易，并表示："侯戴乐成立以来就引起所有人注意。""在那之前，人们不了解杠杆收购，经常会问：'杠杆收购是什么意思？'但这时科尔伯格、克拉维斯和罗伯茨三人仅有一家小公司，却突然向一家上市公司发出收购要约，这是怎么回事？"[14]

KKR收购侯戴乐，是行业里一笔里程碑式的交易。它让每个人关注KKR动向，还激励更多人加入这个行业。早期，那时才31岁的雷曼兄弟投资银行经理苏世民（Stephen Schwarzman）很欣赏侯戴乐公司。他一听说这笔交易，就抓起一份债券招股书，查看交易条款，了解交易流程。苏世民称："看了说明书和资金结构，我觉得回报比较可观，心里想'是一座金矿'。它就像罗塞塔石碑一样清晰地告诉我们应该怎样进行收购。"6年后，苏世民自主创立私募股权投资公司黑石集团（Blackstone），该公司后来也发展成为全球最大的投资管理公司。[15]

侯戴乐公司的收购交易让所有人认识了私募股权投资，尽管存在争议，但私募股权投资很快就会成为企业格局中的重要部分。它和以往模式不同，私募股权投资并非买卖商品，而是买卖公司。高度金融化策略将公司变成了另一种商品，如果银行家认为合适，就可以买卖、置换。但还是有人怀疑，私募股权投资经理真的可以让公司升值吗，私募股权投资对更广泛的经济又有什么影响。

事实证明，KKR的私募股权投资模式非常成功。20世纪，标准普尔500指数成分股的年回报率约为10%。KKR为其投资人设定的目标是40%的年回报率，其自身表现普遍优于这一指标。1983年，KKR称其平均年化回报率为62.7%。这些数字闻所未闻，投资人得知这些数据时都难以置信。这些钱是从哪里来的？[16]

KKR的基本战略就是"杠杆收购"（leveraged buyout），有时也被称为"管理层收购"（management buyout）。策略本身很简单。首先，公司从资金充裕的投资人（通常是大型机构）那里筹集一只基金；紧接着，用该基金中的资金和大量借贷资金收购公司；然后，自己经营几年，再把这些公司卖给其他买家，以求赢利。以上手段没有什么特别神奇的地方。"低买高卖"，至少从东印度公司时代起就一直是公司信条。只是因为有科尔伯格、克拉维斯和罗伯茨三位金融奇才操控，这一策略才显得简单，但无比奏效。

首先，他们三人在寻求投资人投资方面都展现出了非凡天赋。1976年，他们成立基金的目标是筹集2500万美元，但最终并没有成功；但在1978年，他们筹到了3000万美元的基金；

1980 年又筹集了 3.57 亿美元的基金；到 1987 年，他们已筹到 5 只基金，总额达 24 亿美元。这些钱是从哪里来的？第一只基金的投资人包括一家保险公司和银行，但接下来几年，主要资金来源是养老基金。20 世纪 70 年代，全国数百万教师、消防员和公务员的退休储蓄被存入巨大的资本池，资金稳步增长，成为美国企业最大资金来源。这些基金由加州公共雇员退休系统（California Public Employees Retirement System）和得克萨斯州教师退休系统（Teachers Retirement System of Texas）等州机构管理，它们希望养老基金可以获得可观回报，以兑现它们曾向退休人员承诺的福利。不过，在大多数情况下，这些养老基金是由靠政府工资的政府工作人员来管理的。KKR 意识到政府工作人员才是理想投资人：他们手握大量资本，却对直接管理资本不感兴趣，他们想和华尔街最有权势、关系网最广泛的人交易。对此，罗伯茨做了很多市场营销工作，因为正如科尔伯格所说，他"认识到权力就是金钱，而且……靠近权力，不断缩短与其距离"。[17]

俄勒冈州投资委员会（Oregon Investment Council）是早期投资者之一，控制着俄勒冈州的退休基金。该委员会主席罗杰·迈耶（Roger Meier）受到罗伯茨的大力奉承，最终投资了1.78 亿美元，帮助 KKR 收购俄勒冈州零售商弗雷德·迈耶公司（Fred Meyer Inc.）。董事会会议结束后，罗伯茨邀请迈耶在比弗利山庄酒店与自己和该酒店的职业球员亚力克斯·奥尔梅多

（Alex Olmedo，碰巧是前温网冠军）一起打双打网球。迈耶在谈到这段经历时表示："这是一段令人愉快的经历。一个来自俄勒冈州波特兰市的小乡巴佬和一群非常了不起的大人物一起工作。我印象非常深刻。"俄勒冈州对弗雷德·迈耶公司交易的投资是俄勒冈州投资委员会有史以来最大的一笔投资，约占该机构养老基金全部资产的 8%。这是一次冒险的赌注，但获得了丰厚的回报。当公司被出售时，养老基金的年回报率达到了 53%。在未来的岁月里，俄勒冈州成为 KKR 可靠且可观的资金来源，迈耶也成为罗伯茨的好朋友。其他州看到俄勒冈州获得的巨额回报，也纷纷效仿。1982 年，华盛顿和密歇根的养老基金也用于投资 KKR 的私募股权投资基金，哈佛大学也提供了大量的捐赠基金。艾奥瓦州用 3.47 亿美元投资了 KKR 的两只基金，占其 40亿美元总额的不到 10%。各州养老基金的主席们成为 KKR 及其金融奇才的积极宣传者。华盛顿州养老基金的负责人在 1989 年的一次采访中说："如果要用一只手数出 20 世纪下半叶对美国资本主义影响最大的人，那就包括这三个人。"[18]

KKR 与这些养老基金建立了良好的关系，以确保自己能获得充足的效益。这些投资相关的合伙协议中包含了向 KKR 支付的一大堆费用，其中最重要的是管理费和附带权益费。在很大程度上，它们可以类比为工资和奖金。管理费就像工资一样，无论业绩如何，每年都会支付给 KKR；而附带权益费用就像奖金一样，取决于业绩，会随着收购的进展而波动。KKR 在其交易中收取的管理费通常占其每年筹集资金的 1.5%~2.0%。为了让你对该数字有一个概念，举例来说，该基金在 1982 年的管理费是每年 450 万美元，而在 1986 年的管理费是每年 2700 万美元。这些费用是可叠加的：KKR 可以从其每只基金中赚取管理费，因此该公司每年仅靠收取投资者的管理费就能赚取数千万美元。另外，附带权益费让 KKR 从买卖公司所获得的利润中获得一定比例的回报。基本的附带权益费给予 KKR 超过一定门槛的任何利润的 20%。实际上，它必须跑赢市场才能赚到这笔费用。但其他费用也很丰厚，包括投行费用、交易费用，以及聘请 KKR 合伙人进入其投资组合公司董事会的费用。20 世纪 80 年代末，KKR 仅交易费用就达到约 1 亿美元。这些费用加在一起，年复一年为公司创造了丰厚的利润。一位投资银行家在谈到收费结构时表示："这是典型的马基雅维利主义。就好像 KKR 是按照'我们如何在几乎没有风险的情况下赚到大量的钱？'这样的指导原则建立有限合伙企业的。"并非所有的投资者都对此感到高兴，但只要回报不错，他们就别无选择，只能全部付清。[19]

  KKR 策略的第二部分是杠杆收购，这是私募股权投资行业的核心业务。杠杆收购的底层概念是利用债务将少量现金通过杠杆化实现翻倍增长。就像购房者通过抵押贷款，能购买其仅凭储蓄买不起的更大、更贵的房子一样，杠杆收购使 KKR 能够收购仅凭其手头资金买不起的更大、更贵的公司。同时，杠杆也会提高回报率。举个例子，假设以 1 亿美元收购一家公司，经过一年的精心管理，可以以 1.1 亿美元的价格出售该公司。如果 KKR 完全利用自身资金收购该公司，它将获得恰好 10% 的回报，即以 100 美元的价格买入该公司，再以 110 美元的价格出售，最后获利 10 美元。10% 的回报率非常可观，大致与股票的平均回报率持平。但如果 KKR 的收购资金里包含了一部分借款，情况会怎样？通常，KKR 的借款资金为公司总收购价格的 70%~95%，所以假设 KKR 使用了 1000 万美元自有资金，而其余的 9000 万美元均为借款资金。一年后，KKR 仍然能够以 1.1 亿美元的价格出售该公司。这样一来，它可以偿还 9000 万美元的债务，剩下 2000 万美元。现今，KKR 最初的 1000 万美元现金已经变成了 2000 万美元——通过债务的魔力实现了 100% 的回报。当然，债务并非免费，KKR 必须为借来的钱支付利息，而利率越高，赚钱就越难。认识到这一点后，KKR 转向了由投资银行家迈克尔·米尔肯（Michael Milken）开发的新型债券市场。[20]

20 世纪 80 年代，迈克尔·米尔肯将死气沉沉的债券市场变成了其投资银行德崇证券（Drexel Burnham Lambert）的"摇钱树"。米尔肯在比弗利山的办公室里开发了一个"垃圾债券"市场，即由负债累累或陷入困境的公司发行的高风险债券。长期以来，"垃圾债券"因其高风险、低回报的特点，一直被认为是大多数主流投资者的禁区。但米尔肯相信如果他能把这些"垃圾债券"打包成一个多元化投资组合，它们的表现将优于那些更保守、更稳定的公司债券。米尔肯对此深信不疑，甚至说服了买家们。米尔肯的"垃圾债券"业务很快就开始帮助各公司每年出售数十亿美元的债券。仅1983年，德崇证券就卖出了47亿美元的"垃圾债券"。真正推动全美掀起"垃圾债券"热潮的，是之后杠杆收购的兴起。KKR意识到，"垃圾债券"可以为其收购融资，使其能够以更少成本、更高效率筹集更多的债务。1984年，KKR接受了米尔肯的要约，为其募得3.3亿美元资金以收购眼镜和玩具零售商科尔公司（Cole National）。克拉维斯对米尔肯如此轻易地为高风险债务找到买家感到震惊。克拉维斯说："这是我见过的最难以置信的事情。"此后10年，KKR和德崇证券成了形影不离的双雄组合。1984~1989年，KKR与德崇证券合作进行了13笔交易，而KKR又是德崇证券最大的借款方。一位德崇证券的银行家谈到KKR和德崇证券之间的关系时说："这是有史以来最互惠互利的关系之一。他们祝福我们，我们也祝福他们。"德崇证券和米尔肯从这种关系中获利颇丰。在米尔肯业绩最好的一年，也就是1987年，德崇证券向他支付了5.5亿美元的工资。[21]

　　私募股权投资策略的最后一部分是经营KKR收购的业务。你可能会认为，如果私募股权投资的业务是让公司增值以便获利出售，该公司的合伙人应该是精通商业管理的专家，且能敏锐察觉和微调企业的运作方式。但事实上，KKR对其收购的公司采取了一种极为放任的态度。创始人们积极劝阻其投资组合公司来向他们征求企业经营建议。1985 年，KKR 收购了 Motel 6 后，该公司的 CEO 向克拉维斯和罗伯茨咨询公司应该在高速公路附近竖立什么样的广告牌来宣传其汽车旅馆。会议结束后，克拉维斯将罗伯茨拉到一边说："我们有麻烦了，如果我们这样的外行人还必须决定标志牌的样式，那是很危险的。"6 个月后，KKR 用另一位可能更加独立自主的高管取代了这位 CEO。[22]

KKR 不再为其收购的公司做运营决策，而是将决策权下放给公司中值得信赖的高管，并为他们提供绩效奖励。KKR 相信，只要能从公司利润中得到足够的经济利益，高管们就会找到提高公司效率的方法。在大多数收购交易中，KKR 会为管理层提供相当比例的股权，通常为 10%~15%。克拉维斯解释说："当一名经理用自身资金投资了自己的公司，他早上就会早点儿来上班，也会更加认真地考虑资金支出，比如他是否真的需要豪华座驾和公务机。"罗伯茨对此表示赞同："一家由管理层控股的本地或区域连锁超市，将比某些国有的全国连锁超市经营得更好。如果你创办了两家拥有类似资源的连锁企业，前者由管理层悉心照料，而后者归属于大型上市公司，其结果往往是前者胜、后者败。"KKR 为其公司高管提供的激励方案意味着，如果公司效益良好，高管也会极其富有。唐·凯利（Don Kelly）作为 KKR 旗下公司碧翠斯（Beatrice）的 CEO，以 500 万美元购买了该公司部分股份，而这些股份后来升值至 1.66 亿美元。[23]

KKR 旗下公司的首要原则是削减成本，手段有时很无情。

克拉维斯认为，美国有太多公司被庞大的体制和官僚主义压垮。他说："公司堆积了一层又一层的废物。"私募股权投资使它们能够甩掉这些废物，摆脱"僵化的企业官僚体系的束缚"。两个事例均说明了这个过程如何在实践中发挥作用。1987年2月，KKR宣布将收购一家名为欧文斯伊利诺斯（Owens-Illinois）的玻璃瓶公司。一个月后，该公司在托利多的总部解雇了500名员工，还将出售两架湾流G-1公务机。总的来说，公司部门的开支从1986年的3240万美元下降到1990年的1300万美元。一年后，欧文斯伊利诺斯公司的董事长说："我们的助理不会有助理了，事实上我们自己也没有助理。"[24]

KKR在1986年收购连锁超市Safeway时也采取了类似的做法。同样，在收购后不久公司就进行了大规模裁员。4年中，Safeway通过直接裁员或出售业绩不佳的商店，裁减了6.3万名员工。在被收购之前，该公司的座右铭是"Safeway为您提供安全保障"，收购之后，新的座右铭"现在的投资就是将来的回报"招摇地挂在公司大厅的牌匾上。这样的文化转变或许令人反感，但对KKR而言，这是不得不去做的调整。克拉维斯在谈到Safeway时说："我们需要解雇一整层楼的员工。"罗伯茨也多次谈道："我们给了他们勇气和准则去做需要做的事情。就像清除掉一些灌木，同时也会释放剩余树木的生长潜力。"利润果然增加了。13年后，KKR出售其在Safeway的剩余股份时，总共赚回了其初始投资的50多倍。[25]

凭借以上种种，KKR 释放出了资本主义历史上从未显现过的力量。其中，私募股权投资带来的回报不可忽视。KKR 前 5 只基金的最低年平均回报率为 25%，最高为 40%。投资者争先恐后地加入，KKR 也在不断壮大。1987 年，它筹集了其成立以来最庞大的一只基金，价值高达 56 亿美元。很快，其他私募股权投资公司也逐渐成立。其早期的竞争对手福斯特曼－利特尔公司（Forstmann Little & Co.）于 1978 年开业，并筹集了 27 亿美元的基金。1985 年，受到 KKR 当年收购侯戴乐公司的启发，年轻的投资银行家苏世民创立了黑石集团。就连摩根士丹利（Morgan Stanley）和美林（Merrill Lynch）等传统投资银行也开始进行杠杆收购。杠杆收购活动席卷了整个美国商界，在 20 世纪 80 年代呈指数级增长，总额从 1980 年的 31 亿美元增长到 1987 年的 356 亿美元。曾经，KKR 是一片小池塘里的大鱼，一回头发现自己已处于一片汪洋之中。[26]

KKR 的发展可以说是一个传奇。1976 年，三位友人凑集 12 万美元的积蓄开了一家公司。而到 20 世纪 80 年代末，他们已经完成了近 600 亿美元的交易，收购了 Safeway、金霸王（Duracell）、Motel 6、安飞士（Avis）和纯果乐（Tropicana）等公司，科尔伯格三人因此变得非常富有。据 1986 年的《福布斯》美国富豪榜估计，科尔伯格、克拉维斯和罗伯茨每人的净资产为 1.8 亿美元。到了 1988 年，他们的净资产几乎翻了一番，达到 3.3 亿美元。不过，这样的成功对三人产生的影响却各不相同。科尔伯格和罗伯茨在公众生活中一直相对低调，很少炫耀他们的财富。一位朋友这样评价科尔伯格："让杰罗姆去参加一场鸡尾酒会都难上加难。"克拉维斯则恰恰相反。他花费550万美元在公园大道买了一套公寓，并用雷诺阿（Renoir）的画以及法国古董来装饰它。他在餐厅挂了一幅10英尺高的约翰·辛格·萨金特（John Singer Sargent）的作品，画中展示了伦敦德里郡第六侯爵在爱德华七世的加冕仪式上的情景。1985年，他与前模特兼时装设计师卡罗琳·罗姆（Carolyne Roehm）结婚，两人成为纽约交际圈中的常客。他们在大都会博物馆举办了一场私人派对，邀请著名小提琴家美岛莉来演奏，在晚餐供应兔肉派，还举办了新德加的独家展览。用罗姆的话来说，他们举办的圣诞晚会是"受狄更斯小说主题的启发"。在接受《时尚先生》（Esquire）采访时，罗姆描述了她们的社交生活："当众人聚在一起时，我发现周围的女人都散发着迷人的魅力，且她们的丈夫都十分成功。我听着那美妙的乐队音乐，看着晚会主人和她的装饰师创造的这个令人难以置信的环境时，我想：'我们真的很幸运。'"[27]

　　KKR资本主义模式的非凡成功如同海啸一般席卷了商界，越来越多的公司屈服于公司掠夺者的洪流。但随着私募股权投资在全国各地的董事会中占据一席之地，越来越多的批判声音开始出现。这些批评人士对私募股权投资革命及其对公司、工人和社会的影响表示担忧。而其中一些最严厉的批评来自私募股权投资行业内部。

最先开始表示不满的是公司员工。KKR 收购的公司的员工往往很快就会失业，或者即使幸运地保住了工作，也会被打压得难以喘息，以至于无法忍受。这些员工的下场总是痛苦不堪。在《华尔街日报》一篇获得普利策奖的调查文章中，记者苏珊·法露迪（Susan Faludi）探究了 KKR 收购 Safeway 背后员工们付出的惨痛代价。她讲述了 Safeway 货车司机詹姆斯·怀特（James White）的故事，怀特在 Safeway 兢兢业业工作了 30 年，却因收购失去了工作。他在被解雇一周年那天自杀了。她还讲述了罗伯特·马克尔（Robert Markell）的故事，马克尔在 Safeway 的奥克兰办事处工作了 28 年，在收购后也失去了工作。一个周一的早上，当他照常去办公室上班时，他的老板在没有事先通知的情况下告诉他，"由于公司被 KKR 收购，他将不再受雇于 Safeway"，并表示公司将支付他到本周末的工资。在那些保住工作的人当中，有许多人抱怨曾经的工作早已变质，他们不再被当作人对待，而变得像可随时更换的、无足轻重的零件一样。在 KKR 收购欧文斯伊利诺斯之后，一名员工告诉当地的《托莱多刀锋报》（Toledo Blade），公司的士气正处于历史最低点。他说："我不再喜欢欧文斯伊利诺斯了，我不再为这个地方感到骄傲。"观察人士担心，这种一味压低工人工资和就业人数的方式可能并不可行。它也许可以持续几年，但这种形式的资本主义是不可能长久的。[28]

　　接着抱怨的就是政府，税收是其一大担忧。在许多观察人士看来，私募股权投资公司仅仅是在减少向美国政府纳税这一点上，就获得了巨额利润。减少纳税一直是 KKR 策略的重要组成部分，杠杆收购实际上受益于美国税法核心的一项巨大税收激励，那就是债务利息的支付可以免税，而向股东支付股息则不能。长期以来，对股权和债务的区别对待一直是税务学者的"眼中钉，肉中刺"。他们不喜欢这种倾向，因为这会给公司提供充分的理由来背负债务，而不是发行新股。但 KKR 充分利用了这一漏洞，以及税法中其他晦涩难懂的条款。在收购侯戴乐公司的交易中，克拉维斯认为他可以通过增加公司债务将侯戴乐的税收负担减半。事实上，如果利用德勤会计师事务所建议的折旧累进策略，他们甚至可能根本就不用交税。Safeway 在被收购前一年缴纳了 1.22 亿美元的税款，而收购完成后，该公司获得了 1100 万美元的退税。另一家被收购公司 RJR Nabisco 在 KKR 收购前一年缴纳了 8.93 亿美元的税款，而第二年它只缴纳了 6000 万美元。较低的税负对 KKR 及其投资者来说是件好事，但政府官员认为，政府税收逐渐枯竭，这是一笔不公平的交易。[29]

　　另一种批评的声音认为，KKR 向公司施加的所有这些新债务创造了一个不稳定的经济，在这个经济中，公司疲于偿还这些债务，以至于不断地在破产的边缘徘徊。当公司倒闭时，其后果会波及整个社会，从工人到股东，再到地方政府都会受到影响。1980年，被KKR收购的快速发展的机床公司Eaton Leonard于1986年破产。另一家被KKR收购的公司EFB Trucking于1985年被破产清算。1987年，KKR以2.9亿美元收购了Seaman Furniture，1992年该公司申请破产。其他公司，如Boren Clay和American Forest Products由于难以偿还债务而不得不进行债务重组。1987年，被KKR收购的住宅建筑公司Walter Industries在石棉中毒受害者起诉该公司的两年后申请破产。罗伯茨绘声绘色地向KKR的同事们解释了申请破产的逻辑："你们看过电影《野战排》（*Platoon*）吗？嗯，影片结尾有这样一个场景，上尉的部队在老挝被攻陷，他没有办法将他们解救出来。所以他最终决定对自己的阵地发动空袭，因为他知道这样做可以阻止敌人。这样至少他能救几个人出来。这就是我们正在做的。艰难时期需要做艰难的事情。"政府对这种比喻则有着不同的看法。1984年，美国证券交易委员会主席约翰·沙德（John Shad）直言不讳地说："现在杠杆收购和股权收购越多，以后就会有越多的公司破产。"[30]

但对私募股权投资有所不满的不仅仅是政府和员工，私募股权投资巨头自己也越来越多地公开谈论该行业催生的弊端。他们担心，这种新型金融体系带来的超额回报会扭曲资本主义。这个国家有太多极聪明的人投身于一个没有创造、没有发明、没有建设的行业——它只是在进行简单的重组。1988年，

私募股权投资公司福斯特曼－利特尔的负责人特德·福斯特曼
（Ted Forstmann）在《华尔街日报》刊登了一篇文章谴责自己所
在的行业，震惊世人。在这篇题为《企业融资：杠杆化到极致》
（Corporate Finance：Leveraged to the Hill）的文章中，他写道：

> 　　如今的金融时代是一个无节制的过渡时期，可接受的风
> 险与可能的回报不成比例地飙升。每一周，随着不负责任
> 的程度不断提高，数十亿美元的美国资产变成了人们几乎
> 没有能力偿还的债务。这一切的一切，大多是为了华尔街
> 投资银行家、律师、杠杆收购公司和"垃圾债券"交易商
> 的短期利益，却要以普通员工、社区、公司和投资者的长
> 期利益为代价。

242　　　他把私募股权投资行业的收购巨擘比作新年前夜喝醉酒的
司机们跌跌撞撞地走出酒吧，钻进自己的车里。"你不知道他们
会撞到谁，但你知道这很危险。"克拉维斯则回应称，所有针对
KKR的批评都是被误导的。1989年，他在接受《财富》杂志采
访时表示："人们都说，杠杆收购后，收购方会削减研发投资以
支付利息，还会关闭工厂，导致大规模裁员，然而当子公司被
卖掉后，他们就消失了。""一派胡言……我们不会把一个公司
的'心脏'挖掉，能为公司创造价值的人会留下来。……当然，
也的确有不理想的杠杆收购。但它们只是商业中的小插曲，只

是个别例外。老天保佑，KKR目前还从未有过这样的经历。"[31]

这一波批评浪潮对KKR的冲击不小，而此时公司内部已经开始出现分歧。科尔伯格最初将他的"鞋带收购"定义为"友好"或合作交易。在他的设想中，这是一种双赢的机制，既能帮助成功企业的创始人获得退休养老金，又能让他的投资银行从中获得合理报酬。但到了20世纪80年代中期，KKR内部的情况开始发生变化。克拉维斯和罗伯茨想要追求更大的交易。1984年，他们完成了第一笔价值超过10亿美元的杠杆收购。公司也随之不断壮大，从1976年的3个交易员，到1983年的8个，再到1988年的15个。KKR仍是一家小公司，但它的业务范围不再仅局限于朋友之间。公司里许多年轻又颇具野心的交易员认为，在20世纪80年代中期快节奏的收购世界里，科尔伯格坚持保持"友好"收购的做法毫无意义。在他们看来，科尔伯格并没有意识到私募股权投资行业已经发生变化，如果KKR想要保持领先地位，就必须采取恶意收购策略。

在恶意收购（hostile takeover）中，买方试图收购目标公司，且不顾该公司管理者（如CEO和董事）的意愿。买方不与公司领导谈判以达成协议，而是迂回行事，直接向股东提出自己的需求。这种策略存在争议，因为收购参与者通常会受到声誉和人格攻击。买方批评公司管理层懒惰无能，而管理层则为自己辩护，同时诋毁买方的所作所为。为了赢得收购，买方必须充分有力地论证自己的观点，说服股东能够不顾现任管理层的反对，接受买方的提议，而现任管理层往往会在收购完成后立即被解雇。长期以来，恶意收购一直被视为有损企业尊严和信誉的丑闻，但到了20世纪80年代，私募股权投资公司开始拥护这种策略。

克拉维斯和罗伯茨同意他们年轻同事的看法，认为科尔伯格对恶意收购的疑虑阻碍了公司的发展。1984年，科尔伯格肺部出现血块，险些丧命。从那时起，他就饱受相关症状的困扰，或头痛，或感到极度疲劳。罗伯茨后来在接受采访时说："杰罗姆年纪大了，他再也不想像以前那样拼命工作。""杰罗姆之所以这么消极，是因为他没有意识到正在发生的事情。"克拉维斯和罗伯茨在进行重大决策时逐渐将科尔伯格边缘化。当他们告诉科尔伯格，他们计划对《财富》世界500强中排名第26的公司碧翠斯发起恶意收购时，科尔伯格表示反对，坚持要求KKR进行"友好"交易。但克拉维斯和罗伯茨不予理会，仍坚决推进恶意收购。[32]

职业压力不可避免地会带来个人压力。科尔伯格一直很内向，他喜欢在家里休闲娱乐，如打网球，读小说、传记等。克拉维斯则生活于上流社会，参加各种晚会和派对，而这些对科尔伯格来说都太浮夸了。科尔伯格的一位朋友在一次采访中说："他们之间的关系已经恶化到杰罗姆无法忍受亨利住在公园大道的地步，因为那里太过纸醉金迷。"此后，事态迅速恶化。KKR一位年轻的合伙人描述了那场混乱的冲突："有几次，杰罗姆说：'是我创立了这家公司。没有我，就没有你们的现在。'我们都不想看到这样的结果。"压死他的最后一根稻草出现在 1986 年，当时科尔伯格得知公司决定只给他的儿子吉姆发放 50 万美元的年终奖，而不是像对其他合伙人那样发放 100 万美元。科尔伯格勃然大怒，私下开始密谋退路。1987 年，他宣布辞职。[33]

科尔伯格的离开标志着 KKR 一个时代的结束。这位老政治家走了，公司则被牢牢掌握在克拉维斯和罗伯茨的手中，他们更年轻、更有野心，也更愿意冒险。两年内，他们发起了 KKR 有史以来最大胆、最昂贵的收购，这一收购也决定了 KKR 的成败。

从多个层面来看，KKR 收购 RJR Nabisco 本应成为展示私募股权投资为商界所做贡献的机会。RJR Nabisco 是一个庞大的企业集团，它合并了两个看似直接冲突的业务。一个是生产骆驼牌香烟和其他流行烟草产品的烟草公司 Reynolds，另一个则是生产健康饼干的 Nabisco，它发明了无花果牛顿饼干、咸饼干和丽兹饼干。一位观察者将这一组合描述为"针尖对麦芒"。Nabisco 的企业文化似乎也充斥着过度浪费，Nabisco 的 CEO 罗斯·约翰逊（Ross Johnson）热衷于把公司资金投资在奢侈项目上：他有 10 架商用机、2 名由公司雇用的私人女仆，他的办公室里摆放着价值 3 万美元的 18 世纪中国瓷器。不仅如此，他还送了公司高管价值 1500 美元的古驰手表，并赞助了黛娜海岸 LPGA 高尔夫锦标赛等名人云集的顶级活动。高管可免费享有乡

245   村俱乐部会员资格和公车接送服务。每天还有糖果车在总部转两次，给经理们送糖果。正如约翰逊所说："数百万美元随着时间的流逝消失了。"KKR 的理论认为美国企业已经变得又懒又低效，而 Nabisco 似乎是该理论的完美范例。[34]

但不知怎的，在某个地方，一切都乱套了。在 KKR 和 Nabisco 董事会经过几个月的艰苦谈判后，最终 KKR 同意以 250 亿美元的价格收购 Nabisco。这个故事与其说是关于激励措施的约束作用，不如说是关于几乎所有参与私募股权投资业务人员的贪得无厌。由于交易细节的泄露，报社兴高采烈地报道了这些令人瞠目结舌的数字。Nabisco 的高管仅仅因为离开公司就获得了巨额的离职金。1989 年 2 月交易结束后，约翰逊带着 5300 万美元的"金降落伞"辞职。RJR Nabisco 烟草部门负责人爱德华·霍里根（Edward Horrigan）获得了 4570 万美元。这笔交易中的顾问和参与者也获得了巨额收益。为 KKR 工作的投资银行至少赚取了 4 亿美元的费用，据估计，每位银行家的工作时薪约为 4.8 万美元。除了惯例的管理费和未来的附带权益费，KKR 还获得了 7500 万美元的交易费。为庆祝这次收购，KKR 在皮埃尔酒店的大宴会厅举办了闭幕晚宴，400 名投行人士、律师和同事共进晚餐，有龙虾、小牛肉，搭配唐·培里侬香槟，还有一个 3 英尺高的蛋糕，蛋糕上装饰着 Nabisco 的产品。[35]

在众多至暗时刻中，最具破坏性的一次是约翰逊接受《时代》周刊的长篇采访。这篇文字记录下了一长串 CEO 永远不该说的话。当《时代》周刊记者询问约翰逊对像他这样的高管发放"金降落伞"的看法时，他回答道："我的工作是为我的员工谈判到最优协议。"他也承认，在七八年时间里，他就能赚到1亿美元。当被问及是否有人配得上这么多钱时，约翰逊说："如果他是老板，那就是他应得的。这很难回答。其实这就像没有实际价值的钱……我的动机绝非赚1亿美元。"当被问及这笔交易是否会给员工带来困难时，他回答道："如果你在过渡期，那确实会。就拿RJR Nabisco的12万名员工来说，情况确实会有些混乱。但我手下的人，尤其是亚特兰大人，都有很容易转行的职业，如会计师、律师、秘书。我们不是说让他们去领救济，而是有很好的离职安排。"果不其然，交易完成后，失业就开始了。RJR Nabisco总部的员工数量从400人削减至150人，烟草部门又解雇了1525名员工。[36]

几乎所有关注这笔交易的人都对它的厚颜无耻感到震惊。《商业周刊》（Business Week）刊登了一篇关于此次交易的封面报道，标题为《债务狂潮：收购是否过为已甚？》（The Debt Binge: Have Takeovers Gone Too Far？）。当地的《亚特兰大宪法报》（Atlanta Constitution）刊登了一系列有关这笔交易的文章，同时还刊登了一幅漫画，画面上一群人惊恐地站在麦片碗里，碗下是名为"RJR Nabisco破碎工人"的碎麦片包装盒。漫画的标题写道："标价：250亿美元。"得克萨斯州农业部部长吉姆·海托华（Jim Hightower）在《纽约时报》发表的专栏文章中指出，KKR

在对烟草和烘焙几乎一无所知的情况下，斥资 250 亿美元收购了一家土营烟草和烘焙业务的公司。他写道："即使有人揉好了面团，克拉维斯和罗伯茨也做不出饼干。"其中点明了一些真相：克拉维斯自己也承认，他无法掌握 Nabisco 生产的所有产品。[37]

收购 Nabisco 是 KKR 在 1989 年的唯一一笔交易，却占了当年全国 371 起杠杆收购案总价值的 2/5，在那之后 KKR 变得家喻户晓。纳入 RJR Nabisco 的资产后，KKR 旗下拥有 35 家公司，掌握着价值 590 亿美元的企业资产，然而当时公司只有 6 位普通合伙人、11 名助理、47 名员工。较大的公司如通用汽车、福特汽车、埃克森和 IBM，每家公司都有数千名员工。然而，这笔交易却具体呼应了人们一直以来对私募股权投资行业的批评——薪酬过高、伤害员工和社区、债务风险过高。在这笔交易之后，学者和政策制定者开始呼吁出台新的监管规定，规范杠杆收购，降低风险。哈佛大学约翰·肯尼迪政府学院教授罗伯特·莱克（Robert Reich）写了一篇文章，认为美国正在为杠杆收购付出沉重的代价。他写道："投资银行家并不认为自己是为有业务往来的公司服务，如今公司似乎是为投资银行家而存在的。"25 年前，美国工业领袖都是大型工业公司的 CEO，而如今他们却都是投资银行家和私募股权投资合伙人。莱克指出，在 Nabisco 交易中支付给银行家和律师的费用甚至超过了美国用于研究艾滋病治疗的总费用。他总结道："从来没有这么少的人做这么少的事却能赚这么多；从来没有这么少的人有这么大的权力来重新分配美国'蛋糕'。"[38]

这波批评浪潮引发了人们对改革私募股权投资的兴趣。在接下来的几年里，国会举行了一系列听证会，询问和了解收购公司高管的做法。在此期间，国会提出和讨论了各种改革建议，包括取消"垃圾债券"利息的税收减免以及为股息支付提供税收减免，但所有这些都被否决了。21世纪初，两项毫无关联的发展才真正成为阻碍私募股权投资快速发展的有效因素。一项是经济领域的利率广泛提高。高利率使债务成本更高，因此像KKR这样的私募股权投资公司更难向投资组合中的公司提供债券。另一项是"垃圾债券"之王迈克尔·米尔肯被指控在证券交易中存在欺诈行为。他的投行德崇证券承认犯邮件和证券欺诈罪，因而最终破产。米尔肯最终也只在监狱里待了22个月，在2020年得到特朗普总统的赦免。德崇证券破产使得"垃圾债券"市场出现短暂停滞，这至少在一段时间内减缓了私募股权投资热潮。

然而现如今，私募股权投资热潮卷土重来。黑石集团等其他私募股权投资公司崭露头角，规模甚至超过了KKR。值得一提的是，贝恩资本（Bain Capital）在前高管米特·罗姆尼（Mitt Romney）被提名为2012年共和党总统候选人后名声大噪。对于KKR来说，最大的改变是2010年在纽约证券交易所（New York Stock Exchange）的上市。30年来，KKR一直在劫掠已经破产的上市公司。这看起来确实十分讽刺：KKR认为股份公司过于臃肿和懒惰，而自己又成为股份公司。但在克拉维斯、罗伯茨和

KKR其他交易人员看来，这是完全合理的。他们一直都是敏锐的金融预测者，而根据预测，他们应该将其卖掉。那时，KKR的投资额已经增长到550亿美元，与1976年三位创始人投资的12万美元相去甚远。克拉维斯和罗伯茨在该公司的股份估值为16.5亿美元。KKR在上市过程中披露的信息清楚地表明，私募股权投资模式对费用（而非利润）十分依赖。2009年，公司分别向克拉维斯和罗伯茨支付了2200万美元，其中只有50万美元来自附带权益费，也就是实际经营投资组合公司的利润。KKR当时持有股份最大的两家公司分别是深受喜爱的玩具公司"玩具反斗城"（Toys "R" Us），以及为得克萨斯州提供电力的公共事业公司TXU Energy。而到2017年，两家公司都破产了。如今，《福布斯》估计，克拉维斯的净资产为67亿美元，罗伯茨的净资产为69亿美元。[39]

1987年5月，也就是科尔伯格退休的那个月，KKR召开了年度投资者大会。这次活动与其说是商务会议，不如说是一场盛大的宴会，环境奢华，身价不菲的客人从全国各地飞来。100多名KKR的最大投资者出席了会议，现身于纽约麦迪逊大道上奢华的赫尔姆斯利宫酒店，登上宏伟的大理石阶梯，进入酒店著名的凡尔赛宴会厅，在那里欣赏着金银装饰、巨型镜子和水晶吊灯。

宴会后期，科尔伯格以其一贯的政治家风范，大步走上舞台，向合伙人们发表讲话。科尔伯格即将离开自己创立了10年的公司，对他来说这是一个苦乐参半的时刻，于是便利用此次机会回忆了KKR对自己和世界的意义。

20年前，我微不足道的梦想就是企业之间可以进行收购，从而得到投资。在那些被低估的企业里，我们这些金融家可以与企业管理层一起并肩作战，投入全部的金钱、时间和精力。虽然双方都将冒着损失大笔资金和声誉的风险，但是我们会尽其所能确保双方投资能有良好的回报。

今天我之所以提到这一点，是因为在我们周围，无论是商界还是政界，这些价值观都正在被瓦解。这并不仅是内幕交易和合法套利之间的区别。……也不仅是拒绝一箱现金，更不仅是弥漫在我们商业生活中过度膨胀的无法抵抗的贪婪。事实是，我们不愿意为我们所宣称的道德和价值观做出牺牲。可是如果没有牺牲，伦理就不成伦理，价值也不为价值。放弃一些，失去一些，是为了更大的利益，是为了比金钱、权力和地位更有价值的东西。这种理念最大的矛盾之处在于，它最终带来的好处比其他任何理念都要大。

科尔伯格总结道："我们必须坚持复兴这些价值观，因为倘若我们不这样做，我们为这些成功投资所付出的气运、辛劳、智慧和体面将枯竭和衰退。我们必须坚持合乎道德的行为，否则我们会弄死这只'下金蛋的鹅'。"[40]

说完，科尔伯格离开了舞台。

克拉维斯和罗伯茨并不知道科尔伯格会讲什么，听完演讲后大吃一惊，因为科尔伯格对他们俩那不加掩饰的攻击其实也是对 KKR 的攻击，看起来似乎破坏了目前的文明局面。克拉维斯和罗伯茨尽最大努力掩盖双方间的裂痕，但科尔伯格把它展示给了所有人，很显然这篇演讲深深地刺痛了他们。

然而，科尔伯格的演讲中并没有提到自己的临别妙计。在辞职之前，他与克拉维斯和罗伯茨就离职条件进行了艰难的谈判。两个月前，他们达成了和解。离职协议规定，科尔伯格有权在未来 9 年内继续持有 KKR 目前投资组合公司的股份，并参与投资未来的交易。此外，科尔伯格还获得了一些额外的"福利"，这些费用全部由 KKR 承担，其中包括报销一名私人秘书和一名司机的费用。KKR 还同意每年给他买一辆新的林肯城市轿车。[41]

※ ※ ※

私募股权投资的兴起标志着公司史进入了一个新时代。到20 世纪 70 年代，许多人认为公司已经达到了最终形态——在国家证券交易所上市的大型跨国公司，由职业经理人进行管理，生产大量的商品和服务。股份公司似乎是一股不可阻挡的力量。

然而，科尔伯格、克拉维斯和罗伯茨看到了其他方面，很多股份公司太过臃肿，聘请高薪但不称职的 CEO 来经营。于是他们想出了一种解决方法：杠杆收购。他们相信，通过收购经营不善的公司，提高它们的效率，几年后再将它们转手出售，就能赚钱。

在接下来的 20 年里，KKR 及其私募股权投资同行们收购了数十家公司。公司掠夺者的强硬策略使它们成为华尔街的祸害，然而它们也迫使大公司去适应一个股东赋权的新世界，尤其是在 KKR 成功收购美国企业的中流砥柱 RJR Nabisco 之后更是如此。事实证明，杠杆收购的利润难以想象。在越来越复杂的金融体系的推动下，超级资本主义的新时代改变了股票市场的本质，并催生了现代并购行业。

但掠夺者时代也令人恐惧。私募股权投资的"刀耕火种"策略有时会为了短期利润而造成长期破坏。大量收购之后，一连串的破产、裁员和员工投诉只会加剧这些问题，甚至连私募基金经理自己都是如此。多年来，私募股权投资掠夺者一直在敲打美国公司的大门，现在他们拿到了钥匙，却不知道该怎么处理。

掠夺者时代以华尔街和金融界为中心。但公司史的下一个重大变革时代来自硅谷，在那里，计算机和代码比资本和收益更重要。

第 8 章

初创公司

　　地球上有 78 亿人 [*]，其中有 33 亿人注册使用 Facebook。

　　从公司规模和用户数量来看，世界上还没有一家公司能与 Facebook（现更名为 Meta）齐名，即便是标准石油公司、东印度公司、美第奇银行这样的大型公司也不行。简而言之，Facebook 的发展是前所未有的。在"公司"这一概念演变的过程中，Facebook 就像生物链顶端的掠食者，无人能敌。Facebook 的用户平均每天花 50 分钟的时间使用该软件，也许大家会觉得 50 分钟的时间并不长，但只要和他们花在生活中其他事情上的时间相比，就会知道这时间有多长。美国人平均每天花 19 分钟运动锻炼、16 分钟阅读、19 分钟放松和思考，

---

[*]　目前世界人口已超过 80 亿。

却花 50 分钟浏览 Facebook。唯一能超过浏览 Facebook 的休闲活动是看电视（美国人平均每天花 2 小时 49 分钟的时间看电视）。[1]

Facebook 代表了世界几百年以来创造性毁灭的巅峰，但它有着极为友好的一面。Facebook 的员工每天可以免费搭乘公司的豪车，往返旧金山和位于门洛帕克的公司总部；或者免费搭乘公司的渡轮，穿越旧金山湾。员工们抵达办公区域后，就好似进入了成人迪士尼乐园，这并非巧合，而是公司特意聘请迪士尼顾问来设计的。员工们将这一区域称为"校园"，表达了对其大学般氛围的认可。校园占地 57 英亩，每个区域都经过精心的设计，可以俯瞰整个旧金山湾。放眼望去，修剪整齐的草坪、郁郁葱葱的树木和蜿蜒曲折的人行道随处可见，还有免费使用的自行车停放在校园周围的车架上。此外，园内还有各种奇妙的设计，比如人行道采用了《绿野仙踪》（*The Wizard of Oz*）里的黄砖路设计，道路旁矗立的是多萝西（Dorothy）的房子，房子底下还压着东方坏女巫（Wicked Witch of the East）和她的红宝石拖鞋。沿路走到中心广场，员工们可以在有遮阳伞的户外桌子旁休息，也可以在美食餐厅用餐，且所有这些都是免费的（除了极少数特色小吃）。如果想吃亚洲美食，可以去面条馆；如果烧烤符合要求，可以支烧烤摊；如果爱吃甜食，可以去糕点店，那里满是松饼、蛋糕、饼干和冰激凌，而且如果抬头，还可以看到巨大的显示屏上面写着 Facebook 是

"黑客公司"的标语；如果想运动，可以去健身房，参加健身课程、打篮球或上攀岩课；还可以去电子游戏厅、音乐室，或理发店；如果想要放松身心，可以去广场中央的迷你红木森林散步，或者去占地9英亩的屋顶公园漫游。在那里，奢华依旧，到处都是明亮的色彩和有趣的主题，可以拍照打卡的网红墙比比皆是，比如反重力室，里面的办公桌和电脑是粘在侧墙上的。在开放工作区，每个办公桌都配有价值不菲的赫曼米勒牌（Herman Miller）Aeron座椅，员工们可戴着公司提供的降噪耳机办公。

Facebook的总部表明，在过去20年，科技行业，尤其是硅谷，已为社会带来了巨大的变革。Facebook最初只是一个由哈佛大学电脑天才在宿舍里创建的网站，但这个网站几乎一夜之间，就摇身一变成了一家市值8000亿美元的公司，其早期创立者也随即变成了亿万富翁，比如马克·扎克伯格（Mark Zuckerberg）本人的身价约为760亿美元。随着Facebook的上市，创业文化的黄金时代也随之而来。

而不知何故，这个新千年最具统治力的公司竟将其最宝贵的产品免费赠送给他人。

该故事听上去虽不符实际，却极具象征意义。如今，Facebook在众多同类型的公司里已不再独一无二，因为现在很多公司试图模仿它的基本模式。我们正在见证这家公司在结构上的巨变，却没有人知道它将如何变化。

《《《 《《《 《《《

初创公司是公司的一种特殊形式。它有友好的外表、有趣的名字、奇特的文化，比如其总部可能会放置一张足球桌。简而言之，它是资本主义的可爱化版本，看起来有趣、亲切，而且很酷。

当然，只要公司存在，初创公司就不会消失。每一家公司都有起点，否则就不会存在。从某种意义上来说，罗马公司是第一家初创公司，该公司在第二次布匿战争期间为西庇阿在西班牙的军队提供物资，并从中获取利益。

但是，大多数人所说的"初创公司"并不是指新成立的公司，而是指一种有着自己标准的特定公司。与常规公司不同，初创公司在技术领域非常活跃，发展十分迅速，主要涉足互联网、移动通信、平台和共享等领域，其中绝大多数位于硅谷。

Facebook、Airbnb、Instagram、Snapchat、Twitter、Uber 等这些自 2000 年互联网泡沫危机后成立的极负盛名的初创公司，都有着相似的运营模式，即依托互联网，使用专业技术，并为用户提供自由操作的服务，例如租房、分享照片、聊天、打车等。这些公司以互联网平台的形式存在，目标是快速成长并主导市场；通常利用低价获取用户，并赢得"炫酷、好用、热门"等用户好评。这些公司的员工大多是不擅长社交却精通计算机的年轻人，整个公司在一两家风险投资公司的资助下运行。

本章将对初创公司进行简要介绍，以帮助各位了解它。初创公司之于公司，就像猫鼬之于非洲野生动物：更小，更有趣，而且绝不像狮子那般具有威胁性和掠夺性。[2]

但问题在于，每只猫鼬的内心深处，都希望自己是一头狮子。

初创公司的伟大愿景一直是让科技具有改善人类生活的巨大能力，而实现这一目标的难点在于找到一个有勇气、有创造力和有魄力的人。酒店费用太高？那就创建一个房屋租赁网站；出租车不方便？那就创建一个拼车网站；一个人太孤独？那就创建一个社交网站。初创公司存在的意义，在于将科技红利带给所有人。

当然，初创公司并非完全无私，它们主要从给世界带来的革命中获益。正如风险投资公司所发现的那样，成功的初创公司可以赚到很多钱。原理很简单，大多数初创公司旨在成为其行业中的龙头公司，无论是房地产行业、交通行业还是传媒行业，皆是如此。初创公司的价值在于，它们能够建立由朋友、同事、业主和司机组成的网络，而且这些网络往往能够自我强化。如果你所有的朋友都在使用同一个社交媒体网站，那么你可能也会使用它；如果所有司机都在一个打车平台上注册，那么你可能也会使用这个平台。此增长引发新增长，并最终带来收益，至少理论上是这样的。

21 世纪初，随着互联网泡沫的破裂，初创公司的时代正式开始。初创公司新颖而令人兴奋，并且它们还承诺会成为更好、更有社会担当的公司。但质疑声也随之而来："初创公司成长的代价是什么？"初创公司凭什么实现指数级增长？如何打造主导平台？如何让全球数十亿用户建立联系？风险资本家向投机性新公司提供资金的成本是什么？如果可以选择的话，猫鼬会选择继续做猫鼬还是变成狮子？

对今天的读者来说，看到一条"一个 19 岁的大学生创办了一家市值 10 亿美元的公司"的新闻并不会觉得惊讶，因为我们已经习惯了看到硅谷里的初创公司变成价值数十亿美元的巨头。这些初创公司偏爱年轻人和怪才，并且对我们中的许多人来说，一个有伟大想法和计算机天赋的人创造出改变世界的东西，是一件很正常的事情。但这在公司的发展史上，无疑是一件新鲜事。乔凡尼·迪·比奇·德·美第奇在 37 岁时创立美第奇银行；亨利·福特 40 岁时创立福特汽车公司；杰罗姆·科尔伯格 50 岁时创立私募股权投资机构 KKR，而他相对稚嫩的合伙人亨利·克拉维斯和乔治·罗伯茨当时才刚满 32 岁，这三人在决定创业之前，都在各自的领域有着丰富的经验。而马克·扎克伯格在创业的时候，还只是哈佛大学的一名大二学生，在学校里上着心理课和罗马艺术课，每天穿着他的阿迪达斯凉鞋在校园里四处闲逛，周末还会参加兄弟会。但当他 20 岁时，他的 Facebook 就已经拥有几百万用户。根据大家对年轻人优点的不同看法，扎克伯格的成功故事听起来可能很新奇，也可能令人恐惧。

科技行业的门槛很低，尤其是在 21 世纪初期。只要有一台和互联网连接的电脑，任何人都可以创建一个网站，并且多数用户不会关注网站创建者的资历是否够格。事实上，当时大多数人并不清楚互联网可以做什么，但仍将其称为"万维网"（World Wide Web）。它是信息的储存库，是与他人交流的媒介，是一种商业活动，或只是一种盗取免费音乐的手段？ 20 世纪 90 年代末，一大批公司对互联网的未来寄予厚望，并为此压下了高额赌注。但不幸的是，2000 年互联网泡沫破裂，大多数公司倒下了。互联网到底能做什么的问题仍悬而未决。

住在哈佛大学柯克兰宿舍的大二学生马克·扎克伯格非常清楚，"有趣"是互联网的竞争优势所在。扎克伯格从小就喜爱电脑，并在六年级时拥有了属于自己的第一台电脑。他很快就沉迷于电子游戏之中，尤其是那个风靡全球的游戏《文明》（*Civilization*），他一直玩到成年。但他并不满足于玩游戏本身，他还想创造和定义游戏，按照自己的想法构造游戏。扎克伯格在接受采访时表示："我只是喜欢创造，后来我发现，如果我学会编程，我就可以创造出更多东西。"高中时，他买了一本编程入门教材用以自学，并在放学回家后定期编写电脑代码。九年级时，他根据火爆全球的棋盘游戏《战国风云》（*Risk*）编写了一个游戏程序。该游戏以罗马帝国为中心，玩家的对手是恺撒大帝。扎克伯格在谈起他游戏中的敌人时说道："恺撒大帝很厉害，我从没赢过他。"这也许是一个关于人类思维会出错而人造思维无懈可击的教训，扎克伯格创造出了一个他自己都无法理解也无法征服的东西，而这个东西从本质上对他来说，是个谜。[3]

高中毕业时，扎克伯格就已经成为一名出色的程序员。和所有正在申请大学的有志少年一样，扎克伯格也有着广泛的兴趣爱好。在菲利普斯埃克塞特中学（Phillips Exeter Academy），那是扎克伯格从高三就开始上的精英私立学校，扎克伯格课上认真学习古典文学、拉丁语和希腊语；课后，他把大部分空闲时间花在了笔记本电脑上。对于毕业设计，扎克伯格和他的朋友开发了一个名为 Synapse 的程序，该程序可以追踪用户在电脑上播放的歌曲，并根据用户喜好创建播放列表。2002 年 9 月，该程序一经发布，就在网络音乐界引起了不小的轰动，甚至获得了早期资讯科技网站 Slashdot 的赞誉，该网站在业内拥有众多粉丝。在 Slashdot 上发表文章介绍该程序后，扎克伯格就接到了音乐领域一些大公司的电话，比如 WinAmp 和微软。据称，其中一家公司还为该设计提供了 200 万美元的赞助。然而扎克伯格拒绝了所有公司。他在接受哈佛大学学生报《哈佛深红报》（*Harvard Crimson*）采访时表示："因为我们想上大学，所以我们拒绝了。"另一件让他感到恼火的事则是有人劝他将这个程序卖给大公司，毕竟公司可能会利用他的创作来牟利。但那从来都不是扎克伯格开发这个程序的初衷。他说："对我们来说，重要的是人们能够免费使用软件，软件属于所有人。"[4]

2002年秋，从菲利普斯埃克塞特中学毕业后，扎克伯格进入了哈佛大学。在这所常春藤名校学习是扎克伯格生命中重要且短暂的一段时光。他只在哈佛大学待了两年，每天都在社交尴尬和频繁逃课中度过，这一点在通读扎克伯格的早期采访和文章时就可以发现。扎克伯格经常在被问到一个问题后，盯着采访人看好几分钟而不做任何回答。作家史蒂文·列维（Steven Levy）将这种情况称为"发呆性沉默"；另一位作家则将扎克伯格的这种表情描述为"近乎精神病的凝视"；还有的人将其称为"索伦之眼"。扎克伯格的早期同事说："他会坐下来盯着别人看。"尽管经历了很多尴尬时刻，扎克伯格在大二时仍凭借自己推出的一系列虽有争议却十分受欢迎的程序，成了校园名人。这些程序都有一个共同点，那就是都利用了18岁少年第一次离开家的新体验——高速网络和探索网络世界的闲暇时间。结果发现，他们在这段时间里真正喜欢做的，是看他们的朋友（更重要的是他们喜欢的人）在做什么。[5]

扎克伯格开发的第一个程序叫作 CourseMatch。出于对朋友们所上课程的好奇，他创建了这个网站，让学生们导入自己参加的课程。在这一网站上创建账号的每个学生都可以看到其他学生注册的课程。这个网站大受欢迎。扎克伯格谈到这个网站时说："从开始就让我感到惊讶的是，大家居然会花好几个小时游览网站，他们可能会说'这就是那些人的课啊；哇，这个人居然会对这些东西感兴趣，真是有趣'。网站里面只有文本，也没有什么特别好玩的东西，但让我惊讶的是，大家都非常渴望了解身边的人在干些什么。"由于该网站过于火爆，以至于扎克伯格那台用来管理网站的笔记本电脑都烧坏了。[6]

扎克伯格开发的第二个程序 FaceMash（Facebook 的前身）更出名，但也给他带来了更多麻烦，而不仅仅只是电脑坏掉那么简单。该程序明目张胆地抄袭了一个名为"Hot or Not"的网站，在这个网站上，用户可以浏览其他人（主要是女性）的照片，并对她们的吸引力进行投票。扎克伯格借鉴了这个设计，并将它搬到了哈佛大学校园里，结果大受好评。但对他自己来说有点不幸的是，他在编写这套程序时写了关于这套程序的博客，因此大家能够实时了解他的想法。

大二秋季学期中期，2003 年 10 月 28 日晚，扎克伯格开始写博客："某某是个婊子，我需要想点其他事情来转移我对她的注意力，我得找点事儿来打发时间。很简单，现在我只需要一个想法。"晚上 8 点 13 分，他有了一个想法，写道："说实话，我有点醉了，如果现在不是晚上 10 点，而且还是星期二晚上，会发生什么呢？我的电脑桌面停留在柯克兰宿舍的相簿页面，有些人的照片真的好吓人。"这些照片指的是哈佛大学提供给学生的纸质目录，里面有他们同学的照片。"我甚至想把这些照片和农场动物的照片放在一起，让大家投票选出谁更好看。这不是个好主意，甚至可能一点也不好笑，但比利（Billy）想出了将相簿中的两个人进行比较的主意，只是有时会把农场的动物放在里面。太棒了，奥尔森先生（Mr. Olson）！我觉得他说得太对了。"一个半小时后，他开始研究这个网站的建立机制。他逐步侵入哈佛大学学生宿舍的网站，并从中下载学生的照片。然后，他把这些照片上传到 FaceMash 上，在这上面，人们可以看到两张照片，并投票选出谁更具有吸引力。扎克伯格知道他的所作所为在法律和道德上都是有问题的，但他还是这样做了。扎克伯格说："也许哈佛会出于法律原因停掉我的项目，而忽视这个程序作为一个可能会辐射到其他学校（甚至可能是那些有许多好看学生的学校）的风险投资的价值。但有一件事是肯定的，那就是我就是制作这个网站的混蛋，毕竟总得有人去做这件事。"当天凌晨，Facemash.com 正式上线，访客点进这个网站就会收到这样一条消息："我们是因为外表才被允许访问这个网站的吗？不。我们会受到大家的评价吗？会。"扎克伯格将网站链接发给了一些朋友，然后就去睡觉了。

262　　扎克伯格醒后，FaceMash 已经有了自己的生命，引起了比 CourseMatch 更大的轰动：一夜之间有 450 人访问了该网站，总共投票了 2.2 万次。换句话说，平均每个访问者对近 50 组照片进行了投票，以选出更具吸引力的女同学的照片。哈佛大学信息技术团队发现扎克伯格所在的柯克兰宿舍互联网使用量激增，赶忙查找原因。最后，他们干脆切断了整个宿舍的网络。

与此同时，哈佛大学的几个学生团体认为该网站贬低女性，对此表示不满。拉丁美洲女子问题组织（Fuerza Latina）的主席在LISTSERV上发布了一封电子邮件，将这件事告知其组织的成员。她说："我从一个朋友那里听说了这件事，我有点生气。我认为大家也应该意识到这一点。"不仅如此，哈佛黑人女子协会（Association of Black Harvard Women）也对该网站表示了指责。[7]

扎克伯格当然受到了惩罚，网站仅开放一天就被关闭了。哈佛大学管理部门对此展开了调查，最终指控他入侵学校网站、侵犯版权和个人隐私、损害校园安全。面对可能被哈佛大学开除的命运，扎克伯格在学校行政委员会面前为自己辩护，最终受到留校察看的处分。之后，扎克伯格向学生报纸《哈佛深红报》解释了他的所作所为："我知道这个网站有些地方还有些粗糙，我需要更认真地去考虑它是否真的适合在哈佛大学校园内推广。"经过进一步的思考，他得出结论，该网站不适合在哈佛大学校园内推广。他表示："侵犯个人隐私的问题似乎无法避免，我不想冒险去伤害任何人。"然而，扎克伯格确实从FaceMash的经验中学到了一件事，那就是人们比他想象的更爱偷窥别人的生活。[8]

扎克伯格将这次的经验运用到了下一个项目——Facebook之中。

就文化层面而言，2004年初Facebook正式上线的时候，"社交网络"的概念已经出现，人们在社交网络上与朋友见面、联

263

系和分享。其他社交媒体网站也逐渐出现，并得到广泛使用。Friendster 网站在 2003 年 3 月推出，比 Facebook 早近一年。当时该网站已有 300 多万用户，他们可以免费创建个人信息，描述自己的兴趣爱好，列出自己的关系状态，并添加好友。后来的 Facebook 也上线了这些功能。MySpace 网站则吸引了各种各样的用户，尤其是艺术家和音乐家。在这里，用户可以利用网站的定制功能吸引粉丝。在创建 Facebook 一周后，扎克伯格告诉《哈佛深红报》，他的 Facebook 就是以 Friendster 为原型的。

　　Facebook 的另一个设计灵感源自哈佛大学本身。如前所述，哈佛大学每年都会将所有学生的照片打印成相簿，并且把这本相簿发给学生们。其中许多照片也可以在网上找到，但当扎克伯格试图通过 FaceMash 网站访问这些照片时却发现，这些照片往往隐藏在加密保护的家庭网站后面。《哈佛深红报》发表了一篇社论，认为学校应该让学生更容易获得这些信息。编辑写道："一个全面的、覆盖全校的线上相簿有许多潜在好处。大家可以通过相簿寻找一个难以找到的同学，或者因为好奇朋友在大一报道当天的照片而去查看，这种特殊的娱乐形式对人们的吸引力是显而易见的。而一个覆盖全校的相簿将为哈佛学生提供他们所有同学的名字和基本信息，且不用担心网站向不请自来的陌生人开放。"在多年后的一份证词中，扎克伯格称这篇社论是他创建 Facebook 的真正灵感来源。他说："我基本采纳了那篇文章的意见，将 Facebook 做成了有着严格隐私管理标准的网站。"9

但 Facebook 还有一个更隐蔽的灵感来源。2003 年 11 月，即 Facebook 上线的三个月前，扎克伯格曾与哈佛赛艇运动员卡梅伦·文克莱沃斯（Cameron Winklevoss）和泰勒·文克莱沃斯（Tyler Winklevoss）商讨一项商业提案。文克莱沃斯兄弟在哈佛的社会等级中处于最顶端，这可不单是因为他们两兄弟都有着 1.96 米的身高，而是因为两人都是坡斯廉俱乐部（Porcellian Club）的成员，这个秘密社团聚集的都是哈佛大学精英中的精英。此外，二人都是哈佛大学重量级赛艇队的队员，并且从各方面来看，他们都是这支别称为"上帝队"（God Squad）的天才队伍中最有才华的人，包揽了大学赛艇队的各类最高奖项。后来，这对双胞胎还代表牛津大学在伦敦泰晤士河一年一度的划船比赛中与剑桥大学对抗。兄弟俩在大三的时候，就开始着手为哈佛学生创建一个用于社交和约会的网站，但是他们不会编程，无法将自己设想的网站变为现实。因此，2003 年秋，他们找到了扎克伯格。没人知道那年 11 月他们两兄弟和扎克伯格讨论了些什么，但当时的电子邮件往来表明，他们达成了一项共识，让扎克伯格帮忙修改网站的代码。但双方都没有想到要就这项协定签署正式的书面合同。

但在接下来的几周里，扎克伯格反复拖延"哈佛联谊会"（Harvard Connection）网站的搭建，文克莱沃斯兄弟对此越发不满。扎克伯格找了各种各样的借口，一会儿说忙着赶作业，一会儿说忙着应付考试，要不就是说笔记本的充电器丢了。而实际上更重要的原因在于，他暗地里正忙着创建自己的 Facebook 网站。2003 年 12 月，在与文克莱沃斯兄弟会面一周后，他给自己的大学同学爱德华多·萨维林（Eduardo Saverin）发了一条关于"哈佛联谊会"的短信，并附上了该网站的网址。他写道："看看这个网站，已经有人在尝试创建约会网站了。但是他们犯了一个错误，那就是找我来帮他们，哈哈。我打算拖延这个项目，拖到 Facebook 上线之后。"扎克伯格推出 Facebook 后，文克莱沃斯兄弟大为恼怒。他们向哈佛校长拉里·萨默斯（Larry Summers）告发他，称他的做法有违学生荣誉守则。为此，扎克伯格写了封信为自己辩护，他说："老实讲，我有点震惊，我为他们免费工作，他们却威胁我。我都习惯了，每当我做成功一件事情，资本家就想来分一杯羹，这没什么大不了的。"最后萨默斯校长表示他不打算介入这场争端。之后，文克莱沃斯兄弟向马萨诸塞州联邦法院起诉扎克伯格违反合同，以及其他违规行为。最终，这场纠纷以扎克伯格赔偿 6500 万美元结束，其中部分以 Facebook 公司股票的形式赔偿。[10]

然而，Facebook 真正的灵感来源其实很简单，就是扎克伯格脑海中各种各样的想法、灵感和野心推动了这一应用的问世。扎克伯格本质上就是个修补匠，他觉得做网站很有趣。这是他在 Facebook 上线几个月后接受《哈佛深红报》的长篇采访时的形象。他向记者说道："我就像一个小孩子，很容易感到无聊，但计算机让我兴奋不已。这是两个驱动性因素。……我只是喜欢制作网站，知道它能对社会有用并大获成功是一件很酷的事情。但我认为这些不是我的目标。"值得一提的是，在聊到那些促使他创建 Facebook 的因素时，赚钱似乎总是最不重要的那一个。就像他对记者说的那样："我们真正感兴趣的不是把 Facebook 卖出去。在我看来，我们当然可以赚很多钱，但那不是我们的目标。……从哈佛毕业的人都可以找到工作并赚一大堆钱，但不是每个哈佛人都能有这样一个社交网络。我更愿意将 Facebook 视为一种资源，而不是金钱。"[11]

抛开灵感不谈，真正重要的是执行计划的过程。很多人都有过创建在线社交网络的想法，而扎克伯格真的创建了一个，并且做得非常快。2004 年 1 月 11 日，扎克伯格注册了域名"thefacebook.com"。当月晚些时候，他开始编写代码，不到一周就完成了这项工作。2004 年 2 月 4 日，Facebook 正式上线，刚好赶上哈佛大学春季学期开学。该网站排版简洁、内容轻松愉快、科技感十足且生动有趣。访客会在屏幕上方看到一条巨大的蓝色丝带，上面一位不知名男子的数字化面孔逐渐变成二进制代码，右边紧接着出现一串放大的小写字母"thefacebook"。许多人误以为这个男人是年轻时的阿尔·帕西诺（Al Pacino），但最后网友们发现那是 J. 吉尔斯乐队（J. Geils Band）的彼得·沃尔夫（Peter Wolf）。而扎克伯格之所以选择蓝色作为网站的主色调，是因为他是红绿色盲。在采访时他说："对我来说，蓝色是最丰富的颜色，我可以看到所有的蓝色。"那条丝带下面写着一段欢迎信息："欢迎来到Thefacebook。Thefacebook是一个在线通信录，通过哈佛大学社交网络将大家联系起来。我们已向全校开放Thefacebook供大家使用。"这则信息意味着扎克伯格的网站只对哈佛大学的学生开放，网站由此平添了一种精英气息，用户们对网站安全感到放心，于是他们就会分享更多关于自己的信息。这是一个封闭的生态系统，用户们知道只有和他们同类的人才能看到彼此发布的信息。在欢迎页面的底部，还有一个签名区，表明该网站是"马克·扎克伯格出品"。在"关于网站"的页面上，扎克伯格称自己为该网站的"创始人、拥有者、指挥官，以及全民公敌"。他的朋友爱德华多·萨维林则被列为"商业活动、公司活动、巴西事务"的负责人。这一切看起来都很异想天开，就像扎克伯格的编程一样，像一场趣味十足的游戏。[12]

Facebook网站或许设计简单，但哈佛的学生们渴望更多的在线互动方式，于是Facebook的出现在他们当中引发了热烈的反响。短短4天内，超过650名哈佛学生注册了该网站，两周内注册人数增长到4000人。扎克伯格最初设计网站时，只允许使用harvard.edu电子邮件地址的学生注册，但他意识到Facebook在哈佛的成功能轻易地复制到其他大学，于是他很快便向别的大学开放了注册权限。2月底，Facebook在哥伦比亚大学推出，之后是斯坦福大学，然后是耶鲁大学。到3月底，Facebook已面向11所大学开放运营，共有3万名用户注册，其影响力在不断扩大。

大约在这个时候，扎克伯格对Facebook网站的性质开始有了重要的认识，那就是 Facebook 是一个社交网络，并且就像所有关系网络一样，加入的人越多就越有价值。电话是网络发展中的一个典型例子。如果镇上只有一个人有电话，他就不会觉得这是一个特别有用的产品。即使这个电话可能看起来很漂亮，甚至可以说是一项技术奇迹，但它没有什么用处，因为没有人可以与他打电话。但如果镇上的其他人开始买电话，他的电话就会突然变得有价值起来，因为他可以给街上的朋友打电话、在他最喜欢的餐馆预订位置、接到街坊或同事的电话。曾经的奇珍异宝现在已经变成了必需品。每个网络发展的关键问题都是如何将用户从一个人变成许多人。在接受《哈佛深红报》采访时，扎克伯格解释了 Facebook 用户迅速增长的重要性。他说："社交网站的本质在于，如果每个用户都能让他们的朋友加入，他们的体验感就会改善。"如此良性的增长是有利的。

春季学期结束时，Facebook 已大获成功，扎克伯格决定搬到科技中心硅谷全职从事这个项目。他与两位一直在帮助他创建公司的哈佛朋友，以及雇用的两名大一实习生一起，横跨整个美国，最后在一栋有点破旧的五居室里搭起工作室，这个房子是他在 Craigslist（一个大型免费分类广告网站）上找到的，位于名为 La Jennifer Way 的一个死胡同里。那年夏天，扎克伯格团队为了维护网站的运行，夜以继日地工作。有时候他们甚至会从中午一直工作到第二天凌晨 5 点。工作确实很辛苦，但竟然有一种宿舍生活的感觉。扎克伯格经常穿着睡衣在屋子里闲逛，这个习惯源于他最喜欢的申影《婚礼傲客》（*Wedding Crashers*）。夏末，扎克伯格得知盗版音乐网站 Napster 的创始人肖恩·帕克（Sean Parker）也住在街边，他便邀请帕克加入他们团队，和他们一起住。

Facebook 不断发展，截至 2004 年 6 月，它在美国 30 所大学内拥有 20 万用户。这一成就让扎克伯格和团队其他成员开始意识到这项事业的严肃性，公司慢慢变得更加正规化。为此，扎克伯格也做出了一个重大的决定，那就是不回哈佛读大三。由于 Facebook 的发展前景实在太好，受欢迎程度也很高，他实在无法为了重返校园而放弃这项需要全职投入的工作。

这时，扎克伯格还做了一个重要的决定——寻求风投基金。自 20 世纪 70 年代，投资公司凯鹏华盈（Kleiner Perkins）和红杉资本（Sequoia Capital）开始向科技公司提供早期投资以来，风险投资已经成为大多数初创科技公司资金来源的重要组成部分。风险投资人为它们提供所需的资金，作为回报，投资人获得这些公司的大量股份，而初创公司将这些资金投入公司起步和运营之中，无须担心短期的盈亏。如果后来公司取得成功，风险投资人就有机会获得巨额利润，从而实现双赢。20 世纪 90 年代和 21 世纪初，风险投资公司主导着硅谷的科技领域，控制着庞大的资金池。在硅谷，能获得红杉资本或凯鹏华盈等老牌风险投资公司的投资，是一种荣耀，它向世界昭示了你的想法有多么伟大。到 2004 年夏天，扎克伯格意识到，公司租用的服务器

空间不足，无法保障 Facebook 的不断发展，他需要资金来维持
网站的正常运行。于是在 8 月，他会见了硅谷最知名的风险投资
人之一彼得·泰尔（Peter Thiel）。泰尔最后向 Facebook 投资了
50 万美元，获得了该公司 7% 的股份。风险投资在塑造公司的
未来方面发挥着重要的作用。

269

2004 年夏天，扎克伯格决定在特拉华州提交文件，注册
TheFacebook 公司，将 Facebook 网站正式变成一家公司，而这
一行为引起了很多争议。当年早些时候，扎克伯格邀请他的朋
友兼合作伙伴爱德华多·萨维林在佛罗里达州成立 Facebook 有
限责任公司（TheFacebook, LLC）。其中，扎克伯格持有 65% 的
股份，萨维林持有 30% 的股份，扎克伯格的室友达斯汀·莫斯
科维茨（Dustin Moskovitz，他后来一直帮助扎克伯格编写网站
代码）持有 5% 的股份。但是，尽管萨维林持有公司很大一部
分股份，他却没有和其他成员一起来到加利福尼亚州。当年夏
天，两位创始人在公司发展及其需求方面出现分歧，两人之间
的关系变得越来越紧张。在随后的几个月里，扎克伯格认为不
能让萨维林继续担任公司的大股东。为此，他让律师准备了一
份文件，大大稀释了萨维林在新成立的特拉华州分公司中的股
份。他写给律师的电子邮件后来被泄露给了媒体，邮件中扎克
伯格明确表示了他欺骗的意图："有没有什么办法可以将他的股
份稀释到 10%，却不让他感到伤心痛苦？"扎克伯格的律师警告
他，如果他继续下去，萨维林有可能会起诉他违反信托责任原

则。尽管如此他还是这么做了。果不其然，当萨维林知道事情原委后，很快起诉了扎克伯格。经历了漫长而复杂的法庭斗争之后，萨维林得到 Facebook 公司的大量股份作为赔偿。公司一上市，他就成了亿万富翁。[13]

Facebook 早期遇到的另一个问题是隐私。FaceMash 网站的失败表明，人们十分在意谁能看到他们的个人信息，以及其他人会如何使用这些信息。扎克伯格也明白，保护用户发布信息的隐私至关重要。他在接受《哈佛深红报》采访时说，自己已经在 Facebook 网站上提供了大量的"隐私保护选项"。他说道："你可以规定谁能看到你的信息，例如可以只让在校学生、同龄人、家人或是同班同学看到你的信息。你也可以限制搜索，只让朋友或朋友的朋友能够查找你，总之你可以很好地掌控谁能看到自己的信息。"[14]

然而，现实却并非如此，Facebook 网站掌握着越来越多美国大学生的信息，这些信息如何处理也不清楚。在网站上线后不久，扎克伯格发的一条即时消息显示了这个问题的严重性。

扎克伯格：如果你需要某位哈佛学生的信息。

扎克伯格：在 Facebook 上面搜索就行了。

扎克伯格：这里有数量超过 4000 的电子邮件、照片、地址和短信息。

[朋友]：啊？你是怎么做到的？

扎克伯格：人们只管提交。

扎克伯格：我也不知道为什么。

扎克伯格：他们就是"信任我"。

扎克伯格：真的太蠢了。[15]

然而，在上线后的头几个月里，Facebook 就饱受争议。但尽管如此，它的用户仍在不断增加，截至 2004 年 12 月，Facebook 已有 100 万用户。2005 年 3 月，Facebook 在帕洛阿托的埃莫森街（Emerson Street）建立了第一间真正意义上的办公室。至此，Facebook 从风险投资公司阿克塞尔合伙公司（Accel Partners）筹集了 1290 万美元，获得了更多的资金来源，后来公司的市场估值高达 1.98 亿美元。2005 年，公司还改了名字，不再叫"TheFacebook"，而是 Facebook。

Facebook 公司在头几年里不断扩张，形式非常奇特，这在几十年前是难以想象的。它不卖香料、汽车或火车票，因此不用建造大工厂和四通八达的铁路网，更不用缩短组装时间。相反，它只想不惜一切代价让更多人注册并使用自己的免费网站，增加每日活跃用户数量。

在 20 世纪的硅谷，这种过度追求增长是技术驱动资本主义的一大特征，其主要有两个驱动因素。一是规模经济的概念。长期以来，经济学的一个基本原则是商品的制造成本随生产数

271

量的增加而降低。如果一家汽车工厂雇用熟练工人，就更容易将产量从每天生产一辆提高到两辆，也就是说汽车生产成本会随着汽车生产数量的增加而减少。在一个世纪前，亨利·福特就意识到了这一点。然而，计算机和互联网的出现为这个观点赋予了全新意义。就拿创建网站来说，如果想要吸引更多注册用户，就得选择向大众免费开放，Facebook 就是如此。它可以服务世界上所有的人，基本不需要额外成本，只需要说服人们花时间浏览这个网站。

许多风险投资公司为旧金山有前途的初创公司提供资金，使得用户增长情况越来越受到关注。慢慢地，风险投资的战略主要是追求超额回报，也就是在新市场上快速建立垄断地位。当然，这种战略并不总是奏效的，以低投入获取高回报并非没有风险。不过正如一位风险投资人所说："失败也没关系，损失最多是原资本的 1 倍。"每隔一段时间，巨大的意外之财就会抵消这些高风险的赌注。即使大多数投资失败了，每隔几年总会有一两笔投资成功，并弥补所有的亏损。正是在这一理论支撑下，风险投资一直在关注被称为"独角兽"的公司，也就是那些拥有神奇商业模式、估值在 10 亿美元以上的罕见初创公司。[16]

因此，在硅谷文化和风险投资的双重浸染下，Facebook 将用户增长视为第一要素的行为也就不足为奇了。扎克伯格向新员工明确表示，公司的首要任务是找到吸引新用户的方法。一位早期的公司员工谈到扎克伯格对用户增长的重视时说："扎克伯格说他对吸引不了新用户的那些功能不感兴趣。"扎克伯格后来为自己这个决定辩护，认为用户增长符合用户的最大利益。他说："用户增长是唯一重要的优先事项，我觉得你们可以换个角度来看待问题，我们想要促进用户增长是因为增长有自己的方向。然而人们使用社交产品是为了与他人互动，我们能做的最有价值的事就是确保他们所关心的人在使用这项服务。"用户希望他们的朋友也在这个网站上，所以扎克伯格有义务满足他们的需求。只有其他人都在网络上，网络才会发挥作用。[17]

推动用户增长的一种方法就是让新用户进入网站。最初Facebook只对哈佛大学的学生开放，后来又向斯坦福大学和常春藤盟校开放，之后又向其他大学开放。到了2005年11月，Facebook已向全美2000多所大学开放，超过85%的大学生注册了Facebook账号。Facebook在包揽大学市场后，转向了高中市场。2006年底，Facebook总结到：任何人都可以加入Facebook。扎克伯格在接受采访时谈到了Facebook的"开放注册"（Open Reg）："这一转变的结果超乎我们的想象，'开放注册'上线仅一周，我们的用户从每天不到1万人增加到每天6万到8万人，并且还在迅速增加。"[18]

不过，Facebook为了推广，在用户间的互动方式上做出了重要改变。起初，用户不能浏览其他学校学生的个人信息，比如哈佛大学和耶鲁大学的学生可以和其他同校学生联系，但两校间的学生不能互相联系。然而，Facebook网站在2005年向高中开放后，这一政策就变了，人们可以与自己学校以外的人联系。对此，人们担心私人信息也许会公之于众，父母可能会偷看孩子的帖子，雇主可能会发现面试者的尴尬照片。尽管如此，公司还是执行了改变后的政策。扎克伯格非常注重确保新用户不断涌入 Facebook 网站，他对"开放注册"影响用户对网站看法进行了思考，还在笔记本上写下了潦草笔记："不管网站是否真正安全，什么才能让它看起来很安全呢？"[19]

想要促进用户增长不仅需要更开放的网络生态系统，还需要更优化的网站，这就意味着要增加新的、更好的功能。2005年，因为有了阿克塞尔公司的投资，Facebook 开始扩招工程师和程序员，大多数新员工是刚毕业的大学生或在大公司工作一年的人。他们很快就适应了 Facebook 的公司文化——速度先于精度。当时，大多数科技公司推出的新代码要经过数月的工作和多层审查，而 Facebook 一天却能推出好几个，这一速度前所未闻，但是其代码也经常出错。工程师们经常把网站搞崩溃，以至于后来形成了一个传统，每当他们把网站搞崩溃，公司会向整个工程团队发送一封电子祝贺邮件："祝贺你！你把网站弄垮了，说明你进展很快！"公司因为高度关注项目发展速度也催生了一个口号，后来成为硅谷的口头禅。2009年10月，扎克伯格在接受 Business Insider* 的采访时说，自己给网站开发员工的

---

*   美国知名科技博客、在线新闻平台。

主要指示是"快速行动，打破常规"，"只有打破了一些东西，才能显示出你的速度够快"。很快，"快速行动，打破常规"就被印在海报上，贴在办公室各处，提醒大家速度很重要。[20]

过度追求速度导致网站做出了一系列令人眼花缭乱的改变，其中有些改变十分肤浅。比如2005年，公司用一条蓝丝带替换彼得·沃尔夫的图像，然而这条丝带却是从私募股权投资公司凯雷集团（Carlyle Group）的网站上复制过来的。另一些改动则触及了核心问题——用户如何体验社交网络。2005年10月，Facebook开始允许用户将照片上传到网站上，不仅是一张个人资料图片，还可以添加照片，标记出现在这些照片中的其他朋友，让这些照片成为网站上的公共记忆。2006年9月，Facebook上线"动态消息"（News Feed）功能，可以显示好友最近发布的照片或评论。动态消息功能的目的是提高用户参与度，因为在动态消息功能上线之前，如果不点击别人的个人主页，根本无法知道别人在做什么、说什么。Facebook的首席技术官亚当·迪安杰罗（Adam D'Angelo）说："花大量时间点击别人主页对人们来说是一件效率很低的事情。"当然，有了动态消息的想法之后，还有一个问题，那就是如何组织这些动态消息：让用户最先看到什么？是只显示最新的帖子，还是先显示上传的最新照片，或是优先显示最近没有更新的用户的帖子，抑或是优先显示那些标记用户的帖子？所有这些都是解决问题的可行方法，需要Facebook团队做出选择和决定。扎克伯格在笔记本中写道：

"这一切背后的组织原则应该是趣味性。"[21]

然而，对 Facebook 的未来而言，更重要的也许是在公司内部做出改变。一直以来，扎克伯格专注于研究用户增长，总是担心用户增长速度不够快，用户活跃水平降低。于是在 2007 年，为了找到有效方法来吸引更多用户访问 Facebook 网站，扎克伯格在公司内部创建了一个名为增长圈（Growth Circle）的小组。该小组一经建立就迅速成为公司内部最强大的团队，还被扎克伯格认为是公司创立以来"最重要的产品特色"。增长圈小组甚至创建了"月活跃用户"指标来衡量是否成功。如果一个人每月至少访问一次 Facebook 网站，就可以认为该用户活跃度很高。于是，月活跃用户成为公司重点关注对象。增长圈小组的一位成员在接受采访时表示："真正需要考虑的是公司的目标是什么，也就是公司要完成什么样的指标。公司的每个人都在思考这个问题，思考如何行动，以推动产品朝着指标方向发展。扎克伯格让全世界都开始关注 Facebook 月活跃用户数量。"[22]

增长圈小组一旦确定了衡量成功的指标，就会寻找改进方法。小组对消费者心理和互联网应用进行了研究，还收集了大量数据来分析其中的模式。早期的一个发现是，如果创建账号的新用户没有迅速找到自己朋友的话就会离开，且不会再回来。2008年，为了解决这个问题，Facebook 网站增加了一个"你可能认识的朋友"（Friends You May Know）的功能，提醒用户把新朋友加入自己的好友列表中。该功能还允许 Facebook 下载用户的电子邮件地址簿，然后向尚未拥有 Facebook 账号的用户发送好友请求。另一个重要变化是，公司进行的一项名为"激励我：激励社交网站中的新用户贡献"的研究得出结论，隐私限制往往会降低社交网络的参与度。因此，2009 年，增长圈小组推出了一项新的服务条款协议，将用户的默认设置从只与朋友分享他们的活动改为与所有人分享。Facebook 的隐私主管对此强烈反对，认为这违反了隐私法，即进行重大条款变更之前需征得用户同意。然而，增长圈小组最终如愿以偿，通过了新的服务条款。[23]

用户群的快速扩大，再加之新功能和结构的快速部署，引发了一连串意想不到的后果。"你可能认识的朋友"这一功能给用户带来了一系列惊人的发现：一个女孩收到了来自久未谋面的父亲的情妇的添加好友申请；性工作者收到客户发来的添加好友申请；看同一个精神科医生的人也会互相收到好友申请。动态消息功能的一些设定也令人不安，例如可以实时收到关于朋友和网络的通知。在动态消息功能上线之前，不点进用户主页就无法看到更改的关系状态，因为更改状态不会通知好友。而现在，用户一旦更改状态，朋友们都能从动态消息里看到，例如某某刚刚从"恋爱中"变成了"单身"。这种公开分手可能会让人感到耻辱和不安，尤其是在恋爱中的一方不知道这件事被公之于众的情况下。于是，一群学生发起了一个名为"反对 Facebook 动态消息"的 Facebook 小组，要求 Facebook 关闭动态消息功能，成千上万的用户也对此表示不满。《时代》周刊就此写了一篇报道。虽然收到很多抱怨，公司却发现人们开始在 Facebook 网站上花费更多的时间。扎克伯格发表了一篇轻蔑的博客文章，题为《冷静下来，深呼吸，我们能听到你的呼声》（Calm Down. Breathe. We Hear You.）。他说："我们同意：跟踪并不酷，但能够了解朋友的生活到底发生了什么也挺……你可以更改隐私设置，这样就能更舒适地使用 Facebook。"也就是说，用户只要花点时间熟悉网站的隐私功能，就不会如此心烦意乱。Facebook 后来推出了一个新的隐私工具，让用户控制动态消息中显示的内容，虽然没有被广泛使用，但也逐渐平息了喧嚣。[24]

在 Facebook 势不可当的崛起过程中，这些事故都只是一时的变故。截至 2008 年初，Facebook 网站拥有 1 亿用户，7 个月后高达 2 亿用户，到了 2012 年这一数字更是突破 10 亿大关。Facebook 由此成为世界上最大的社交网站。

现在 Facebook 只剩一个问题要解决，那就是如何赢利。Facebook 已成为非常受欢迎的网站，甚至是一股占据主导地位的社会力量。但归根结底，Facebook 是一家公司，它必须赢利。对于一家有着数亿活跃用户的公司而言，赢利似乎是一个简单的问题。可与之前的公司不同，Facebook 免费为用户提供服务。用户可以免费注册、登录、玩游戏、更新内容或每天花几个小时浏览好友主页。而 Facebook 却需要支付工程师和服务器的费用，同时还要给风险投资人分红。那么 Facebook 是如何将其变成可持续商业模式的呢？

这个问题的答案就在于 Facebook 所说的"商业化"。由于扎克伯格坚持为用户提供免费服务，想要实现商业化唯有进行广告投放。2006 年夏，Facebook 聘请斯坦福大学工商管理硕士蒂姆·肯德尔（Tim Kendall）担任公司商业化战略的负责人，让他制定公司的广告战略。肯德尔的首个成就是与微软公司达成协议，授予微软在 Facebook 上向第三方出售广告的独家权力。接着在 2007 年夏，肯德尔进一步创建了一种全新的广告形式，即他所称的"社交广告"。肯德尔说："Facebook 网站让人们了解朋友的情况，因此，当广告中有朋友的相关信息时，通过朋友的视角来了解产品和服务似乎是可行的。"在肯德尔的努力下产生了灯塔项目（Beacon），开启了广告的新时代。[25]

扎克伯格在宣布灯塔项目时表示："每隔 100 年，媒体就会发生变化。过去 100 年由大众传媒定义，在接下来的 100 年里，信息将不仅仅涌向人们，还将在数百万个网络中共享。"灯塔项目背后的理念很简单：如果朋友告诉用户去买某样东西，或者推荐用户购买，那么他们购买的可能性就更高。扎克伯格说："人们互相影响，没有什么比值得信赖的朋友的推荐更具影响力的了，可信的推荐比最好的广告更能影响人，因此值得信赖的推荐称得上是广告中的'圣杯'（Holy Grail）。"然而，广告的"圣杯"远没有表面上那么圣洁。基于灯塔项目，Facebook 与托管监视器或灯塔的第三方网站进行合作，用户在这些网站购买东西后，灯塔就会把这一信息发送回Facebook，并分享在用户朋友的动态消息里。这一设计的目的是复制现实世界中的那种口口相传，就好比你参加聚会时，看到主人有新款高压锅，于是自己也想买一个。比起看见一般的广告，看到朋友买了什么东西，会更刺激人们的购买欲。但同时，灯塔项目也引发了一场争议风暴。比如有用户刚在网上买了订婚戒指，几分钟后就接到了朋友打来的祝贺电话。一些用户认为他们的隐私受到了侵犯，为此起诉了Facebook。最后，Facebook取消了灯塔项目，扎克伯格也为此道歉。[26]

　　为了弥补这些过失，扎克伯格决定尝试一些新的东西。2008年春，他任命雪莉·桑德伯格（Sheryl Sandberg）为新任首席运营官，并让她负责制定Facebook的商业化战略。桑德伯格在Facebook迅速引起了轰动。在上任第一天的信任入职培训中，她便反其道而行。她没有接受培训，而是向与会者发表了一场关于商业化的演讲。她认为广告是一个"倒金字塔"，塔底的根基便是满足需求：人们有购买欲望，并付诸行动去寻找。而广告便是满足该需求。这算是唾手可得的"肥肉"，毕竟有需求就有买卖。谷歌擅长将需求实现商业化。但若想"满足需求"，也得等顾客有购买欲时才能向目标客户推广。桑德伯格解释说，Facebook谋划了更大的棋局，要在"倒金字塔"顶端尚未开发的广阔领域有所作为，即创造需求。正如她后来所言，Facebook的最佳战略是"在你知道你想要什么、对什么感兴趣之前催生需求"。[27]

桑德伯格把 Facebook 变成了创造需求的绝佳工具。大多数时候，人们上网是为了查阅特定信息，而当他们浏览 Facebook 时，会想要了解更多，因此广告信息的接受度就变得更高。桑德伯格在接受采访时表示："你看 Facebook 是为了向别人介绍自己，并了解其他人对什么感兴趣。而当你不断搜索时，有些小公司便能投些小钱来找到你这个目标客户。"上述情况不局限于小型公司，可口可乐、星巴克和其他大型零售商也可在 Facebook 上发布广告。桑德伯格告诉一位采访者："温迪·克拉克（Wendy Clark，可口可乐公司的营销主管）有句名言，她声称能让可乐消费者对产品如饥似渴……只要口渴了，大家便会想到可乐，因为可乐日日出现在他们的 Facebook 动态中，已是其生活的一部分。可想而知，广告对营销人员来说有多重要。"桑德伯格的战略效果立竿见影，Facebook 的广告收入从 2009 年的 7.64 亿美元飙升至 2010 年的 19 亿美元，2011 年又飙升至 31 亿美元。10 年后，当 2018 年 4 月 10 日扎克伯格出席参议院的国会听证会时，奥林·哈奇（Orrin Hatch）问他："您是如何坚持用户不付费的商业模式的？"扎克伯格回答说："参议员，我们靠广告赚钱。"[28]

除了制定 Facebook 的商业化战略，桑德伯格还对企业文化进行了微妙但彻底的改变。在桑德伯格加入之前，Facebook 像是由一群孩子组建的。扎克伯格在 19 岁时创建 Facebook，早期雇用的大多员工和他年龄相仿（大多是他的大学同学）。桑德伯格入职时，扎克伯格才 23 岁，38 岁的桑德伯格可以说是公司里的成年人。而下属们有时则受不了桑德伯格的成熟做派，一名员工曾将与桑德伯格的会议戏称为"雪莉的最高法院"。她曾把所有团队召集到一起，让他们坐在地板上讨论突发事件的解决方案。另一名员工说："我们当中的很多人都是孩子，不知道如何管理成员，也不懂如何细致入微的沟通，但桑德伯格会把这些事情都安排好，这让 Facebook 变得更成熟。" [29]

凭借可持续发展的商业模式、庞大的用户群以及科技界的顶尖人才，Facebook 似乎已经解决了所有的问题。2012 年 5 月 17 日，Facebook 进行了首次公开募股，公司估值为 1040 亿美元，这是有史以来最大的估值，也是 Facebook 胜利的终极标志。在纳斯达克（NASDAQ）的敲钟仪式上，刚刚成为亿万富翁的扎克伯格兴奋得喘不过气来。他说："在过去的 8 年里，你们建立了世界历史上最大的社区，这些壮举是我们做梦也想不到的，未来将如何再创辉煌，让我们敬请期待！"

然而，并不是所有员工都看好公司的这种改变。在许多人看来，Facebook 聚焦于快速增长及商业化战略是一场针对人类的大型实验。一个与世界时时相连的社交网络会对其用户做些什么？它将如何运行？当公司的优先事项与用户的优先事项发生冲突时，该怎么办？还有一些人对 Facebook 的新发展方向持悲观态度。Facebook 广告部的一位产品经理表示："许多人每天要刷几个小时的 Facebook……却忽视他们周围的环境、妻子恳求的目光、孩子的关注等，把精力都耗在了廉价的广告上。而这些广告就像雨点汇成河那般，逐渐为 Facebook 积累了大量收入。"另一名早期员工抱怨说："我们这一代最聪明的人都在思考如何让人们点击广告。这也太差劲了。……如果他们把完善的基础设施用于解决重大科学问题，而不是用于让人们点击广告，今天的世界会有什么不同？"就连搬进扎克伯格在帕洛阿尔托第一所房子的"Facebook 传道士"肖恩·帕克也认为，Facebook 推出了一款危险的产品。在 2017 年 11 月的一次采访中，他表示：

> 构建这些应用程序（尤其是 Facebook）的思考过程是："我们如何才能尽可能多地消耗人们的时间和有意识的注意力？"这意味着我们需要每隔一段时间就给人们一点多巴胺，通过点赞评论照片、文章或其他方式来激励人们发布更多的内容，获得更多的点赞和评论，这是社会认可的反馈循环，也正是像我这种计算机高手才会想出的东西，充分利用人类的心理弱点。我、马克（扎克伯格）、Instagram 的凯文·斯特罗姆（Kevin Systrom）都可以说是这样的发明家、创造者，我们都意识到了这一点，也充分利用了这一点。[30]

隐私和社交媒体注定是一对奇怪的伙伴。人们最初使用 Facebook 这样的社交媒体软件，是因为他们愿意放弃隐私，去了解别人并被别人看到。与此同时，人们也希望他们分享的信息只对他们选择分享的对象可见，即他们的帖子、照片和活动对整个世界是私密的，只对他们的朋友公开。这就产生了矛盾：为了和朋友分享东西，你必须把这些东西交给一家公司。人们能相信这家公司会正确对待自己的私密信息吗？正确的做法究竟是什么呢？这个问题极难解决。

282　　要了解这个问题，只需看 Facebook 是如何处理发布在该网站上的攻击性内容即可。在 Facebook 总部，内容审核一直是重中之重。在最初的几年里，Facebook 有一个小规模的内容审核团队，他们中的大多数人只接受了半小时的培训。团队并没有一来就拟定规则列表，列出什么是令人反感的内容，而是在一次又一次危机中摸索前行，被迫制定这些规则。他们的经验法则之一是"三振出局"，即用户如果发布三次令人反感的内容，该用户就会被禁止访问 Facebook。另一条则是"丁字裤规则"，意思是如果图片中有丁字裤，会被判定为色情内容而被撤回。不过内容审核人员处理投诉的方式还有很多不足之处。最初，当团队收到关于照片的投诉时，审核人员会登录投诉人的账号，查看并确定照片是否有违规之处。如果照片确有不妥，审核人员随后会切换登录发布者的账号删除照片。截至 2005 年底，审核团队只有 20 人左右，执行保存在共享 Word 文档中的审核指导方针，而这对于一个有着数百万用户的网站来说是远远不够的。因为不论是高中生，还是罪犯、黑客，任何人都可以访问网站并发帖。2007 年，纽约总检察长在 Facebook 上发起了一次突击行动，让调查人员创建一个未成年女孩的假账号，短短几天内，他们就收到了性侵者的暗示性信息。[31]

另外，一些用户抱怨 Facebook 在删除内容方面过于活跃。2008 年，一些支持母乳喂养的母亲在 Facebook 总部外举行抗议活动，要求 Facebook 停止删除母乳喂养的照片。Facebook 则辩称，公司的政策是禁止照片中出现乳头或乳晕。母乳喂养支持者并不满意该回复，他们在后续几年里继续抗议活动，导致 Facebook 需定期明确关于母乳喂养照片的政策。由于难以划清越来越微妙的界限，Facebook 最终于 2012 年在菲律宾设立了一个审核中心，大批内容审核人员每天都会对上传到该网站的数亿张照片进行审核。[32]

但内容审核只是冰山一角，该公司面临的更普遍的问题是，如何决定谁有权访问用户的信息。这场争论的一个重要转折点出现在 2007 年，当时 Facebook 开始允许开发人员直接在其网站上构建服务。该项目名为"开放平台"（Platform），允许外部公司和开发人员直接在 Facebook 网站上创建游戏、测验、投票和其他形式的内容。由于 Facebook 是一家社交媒体公司，分享是这些服务不可或缺的一部分。人们可以在该网站上竞赛，分享成果，或与朋友互动。

扎克伯格创建开放平台的初衷在于吸引更多人注册 Facebook，他最喜欢的应用程序是 Causes，人们可以在这里建立社区，解决气候变化或全球饥饿等公共问题。Zynga 是开放平台的一家游戏开发商，其创始人马克·平卡斯（Mark Pincus）表示："他们的愿景是 Causes，觉得开放平台会让我们展现出最好的自己。"虽然 Causes 吸引了一些关注，但 Facebook 发现，"杀手级"应用都是无须动脑且耗时的游戏。其中最受欢迎的是一款名为 Farmville 的游戏，玩家可以在游戏中管理农场、播种和饲养牲畜。而这款游戏设定，庄稼和牲畜到后期会需要越来越长的时间才能成熟和长大。不过他们可以花钱让庄稼和牲畜长得更快，且事实证明，花钱加速非常受人们欢迎。游戏开发商 Zynga 为此获得了巨额利润，以至于平卡斯隐瞒了 Zynga 的收益。平卡斯后来解释道："我的客户是印第安纳州的中年女性，她们不再看肥皂剧，开始玩 Farmville。她们中的一些人每个月会在我们的游戏中充值数千美元，但我不想让这个消息传出去。"据平卡斯估计，到 Facebook 上市时，Zynga 的营收约占 Facebook 总营收的 20%。[33]

　　然而，游戏和其他应用程序需要从 Facebook 获取一定数量的用户信息，因此出现了一个两难的问题：究竟哪些信息可以共享。毕竟，一个用户可以在 Facebook 上看到很多其他人的信息，包括自己的、和朋友分享的信息等。这样一来，如果用户选择使用某应用，该应用能访问所有信息吗？即使用户的朋友并没有同意。扎克伯格倾向于应用程序可以访问更多的信息。Facebook 的一位高管在谈到这个思考过程时说："关于分享哪些数据，我们思虑良多，马克有一个非常厉害的想法，即'我们需要分享这些数据，以便其他开发者能够开发出像 Facebook 一样好的东西'。那时候 Facebook 还是一家小公司，所以它需要向开发者提供这些数据，让平台变得更受欢迎。" [34]

最后，Facebook 决定让用户自己来解决这些问题，每当用户访问 Facebook 上的应用时，他们都会看到一个授权对话框，说明该应用需要访问某些数据，如名字、朋友列表、照片和点赞，且默认共享给应用程序的信息会随着时间的推移而改变。但最初，限制访问权限主要由用户决定，因此应用程序开发者往往会获得大量信息，包括用户姓名、性别、好友和头像等基本信息，但通常也会包括更详细的内容，如发帖位置、关系状态、点赞、帖子等。它甚至允许用户在未经朋友同意的情况下分享其朋友的信息，如状态更新和兴趣爱好。[35]

Facebook 的员工开始对公司收集的大量用户数据感到担忧。在公开募股前，曾负责解决 Facebook 隐私问题的一名员工在《纽约时报》上发表了题为《我们不能相信 Facebook 会自我监管》（We Can't Trust Facebook to Regulate Itself）的专栏文章。她写道："我从公司内部看到的是，Facebook 会优先收集用户的数据，而不是保护这些数据免遭滥用。"Facebook 的开发者平台允许第三方访问用户的隐私信息，一旦他们获得数据，便可以用这些数据做任何想做的事情。作者讲述了一个开发者使用 Facebook 数据生成儿童档案的例子，当她打电话给该公司时，对方声称遵守了 Facebook 的数据政策，但没有办法证明该情况

285

是否属实。开发者得到这些数据，Facebook 却无法知道他们用这些数据做了什么。当专栏文章的作者开始向 Facebook 施压，要求公司对如何处理用户数据信息做出详细说明时，Facebook 的高层阻止了她。Facebook 的一名高管收到建议对开发者使用用户数据进行彻底审查后，他回答说："你真的想看看真实的情况吗？"[36]

另一个问题是 Facebook 如何处理其用户数据。2012 年，Facebook 的研究人员对该网站是否会影响人们的情绪进行了研究。结果不出所料，名为《通过社交网络大规模情绪传染的实验证据》（Experimental Evidence of Massive-Scale Emotional Contagion Through Social Networks）的研究报告发现，Facebook 确实会影响人们的情绪。文章开篇就直截了当地写道："我们通过 Facebook 上的一个大型实验（$N=689003$）发现，情绪状态可以通过情绪传染传递给其他人，导致人们在不知不觉中体验到相同的情绪。"这里的字母 N 指 Facebook 进行实验的用户数，即 689003 人。他们进行实验的方式更令人惊讶：研究人员在用户不知情的情况下，调整了用户界面的动态消息，以隐藏正面或负面的帖子。结果，（通过用户在自己的帖子上分享的内容来判断）用户倾向于让自己变得更积极或更消极。但是，一家大公司为了看看会发生什么而玩弄数十万人的情绪，这引起了用户的强烈不满。雪莉·桑德伯格被迫为这场风波道歉，她说："各公司正在进行不同产品的测试，情绪测试是其中一部分，这便是事情的原委。但遗憾的是，我们事先没有解释清楚。对此，我们深表歉意，我们从未想过要惊扰用户。"[37]

一开始，人们并不清楚为什么收集这些数据很重要，毕竟谁会在意外人是否能看出你是某个大学同学的朋友，或者是否点赞了可爱猫咪的照片呢？但到了21世纪第一个10年，社会开始明白，一种范式转变已经出现。Facebook和其他社交网络不断侵犯我们的个人隐私，公司现在可以访问每个人的海量信息缓存，并将这些缓存用于越来越多的目的。2016年，一篇新闻报道称，某组织收集了对"黑人生存问题"感兴趣的Facebook用户的数据，并将这些数据卖给警察部门（该组织后来被取缔）。ProPublica（自称独立的非营利新闻编辑部，为公众利益进行调查报道）还发现，Facebook的广告选项让业主进行种族歧视和性别歧视，这违反了《公平住房法》（Fair Housing Act）。住房和城市发展部后来就这一做法起诉了Facebook。

Facebook应对隐私的方式和应对网站上其他所有事务的方式一样，即"快速行动，打破常规"。Facebook会迅速推出一些做法，看看其效果如何，然后解决其产生的问题。2011年，在Facebook的隐私政策受到越来越多的诟病之后，扎克伯格或多或少地承认了这一点。他在接受采访时表示："我认为，无论与隐私相关与否，每当我们做出如此重大的改变时，我们应该明白，一些人会喜欢这样的改变，另一些人则不会。因此我们会推出新的东西，给那些想要尝试的人机会，接着我们会花一段时间根据市场反馈进行调整，并持续推进。"[38]

这种"快速行动，打破常规"的策略，对于一家小型初创公司来说风险重重，更不用说这是一家市值 1000 亿美元、掌握着数亿用户数据的大公司。

但在 2016 年大选之前，没有人知道这种做法到底有多危险。

Facebook 能左右选举吗？

2010 年，Facebook 的一组研究人员决定找出答案。当扎克伯格第一次推出他的交友网站时，若说该网站可能会影响民主似乎很荒谬。但到了 2010 年，这个说法不但不荒谬，还似乎非常合理。Facebook 的每名员工早就明白，公司现有的产品能直接影响人们的交流、行为甚至感受。随着 Facebook 的用户数量从几千增长到数十亿，这些影响的程度变得难以估量。

为了回答这个问题，Facebook 的研究人员进行了一项关于美国 2010 年中期选举的实验。这项实验采用了随机对照试验的形式，研究人员将 6100 万（不知情的）用户随机分配到不同小组，并对他们进行不同的处理。第一组为"社交信息"组，研究人员在他们的动态消息顶部显示鼓励投票的宣传文案，并展示了其他参加投票的朋友的照片。第二组为"信息"组，研究人员向他们展示同样的文案，但没有展示任何关于其朋友投票的信息。最后一组为"对照"组，研究人员则不进行任何处理。实验设置好后，研究人员静待结果。当结果陆续显示时，研究人员对"社交信息"的影响程度感到震惊。收到朋友投票信息的"社交信息"组的人，投票的可能性比"信息"组的人高0.4%。有趣的是，"对照"组和"信息"组的投票率大致相同。换句话说，让他们投票的原因是看到了朋友投票，而不是看到随处可见的"去投票吧"的呼吁。研究人员估计，社交信息使选民投票数增加了34万。2012年，研究人员在《自然》（*Nature*）杂志上发表了题为《一项6100万人的有关社会影响力和政治动员的实验》（A 61 Million Person Experiment in Social Influence and Political Mobilization）的文章，介绍了他们的研究成果。[39]

这是一个爆炸性的发现。研究人员并没有发现这些人是如何投票的，他们也许倾向共和党，也许倾向民主党，但几乎可以肯定的是，他们影响了最终的投票总数，使之倾向于两党中的某一方（想要完美地追踪额外选民的投票比例，是不可能的）。许多观察人士大喊违反规则，认为一家科技公司拿美国公民做实验，看其算法如何影响人们是不合适的。Facebook已经表明自己并不值得信任。政客、政府、黑客，甚至潜在的敌国，将来都有可能为了达成自己的目的而利用Facebook这个平台。更重要的是，如今数十亿人只通过Facebook这一家科技公司进行互动、获取新闻，似乎没有办法破解这个难题。

所有这些问题都在2016年美国大选中达到了顶峰。共和党候选人唐纳德·特朗普（Donald Trump）和民主党候选人希拉里·克林顿（Hillary Clinton）在2016年的竞选是近年来最尖锐、最分裂的竞选［仅次于 2020 年特朗普和约瑟夫·拜登（Joseph Biden）之间的竞选］。竞选双方都最大限度地利用了社交媒体，通过 Facebook 和 Twitter 扩大其影响力。但不得不说，特朗普与其竞选团队在社交媒体营销方面比克林顿更胜一筹。Facebook 当时的广告主管罗布·戈德曼（Rob Goldman）对特朗普竞选团队做出评价："从各个方面来看，他们使用 Facebook 的方式都有所不同，包括他们衡量结果的程度、使用的创意类型、预算的时机、定位方式等。他们借鉴了我们的最佳做法，并将其付诸实施。"特朗普的竞选团队比克林顿的竞选团队更了解数字消费者，并成功利用了这一点，其在 Facebook 上投入的资金比克林顿的竞选团队多得多。[40]

　　此外，在 2016 年大选中，阴谋论和极端主义言论明显增多。种族主义、性别歧视和许多其他形式的仇恨无处不在，这些往往是由特朗普本人推动的。Facebook 在制造问题方面又一次发挥了作用。2016 年 5 月，一群保守派评论人士指责 Facebook 在设置"热门话题"（Trending Topics）功能时存在政治偏见，该功能向用户展示了经过精心策划的新闻故事。在 Facebook 的工作人员筛选这些文章的时候，许多保守派认为，他们这样做有意或无意地支持了自由派的事业，而牺牲了保守派的事业。为应对这些批评，Facebook 用算法取代人工，让计算机代码来决定展示哪些主题。很快，右翼故事和虚假信息占据了这个版块。后来的研究揭示了原因，假新闻在社交媒体上的传播速度要比真新闻快得多，传播范围也更广。例如，Twitter 上转发虚假新闻的概率比真实新闻高出 70%。Facebook 的研究人员发现，在该网站上加入极端组织的人有相当大一部分受到了 Facebook 推荐的影响。[41]

不过，与此同时，外国的情报机构也盯上了 Facebook。Facebook 并非完全没有意识到外国对手可能会力图干预选举。在竞选期间，Facebook 在华盛顿的办公室甚至成立了一个"威胁情报"团队，用以追踪竞选期间的间谍活动和恶意软件。2016 年初，该团队有了一个令人不安的发现，即与外国军事情报机构有关的几个账户已经开始在 Facebook 上搜索政府工作人员、记者和克林顿竞选团队中的民主党人士。Facebook 向美国联邦调查局（FBI）汇报了这一举动，但网络间谍活动并没有停止。后来，这些账户在 Facebook 上创建了一个名为 DCLeaks 的页面，用以传播黑客们窃取的民主党全国委员会令人尴尬的电子邮件。该页面名义上是由一个叫爱丽丝·多诺万（Alice Donovan）的人创建的，但特别检察官罗伯特·穆勒（Robert Mueller）随后的调查发现，它实际上是由外国情报机构官员阿列克谢·亚历山大罗维奇·波将金（Aleksey Aleksandrovich Potemkin）创建的。

外国势力对美国大选进行这些网络攻击似乎并不是为了让某位候选人当选，而是为了在美国公众中传播尽可能多的仇恨、愤怒，甚至是暴力。例如，2016 年 5 月，外国黑客在得克萨斯州休斯敦的一个伊斯兰中心策划了一起暴力对抗。起初，这些黑客创建了一个名为"得克萨斯之心"（Heart of Texas）的账号，迎合那些支持枪支自由、烧烤和分离主义的得克萨斯爱国主义者，并宣布该组织将于2016年5月21日在伊斯兰中心举行集会，以"阻止得克萨斯州伊斯兰化"（Stop Islamification of Texas）。该组织还建议成员携带枪支。与此同时，这些黑客还创建了另一个针对傲慢的美国穆斯林的名为"美国穆斯林联盟"（United Muslims of America）的账号，向该群体宣布他们将在同一天在同一个伊斯兰中心举行一场集会，以"拯救伊斯兰知识"（Save Islamic Knowledge）。于是，在5月21日这一天，这两伙人都出现了，准备为自己一方挺身而出。幸运的是，那天没有发生暴力事件，不过在这几个小时里，十几名举着联邦旗的公民和人数稍多一点的穆斯林及其支持者在两条相对的人行道上互相呼喊。还有一些外国势力的账号针对其他少数群体。一个名叫"黑人活动家"（Blacktivist）的账号发布了旨在激怒观众的内容，包括警察暴力对待非裔美国人的视频。这个账户的主页比"黑人生存问题"（Black Lives Matter）的官方主页更受欢迎。该账号还鼓励粉丝投票给第三方候选人。其中一个帖子写道："若选择和平，请投票给吉尔·斯坦（Jill Stein）。相信我，这不是浪费选票。"[42]

　　最终，经过漫长而激烈的竞选，特朗普出人意料地战胜了克林顿。所有民意调查都表明克林顿遥遥领先，且克林顿赢得的总票数实际上也要比特朗普多。但出于"选举团"的特殊性，总统的选举是由州级投票数而不是国家级投票数决定的，因此特朗普勉强获胜。宾夕法尼亚州和密歇根州等几个摇摆州的票数非常接近，特朗普以不到一个百分点的优势获胜。意料之中的是，大选结束后，人们开始指指点点。社交媒体成了众矢之的。

扎克伯格对公司破坏选举的说法嗤之以鼻。大选结束两天后，扎克伯格在旧金山南部半月湾的一次会议上解释说："个人认为，Facebook上的假新闻只占Facebook内容很小的一部分，认为这些假新闻会影响选举是非常疯狂的，选民都是根据他们的生活经验做出的决定。"扎克伯格表示，任何认为Facebook影响了选举的人，都不了解美国。扎克伯格继续说："我确实认为断言某人做出投票决定的唯一原因是他们看到了一些假新闻这种说法严重缺乏同理心。如果你相信这种说法，那么我认为你没有深入理解特朗普支持者在这次选举中传递的信息。"当然，指控并不是说，Facebook是所有选民做出投票决定的唯一原因，而是说Facebook的干扰（无论是特朗普竞选团队对Facebook的巧妙运用，在Facebook上传播虚假和分裂主义的内容，还是外国军事情报机构对Facebook的主动攻击）影响了选民的偏好和投票率。Facebook的研究人员得出结论，Facebook确实可能影响这些事情，甚至有很大可能改变了选举的结果。[43]

最终，所有观察者都意识到了问题的严重性，甚至在Facebook内部也是如此。Facebook就外国势力干预美国大选展开了内部调查，并发现了一些不好的信息。与外国势力有关联

292 的演员在 Facebook 上投放了大约 3000 条广告，创建了近 500 个账号和群组，而所有这些只花了 10 万美元。"绝大多数"广告并没有直接针对选举，而是"侧重于在意识形态范围内放大分裂主义的社会信息和政治信息，涵盖性少数群体、种族、移民、枪支权利等话题"。虽然几千条广告和几百个账号听起来可能不多，但在 Facebook 这种大型社交网络上，这些广告和账号能够吸引大量的受众。哈佛大学伯克曼·克莱因互联网与社会研究中心（Harvard's Berkman Klein Center for Internet & Society）的一名研究人员估计，仅 6 个账号的帖子的转发量就达到了 3.4 亿次。Facebook 后来透露，有 1.26 亿用户浏览了这些账号发布的内容，其子公司 Instagram 上有 2000 万用户进行了浏览。Facebook 高管非常厌恶外国势力在 Facebook 上的举动。Facebook 的法律总顾问科林·斯特雷奇（Colin Stretch）在接受采访时表示："当时我们在一间会议室里浏览了这些内容，感觉非常恶心。这简直太没人性了，太令人愤怒了。"其中一张让斯特雷奇印象深刻的图片是，有人用喷火器向一群身份不明、标着"穆斯林"的人喷射火焰，标题是："让我们把他们都烧掉！"斯特雷奇说："这种鼓吹暴力和煽动那些可能带有某些偏见的人的目的，实在是太可怕了。"[44]

即将离任的总统贝拉克·奥巴马（Barack Obama）在大选后表示，人们在 Facebook 和其他社交媒体平台互动的方式，对民主国家构成了严峻的挑战。奥巴马解释说："一位诺贝尔物理学奖获得者关于气候变化的解释，与科赫兄弟（Koch brothers）雇用的某人否认气候变化的言论，在你的 Facebook 页面上看起来完全一样。传播错误信息及疯狂的阴谋论，并在没有任何反驳的情况下将反对派描绘成极其负面的形象，加速了选民的两极分化，使人们很难进行共同对话。"在民主国家，公民不必持相同的意见，但他们必须基于客观事实进行判断。客观事实应该是客观且无可争议的。但由于谎言和夸大言论在 Facebook 上的传播，许多公民根本无法区分事实与虚构。[45]

大选一年半后，扎克伯格改变了立场。2018 年 4 月，扎克伯格出席国会会议，为其公司所造成的后果道歉，这是有史以来企业高管最引人注目的一次道歉。

> Facebook 是一家充满理想主义和乐观主义的公司。我们在人生的大部分时间里，都专注于人际交往所能带来的所有好处。……但现在很明显，我们还未做到防止这些社交工具被用来制造伤害，比如虚假新闻、外国对选举的干涉、仇恨言论以及开发者和数据隐私等。我们没有充分认识到自己的责任，这是一个很大的错误。是我的错，我很抱歉。我创立了 Facebook，经营 Facebook，我对 Facebook 的所有事情负责。……仅仅把人们联系起来是不够的，我们还必须确保这些联系是积极的。仅仅给人们发声的媒介是不够的，我们必须确保人们不会利用这一媒介来伤害别人或传播错误信息。

仅仅让人们控制自己的信息也是不够的，我们必须确保收到信息的开发者也在保护这些信息。总而言之，我们不仅有责任构建工具，也有责任确保这些工具被用于好的方面。

扎克伯格的这番醒悟对美国而言有点太晚了，但这也标志着他非常直白地承认了公司在社会中的作用，这让人想起了公司历史上的早期时代。从大多数指标来看，Facebook无疑是一家成功的公司。它拥有世界上最有才华的工程师和计算机科学家以及数十亿的用户，它还推出了一款既受欢迎又让人沉迷的产品。然而，正如扎克伯格承认的那样，Facebook在其最重要的时刻做得不够。在追求增长和利润的过程中，它行动得过快，打破了太多的东西。Facebook就像罗马公司在公元前1世纪所做的那样，采取放任纵容、置之不理的态度，根本不知道自己的行为如何影响了公共利益。它把自己的利益置于社会利益之上，并在这个过程中，更大范围地破坏了民主。只有时间才能证明我们的民主制度能否恢复。

※　※　※

创业时代才刚开始不过20年的光景，而罗马人花了几百年的时间解决大税吏公司的问题，国会花了几十年的时间来应对铁路垄断问题。为此，我们不应该期望完全了解初创公司对资本主义、社会和民主的长期影响，因为我们还没有足够的经验。

　　然而，我们并非完全一无所知。有些事情我们很了解，有些事情我们也略知一二。在未来几年，我们很可能会了解更多。

　　任何客观的观察者都会惊叹于初创公司那似乎无穷无尽的创新和创造能力。初创公司颠覆了陈旧低效的行业，创造了全新的行业。今天，我们只需动动手指，就能呼叫全球出租车车队。我们可以听任何录制过的歌曲，可以在世界上最大的商店买玩具、衣服和小玩意儿，并于第二天在家门口收到买的东西。初创公司把旧金山变成了创新和人才的"温床"。它的崛起告诉我们，如果我们给予少数有智慧、有创造力、有抱负的人所需的时间和资本，他们就可以摸索着前进，创造出辉煌璀璨、改变世界的成果。

　　但我们也必须明白这个新时代在公司历史上的陷阱。初创公司能以惊人的速度发展，有时是因为它们偷工减料，无视规则，不考虑行为的后果。后果本身有时可能难以预测或根本无法预见。硅谷"快速行动，打破常规"的文化往往夸大了公司中已经存在的倾向——从过度冒险，到操纵消费者，再到短期主义。初创公司往往忽视、容忍甚至鼓励其平台上的问题行为。

　　长期沉睡的社会已经开始意识到这些问题，并准备采取应对措施。政府也就有关数据、隐私、网络安全、大型科技公司、人工智能和社交媒体提出尖锐的问题。消费者、股东、员工，甚至一些 CEO 都在迫切要求做出改变。尽管 Facebook 仍然想要

295

快速行动，但已决定不再打破常规。

如果历史可以作为指导，故事便不会止步于此。公司将以不同的形式生存下来，但其本质不会改变。它将继续把世界掌握在手中，并按照其想象塑造世界。它所塑造的这个世界是否符合我们的喜好，终将由我们来决定。

结　语

今时今日，抨击传统观念的写作是一种很时髦的做法：这
既可以证明其他人都是错的，也可以阐述自己全新的见解，还
能提醒读者这个世界非常复杂。但有时，基于历史经验的传统
观念恰好就是真理。这并不是说真理就永远正确，永远没有
例外和附加说明，而是如亚里士多德（Aristotle）在阐述政治
哲学时所说的那样，"在大多数情况下是一种粗略和大概的正
确"。有时最好的选择并非摧毁真理，而是对既有真理的再
发现。

本书试图揭示我们从公司近 3000 年的发展史中能得到何种
启发，旨在让读者对"公司是什么"以及"它们为什么存在"
的传统观念进行思考，甚至在某些方面能够重建认知。全书着
重阐明一个简单而基本的原则：公司为促进公共利益而生，并

298   始终如此。公司历经数千年的发展，虽然各自兴起的社会环境截然不同，却总是与国家及其利益紧密相连。在古罗马，公司被视为"国家支柱"，肩负着维护规模过大、发展过快的共和国之重任；在文艺复兴时期的佛罗伦萨，它们被视为实现欧洲大陆贵族、教会和新型商人等阶层野心的融资工具；在伊丽莎白时期的英国，它们因拓展帝国边界与开辟新兴贸易和航海市场而存在；在美国南北战争时期，它们被视为联邦的救星，铺设了横贯大陆铁路，将国家重新凝聚为一体。简而言之，公司的存在与社会发展相辅相成、互为促进。

然而，即使公司确实是为了保护社会利益而生，也不代表它们最终都能践行这个初衷。在历史长河中，令人发指的案例比比皆是，罄竹难书。本应为罗马共和国征税的公司最终奴役臣民，腐蚀元老院；美第奇银行篡夺行会的政治权力，并利用银行资产为其家族成员的个人野心提供资金；东印度公司在从印度到波士顿的多起全球纷争中与英国王室纷争不断；南北战争结束后，联合太平洋铁路公司通过欺诈美国政府来提高贫农的铁路费率。

公司总会不可避免地陷入罪恶和贪婪之中吗？公司的故事总是以美好期望开篇，却以失望气馁告终吗？社会对于公司在世界舞台上所扮演的角色是否太过天真？在我来看，答案是否定的。纵观历史，公司始终展现了将个人努力聚合为公司生产力的非凡能力。例如，亨利·福特研究出如何制造汽车，并在短短 20 年间组建了一支能在一天内生产上万辆汽车的团队，这实在是了不起；埃克森石油公司的工程师们在全世界遍寻石油储备，最终发现了从海底和极地冻土开采石油的办法，这十分令人敬畏；马克·扎克伯格的程序员团队将 Facebook 打造成一个覆盖数十亿人的全球性网站，这也足以令人钦佩。诚然，公司在发展过程中免不了受人诟病，但更令人不可思议的是它们所展现的神秘力量。从本质上来说，公司证明了合作以及人们为了共同目标而奋斗的力量。公司之所以能够创造经济奇迹，是因为团结一致的力量远胜于个人单打独斗。无论从人性的角度，还是资本主义制度的角度，公司的产生都是一件值得庆贺并长期看好的事。

如果说创建公司是为了服务社会利益，那怎么才能知道它们真的恪尽职守了呢？这正是所有人感到棘手的地方。人们对于社会利益的定义各持己见。有人认为应限制移民，有人则不以为然；有人认为应促进财富再分配，有人的观点却恰好相反；有人认为应鼓励教育免费，有人则主张将其私有化。如果社会本身不能就公共利益达成一致，又如何能期望公司以此为圭臬来进行自我约束呢？公司究竟应该积极介入这些争论，还是应该盲目相信追求利润正是它们所能做的对社会最有利的事情呢？

关于这个问题，或许我们可以从公司的发展史中找到答案。当公司和政治挂钩时，往往能极大地影响后者的形态。

为了保证在印度纺织品贸易中的利益，东印度公司组建军队征服孟加拉地区，对印度次大陆进行了长达一个多世纪的统治；埃克森石油公司一手塑造了美国几十年来的外交政策和环境监管政策；Facebook 的算法决定了我们今天的所见所闻，打造了公民参与的话题。这些事实至少能说明，公司在试图刻画社会价值观时应十足谨慎，因为它们的一举一动都会被放大，造成的影响远远超过任何个体所能达成的程度。如果说得再深入一点，公司应该完全置身于政治游戏之外。因为它们没有途径获得这一必要认知：什么是公共利益。它们应遵守民主政府制定的规范和期望。但这并不意味着公司员工不能以公民身份参与政治。对于政府而言，考虑工人和投资者的利益以及经济运行的有利因素是应该的且有好处的，甚至有时候是必要的。创始人、资本家和高管也是人，但当他们利用公司掌控舆论、设定目标时，就会从根本上扭曲公司的本质，将公司从促进公共利益的工具变成一种定义公共利益的手段。这与资本主义精神背道而驰，成为一个具有操纵性的，也是我们应该拒绝参与的游戏。

很难准确界定到底什么措施能最大限度地促进公共利益，但提出这个问题本身就是朝正确方向迈出了一步。亨利·福特对自己进行灵魂拷问，如何才能让公司既服务于公众又有利于其职工，由此带来了廉价汽车和丰厚薪资；格伦维尔·道奇坚信美国需要一条横贯大陆的铁路，因此始终反对联合太平洋铁路公司其他高管提出的有可能损害铁路建设的不当要求，如缩减成本和支付高额股息。同样重要的是，尽管关于公共利益的问题难以给出标准答案，但我们应认识到一些显而易见的方面。譬如，依靠剥削不成熟的投资者而获利是错误的；经营一家快要破产的公司却仍旧向高管支付数百万年薪是错误的；隐瞒公司对环境造成的不利影响是错误的；对客户数据被盗用视而不见的行为也是错误的。我们应该鼓励高管反思自身行为和公司举措所带来的影响是否同公司创立的初衷完全一致。牢记这一价值观也许不能解决公司的所有伦理问题，但足以解决其中的大部分。

另外，盲目相信追求利润总是有利于整个社会不仅是错误的，而且十分危险。其错误在于，事实证明，不管在什么领域，那些可以获得巨额利润的经营策略往往暗藏着种种风险。为了吸引广告商，Facebook 精心设计网站，使其十分容易让人上瘾，但不断增加的虚假和引发分裂的帖子让整个社会为此付出了巨大代价。为了提高利润，埃克森石油公司大肆游说，反对气候变化监管，但长期的环境破坏最终只能让社会买单。KKR 掀起的杠杆收购浪潮成绩骄人，但这也部分归功于其实施了旨在减少纳税的金融手段以及为了削减成本而减少工人数量的措施。为公司的逐利手段而歌功颂德不仅是错误的，还会带来无穷后患，因为这会让公司管理者陷入一种特定的思维模式：重视数字而忽略理念。只关注利润而置其他所有于不顾的做法可能让

301

我们感知不到其可能造成的危害。它会挤占我们的思维空间，否则我们可以促进公司思考自己在社会进步中应该扮演的角色等更宏大的问题。此外，它还会导致公司产生某种形式的自我满足感，为公司上一年的赢利而沾沾自喜是一回事，但认为能为世界做的最大贡献就是让公司赚取尽可能多的利润，便是另一回事了。视逐利本身为目的而不是一种实现更宏伟目标的手段，这只能称之为一种纯粹的贪婪。然而，具有讽刺意味的是，如今我们已经习惯于将资本主义的逐利行为看作一种美德，这样的思维方式对社会结构和资本主义的发展都造成了真正的危害。当员工看到经理的薪水是自己的10倍、20倍甚至100倍时，他们自然会怀疑公司对自己的重视程度。如果员工意志低沉，公司的经营就会受到影响，即便员工并未因此丧失信心，疏离和异化也值得公司防范。

尽管关于公司的争论无休无止，例如公司的目的是什么，公司是否应考虑社会整体的目标，董事是否应专注于让利润最大化，但当我们把公司视为一种历史现象，它们存在的真正理由以及创建的初衷便清晰地展现在我们眼前，那就是促进国家公共利益。公司为追求国家目标而生，其中包括了商业拓展，也涉及探险、殖民和宗教等方面。如果用1970年米尔顿·弗里德曼的话对17世纪英国的一位议会议员说，公司的目的是"尽可能赚钱"，那这位议员一定会大为震惊。正如我们所知，股份公司最初与国家利益息息相关，君主授予的特许状有其国家旨意，绝不是仅仅让菲尔波特街的那几十个人发财。

然而，从亚当·斯密时代走到如今，公司与公共利益之间的这种联系在某种程度上逐渐变得模糊起来。在当下，公司考虑公共利益不仅十分少见，还会成为颇具争论的话题。本书也追溯了公司从谋求公共利益的实体到成为一台利润发动机的转变过程。

关于这一点，我们可以从世界各地公司的发展史中得到更为真实的经验。从罗马大税吏公司到东印度公司，再到福特汽车公司，书中提及的每家公司都对人类工业的组织形式进行了创新，开创了有限责任、股票和大规模生产的先河。随着这些形式成为主流，腐败和滥用职权也不可避免地随之出现，直到社会最终承受了惨痛的代价后才制定政策法案对其予以纠正。古罗马时期，奥古斯都颁布了全新的中央管理税收制，以取代包税制这一依赖于大税吏公司、有弊端的征税制度；镀金时代，国会通过了《反托拉斯法》，以遏制垄断性铁路公司滥用职权的行为；新政时期，富兰克林·德拉诺·罗斯福颁布了《劳动法》，以保护工人免受大规模生产和流水线生产中的种种非人性用工之苦。这种动态变化——创新、开发、改革——在公司史上反复上演，回顾其数百年来的演变，一幅非凡的图景慢慢呈现。通过这些画面，我们可以了解到那些充满洞察力或是具有灾害性的历史时刻是如何构

303

筑起现代企业的雏形的。

在今天，公司的影响力是如此巨大。它们的决策以不同的方式塑造着我们日常生活的方方面面——从日常生活方式到我们关注的事物。然而，一旦公司脱离其指导目标，就有可能造成巨大的危害。法律的发展和完善需要时间，在这个过程中，社会有可能会付出高昂的代价。就我个人而言，我希望公司作为公共利益之驱动器的愿景能重现。

资本主义奠基人亚当·斯密认为，有一只"看不见的手"引导着市场的发展。它助推、拉动有时甚至能促使逐利者谋求更大的利益。它还能引导公司进行发明、创新和发展，让它们关注资源稀缺、消费者需求和工人福利等问题，并且这些激励措施往往是良性的，能够使公司和社会的利益始终保持一致。

亚当·斯密也并非盲目乐观者。他明白那只"看不见的手"会动摇，会疲倦，有时还会失误。为了确保每个人的利益，需要了解它什么时候可能会背离我们的初衷，或将我们引入歧途，以及当这些危险出现时我们应该如何应对。

本书的最后一部分就这些问题提出了一些解决方案和指导建议。这些方案并非万无一失（世间本就没有万全之策），仅仅是基于真实案例提供的一个路线图。如果公司高管、政府决策制定者和公民能够将这些规则牢记于心，就等于有了一个便捷工具包，可以帮助他们在未来做出明智的决策。

一　维护民主

不论赢利空间有多么巨大，公司都不应该采取任何行动腐蚀民主根基。世界上的第一家公司诞生于民主，公司自始至终都是社会的产物，享有他人没有的特权。作为回报，公司应该履行对社会的义务，为更宏大的善而服务，并且以不破坏民主的支柱作为发展的底线。

公司之始——古罗马大税吏公司，便是一个很好的例子。罗马共和国时期，大税吏公司肩负着征收赋税以及修建道路和水利设施的重任，在社会发展中发挥了十分重要的作用，西塞罗甚至将其称为"国家的荣光"。随着时间的推移，大税吏公司日渐强大，裂痕也随之出现。大税吏公司被指控压迫各行省、奴役殖民地以及贿赂元老院等。正如哈佛大学古典学家欧内斯特·巴迪安所言："对被罗马征服的国家而言，税吏无疑是一种诅咒和灾祸。正是他们让罗马的名声在其附属国令人痛恨，或许罗马共和国的衰落也和他们脱不开关系。"这些公司鼓动罗马发动侵略战争征服新领土，以便自己谋取利益。它们对未来进行投机性押注，将共和国财富置于风险之中。因"规模过大而不能轻易破产"，于是要求政府予以资助。它们还扶持了恺撒、庞培和克拉苏三巨头的崛起，结果是很快便使共和国走到尽头，被帝国取而代之。

大税吏公司代表了世界上首次出现的为商贸目的而生的一

305 种运行良好的载体。其基本结构虽然粗糙，却以某种形式延续至今。这艘巨舰暗藏危机，因为其牟利方式常有悖于国家创建它的初衷。它能为所有者扩大财富，但这也意味着公司利益将凌驾于其他各种社会利益之上。最终，政府的政策被扭曲，民主加速衰落。

大税吏公司的失败说明了一个道理：公司在两个方面会对执政能力产生损害。首先，它会卡住民主的齿轮，妨碍民主发展的进程。公司应十分谨慎，确保其行为不会妨碍民主决策，比如限制或扭曲选民可获得的信息，又如明知政策有害于公民却大肆游说宣扬（当然贿赂立法者也是不可取的）。历史上这样的情形反复上演。联合太平洋铁路公司常常干预立法机构的行为，否决对其不利的法案，并打击支持这些法案的候选人；埃克森石油公司给某些组织撑腰，使关于气候变化的科学共识的发展受阻；Facebook 对平台干预选举的行为监管不力。以上种种行为都触及了民主的核心，也与资本主义精神背道而驰。

其次，公司引发的过度风险也会对政府执政能力产生不良影响。公司一直在承担风险——消费者是否愿意购买产品、研究能否创新、员工能否实现指标。在一个不可预测的世界中，风险本身是无法规避的。这些风险通常由公司自己承担，如果产品销量不佳、研究失败或员工表现不好，公司可能因此亏损甚至倒闭，这些损失由股东、高管和员工承担。然而，有些时候，公司不仅让自己深陷于危险之中，还会把火烧到别人身上。当风险过于巨大，公司无法独自承担时，责任就会落到政府和社会头上。罗马公司把赌注压在新行省上，以期获得巨大回报，当事与愿违时，产生的损失不仅牵涉个别公司，还会危及整个罗马的经济。诸如此类的系统性风险给社会带来巨大的负担和隐患。有时，因为失败的后果过于可怕，公司会要求社会介入进行救助，就像古罗马时期一样。东印度公司将英国公众引入证券交易所后引发了全新的系统性风险，导致南海泡沫事件等经济危机的出现。往近一点说，KKR 和其他私募股权投资公司极大地增加了公司的债务负担，带来了新的风险，公共事业单位、医院和其他行业公司破产直接影响到公众的必需服务。即便可以从中获利，公司也必须避免此类有系统性风险的高风险押注。

第一条规则为公司高管和政府监管机构提供了行动指导。他们研发的新社交媒体是否会削弱公众话语权？其游说活动是否会扭曲民主决策？金融创新是否会给经济带来过度风险？如果答案是肯定的，那么高管就应该对此说不。即使他们在被一只"看不见的手"指引着向前，也应时刻将这一规则铭记于心：利润并不总是美德的代名词。如果高管无法克制自己，政府便应以正当理由介入。历史表明，因为高风险有时也意味着高回报，市场往往具有鼓励过度冒险的倾向。"看不见的手"并不总是万无一失的，当它错误地将公司引向反民主方向时，政府必须打击制止。

二　从长远思考

公司总是过于关注此时此刻，没有为即将到来的事进行筹备，更遑论长远的未来。然而，想要繁荣发展，公司必须考虑其行为后果，不仅应关注本月或本年的赢利，更要关注整体、长远的发展状况。利润并不总是均衡的，它会随着市场的变化波动起伏。公司可能会因目光短浅的决策获得一时丰厚的市场回报，但在这样做的时候，它们应该做好应对变化的准备。

美第奇银行便是缺乏远见的典型案例。作为文艺复兴时期最强大的金融机构，美第奇银行倚靠教皇，资助过米开朗琪罗、列奥纳多·达·芬奇和多纳泰罗等众多艺术天才。1397年，乔凡尼·迪·比奇·德·美第奇创立美第奇银行时，佛罗伦萨尚未从黑死病的肆虐中复苏，行会间的尔虞我诈以及国家间的冲突战争仍然此起彼伏。但混乱的政治局势也为美第奇银行提供了机会，已经赚到第一桶金的权贵，比如贵族、统治者和教士需要一个安全的地方存蓄财富，而那些不那么幸运的权贵则需要金钱来维持权力。美第奇银行顺理成章入局，抓住了这个千载难逢的良机。它创造出一套复杂的记账方式、信用证和货币兑换系统，以此建立了一个国际性的银行体系。这一体系不仅绕过了地方领主间的明争暗斗，更重要的是避开了天主教会严苛的高利贷法。接下来的几十年里，美第奇家族一步步将复杂的政治局势纳入掌控之中，控制了银行业行会，赢得了梵蒂冈的支持，将佛罗伦萨变成了整个欧洲的金融中心。随后，他们在艺术和学术领域慷慨解囊，投入了大量财富，真正意义上拉开了文艺复兴的序幕。

然而，14世纪末，美第奇银行的荣光已经不复存在。其家族成员被驱逐流放，修士萨伏那洛拉在佛罗伦萨广场点燃了"焚烧虚荣之火"。这种急转直下的局面由多方原因造成，怨恨、疏忽、渎职和当时的经济状况都是其中不可忽视的因素。但关键问题在于，美第奇银行缺乏长远的规划和考虑。偶然读到这里的读者可能会有些疑惑，美第奇银行在佛罗伦萨的艺术和建筑上的投入巨大，直至今日仍造福于这座壮丽城市及天才艺术家们，难道这些贡献都不是以永恒为前提吗？这还不足以证明其目光之长远吗？但事实证明，美第奇银行的运营策略确实缺乏对未来的筹划，这一点在15世纪下半叶体现得尤为明显。拙劣的继承传统使得银行落入了一群冷漠、傲慢或无能的长子之手，如痛风者皮耶罗一世、华丽者洛伦佐和不幸者皮耶罗二世。正是他们的一系列决策，加速了美第奇银行的破产倒闭。痛风者皮耶罗一世迫使债权人立即偿还贷款，虽暂时使银行的资产负债表变得好看，却损害了贷方的可靠声誉；洛伦佐开展明矾开采等投机性投资，这些举措和银行毫不相关，分散了洛伦佐和其他经理的精力，忽视了对银行来说更为紧迫和核心的问题。更普遍地说，美第奇家族没有考虑到他们令人目眩神迷的财富与其背后马基雅维利式的政治手段，会激起意大利权贵阶层，尤其是他们赖以生存的教皇的不满。最终，所有这些短期决策都加速了美第奇银行的覆灭。

美第奇银行的历史给我们提供了一个警示：如果一家公司选择短期回报而非长期回报，最终会失败。在某些时候，选择前者完全合理，毕竟未来充满未知，我们不知道明天的市场需求会是什么样的，不知未来该走向何方，也不确定漫漫长路中是否会遭遇经济萧条。面对种种不确定性，比起等待和长期博弈，追逐当下的利润往往更有意义，人们有时宁愿选择立刻得到 1 美元，而不是一年后赚到 2 美元。不过，对短期回报的偏爱也可能基于不那么简单的原因。CEO 和高管们通常并不打算在一家公司长期坚守，选择短期收益可以提高他们的奖金和股票期权。当这些行为的弊端最终显现在人们眼前时，他们早已得到好处抽身离场，因此，他们不会过多考虑长期影响。他们可能会为了削减短期成本而吝啬于研究和技术投资，员工士气只要不下降到影响本年营收的程度，其工资也不会有任何变化。而现代股票市场有一个特点——"永远在线"，也就是说，管理者会发现各种大大小小的信息都能对股票涨跌产生影响，这也使这个问题进一步恶化。与深谋远虑的长期规划相比，他们更愿意与短期波动保持同步。

为了抑制短期偏好，公司高管在做出重大决策之前应该问自己：这些决策将如何影响公司的长远发展？它们是否与公司的核心使命相悖？它们是否会危及公司未来的收入来源？它们是否会破坏更加重要的价值观？如果这些问题的答案都是肯定的，高管便应该谨慎行事。"看不见的手"往往鼓励短期思考而牺牲长期规划。如果高管能提出这些问题，便有可能避免重蹈历史的覆辙。

　　第二条规则也暗示了法律的重要性。并不是每家公司都能抵挡短期收益的诱惑，也并不是每位高管都能拒绝可带来丰厚年终奖的商业决策。此时，法律便可以用来解决这些问题。强有力的信托责任制可以确保高管有义务保护公司的长期利益；公开披露制可以迫使公司解释其做出决策的缘由以及这些决策对公司未来赢利的影响；责任制可以保护获益群体免受长期损害。这些规则不存在干预主义或反市场成分，它们是让"看不见的手"发挥作用的必要条件。

三　股东共享利益

310

　　公司必须让股东得到应有的回报。向公众出售股票即意味着承诺与公众分享公司的所有权。股东应该受到公正和坦诚的对待，也就是说，公司应该向股东提供有关公司及其前景等有用的信息，并与股东同享经营成果。高管们常常将股东视为负担，视其为渴望从他人劳动成果中致富的不劳而获者。

但股东本就是公司的一个基本特征。没有股东，公司也不复存在。股东的资本是资本主义之根基。因此，公司的经营必须考虑到股东的利益，两者间保持良好关系对资本主义制度至关重要。

英国东印度公司暴露了股份制的诸多弊端。东印度公司最初是伦敦香料商人创办的公司，在获得女王伊丽莎白一世的特许后开启了与亚洲的贸易。股份制结构是其独特的优势，使公司能够从公众手中筹集大量资金来装备船队。东印度公司的股票为伦敦交易胡同证券交易所的成立奠定了基础。不久后，股份制以及股东导向的模式便在其竞争对手中风靡起来。

然而，无所不能的股票异军突起，也引发了从内幕交易到股票泡沫等一系列全新的阴谋和骗局。同时，公司还面临着提高利润以满足股东股息需求的新压力。当孟加拉地区统治者威胁要关闭其纺织品市场准入通道时，东印度公司组织军队征服了整个地区。当无良的管理者得知国外的好消息时，他们不仅隐瞒事实，还散布战争和瘟疫的谣言，然后迅速低价买入股票，紧接着在真实消息被披露时转手出售，赚取巨额利润。伦敦交易所陷入了剧烈的波动和疯狂的欺诈之中，许多公司不得不宣告破产。最终，议会被迫颁布新法案对股票出售进行管治（甚至在一段时间内禁止成立新公司），一时间，"贻害无穷的股票交易术"，即向公众出售公司股票，在英国受到广泛谴责。

　　从公司的发展史中可以看出，公司与其股东之间的关系非常棘手，市场调节作用在其中经常失灵。东印度公司的董事们经常哄骗股东以虚高的价格购买股票；亨利·福特经常就利润和政策问题与股东们发生争执；KKR向具有公益性质的投资者（如教师养老基金和大学捐赠基金）收取巨额费用，才让他们有权入股其收购基金。目光短浅的经理有太多机会从不成熟的投资者身上牟利。在这种情况下，纠正市场这只"看不见的手"是必需的。

　　这并不意味着从股东一方来说就没有难题。股东有权分享公司赚取的利润，但具体数额应是多少？如果提高员工工资将减少股息，那么应优先保障员工福利还是确保股东利益？对于那些试图通过抛售公司股票来快速获利的激进股东，公司应该如何对待？要解决这些问题并不容易，在最佳解决方案上，通常会有各种分歧。

　　明智的管理者清楚股东在公司发展中所扮演的角色，知道自己不必满足他们的每一个要求，并可以在某些情况下拒绝他们，特别是当满足他们的要求会牺牲社会利益时。不过，深思熟虑的管理者会倾听并回应股东的利益，即不干扰他们的投票权、不向他们隐瞒相关信息、不利用信息优势榨取他们的利益，即使这样做能发一笔横财。

　　但是，由于我们不能指望每位公司高管都具有这样的职业道德，也不能指望市场来约束他们，因此社会有必要制定规范公司与其股东之间关系的规则。我们需要建立规则防止内幕交易、拉高出货等行为，需要证券法迫使公司与股东分享信息，也需要证券交易所严格监控市场，寻找泡沫和非理性繁荣的迹象。我们不能指望股东保护自己，社会在某些紧急关头必须介入以保护他们。

四　公平竞争

"看不见的手"的第四个作用是让公司公平竞争。公司应该想方设法提供比竞争对手更好的产品，并以更低的价格出售。它们这样做将造福世界，但前提是它们必须基于公平的原则行事。以较低的价格出售产品以吸引更多客户是一回事，以低于成本的价格出售产品而让竞争对手破产则是另一回事。为了使用技术改善业务而收购一家科技公司是一回事；为防止科技公司成为竞争对手而收购它则是另一回事。大多时候，公司想以各种方式消除竞争，"看不见的手"也参与其中，推动公司采取这些反竞争的策略。

没有哪家公司比联合太平洋铁路公司更能说明这种偏好所带来的危害了，该公司在镀金时代建立的铁路帝国是一个不可复制的美国故事。该故事源起于伊利诺伊州的铁路律师亚伯拉罕·林肯，他相信铁路能改变美国，为此率先制定了《太平洋铁路法案》。在接下来的10年里，随着联合太平洋铁路公司和中央太平洋铁路公司竞相完成横贯大陆铁路的建设，美国充分领略到了纯粹竞争的力量。这两家公司克服了难以想象的困难，在美洲大陆的沙漠、山脉和平原上进行测量、分级和铺设轨道，其中大部分地区处于完全未开发的蛮荒状态。这条铁路最终伴随南北战争的结束而完工，它随后振兴了遭受重创的美国经济，助力了全国范围内商业、通信和旅行的开放发展。

与此同时，联合太平洋铁路公司拥有的铁路网络为新一代肆无忌惮的资本家提供了机会。他们依托铁路建立垄断地位，剥削脆弱的农民和牧场主，人们视之为强盗大亨。杰伊·古尔德就是其中最臭名昭著的一位，他在控制了联合太平洋铁路公司之后，用尽一切手段消灭竞争对手，建立了垄断地位。古尔德散布关于竞争对手的恶意谣言，引来联邦当局的调查，还秘密收购竞争对手的股票以控制其董事会。在巩固控制权并取消期权之后，他还提高了利率。大型铁路公司和普通公民之间的关系日益紧张，最终人们呼吁反垄断监管介入，以遏制镀金时代之下的垄断行为。

政府在指引公平竞争方面发挥着重要作用。随着 Facebook、Amazon、谷歌等大公司的产品占据了我们生活的主要领域，我们几乎无法选择其他产品，这使得 19 世纪 90 年代制定的反垄断规则越发重要。政府必须监管公司，以确保其以正确的动机和公平的方式进行竞争。但这再次引发了一系列棘手的问题：我们如何知道某公司降低价格是为了淘汰竞争对手，还是仅仅为了赢得更多业务？我们应该在何种情况下拆分大公司？是因为它们拥有垄断地位，还是因为它们抬高市价？哪些类型的并购应该受到审查？要解决这些问题并不简单。"看不见的手"往往不能引导公司公平公开地竞争，政府必须介入其中，确保公司为社会带来更大的利益，而不是从中谋取私利。

五　善待员工

公司必须付给员工合理的酬劳，为员工提供安全的工作场所，并划清工作和家庭之间的界限。人们的一天中有越来越多清醒的时间用于工作、服务于公司的利益，因此社会有正当理由确保这种关系是积极健康的。可以肯定的是，工作是一条通往繁荣和增长的道路，但它也会贬低和挫伤人们的精神。自由市场并不总能在第一时间纠正滥用权力的行为，所以我们必须对员工权益保持关注。

福特汽车公司的例子能从正反两面论证这一观点。毫不夸张地说，美国人对汽车（包括与之有关的道路、高速公路、汽车旅馆、郊外还有石油）的痴迷始于亨利·福特和他的 T 型车。但是，T 型车之所以能成为如此具有革命意义的发明，并不是因为汽车本身。其他公司也在生产汽车，其中许多汽车在性能、舒适性、速度或某种组合方面更胜一筹，而 T 型车的优势在于

其背后的公司结构。亨利·福特非常注重效率，福特汽车公司
将他的这一理念融入方方面面，从高地公园工厂的设计，到流
水线系统，再到组件标准化等。福特关于大规模生产的想法使
公司能够以更低的成本生产更多的汽车，汽车在流水线生产的
推动下产量飙升。有那么一段时间，美国路上行驶的汽车高达
半数是 T 型车。福特认识到大规模生产出来的汽车需要有钱又
有空闲的消费者来购买，于是他开创了每周工作 5 天，合计 40
小时的工作制，并提高工人的工资。大规模生产和廉价消费品
的兴起给美国人的日常生活带来了巨大的变化，他们突然之间
就过上了前几代人难以想象的富裕生活。福特汽车公司在战略
上的成功不可否认，它在生产、劳动力和广告方面的创新标志
着消费资本主义新时代的开端。

315

　　但福特主义也有其不为人所知的一面。大规模生产对工人
来说是非人性化的，他们会在无休止的流水线工作中沦为一个
个无意识的"齿轮"。福特的家长式雇佣方式为资本主义带来了
侵入性的一面，他设置的社会关系部会挨家挨户拜访雇员，要
求其严格遵守福特汽车公司的良好道德品质标准。福特对工作
积极向上的一面推崇备至，他最爱说的一句话就是："工作使我
们理智，并维护我们的自尊，让我们得到救赎！"这使得他对员
工不断恶化的工作条件视而不见，并采取暴力手段抵制在工厂
建立工会的行为。福特汽车公司的崛起向社会清楚地表明，个
人和公司之间存在巨大的权力差距。到 20 世纪 30 年代，人们对

劳工问题的认识日益加深，随之促成了一系列旨在保护工人免受剥削，并确立集体谈判权利的新法律的制定和颁布。

公司领导者在善待员工方面有着重要作用。公司往往把利润看得比员工更重要。他们慷慨地奖励那些能够提高股价的CEO，而对员工的利益考虑甚少。1965年，CEO的平均薪酬是普通员工的20倍；今天，他们的薪酬几乎是员工的300倍。KKR高管的年薪高达数亿美元，而公司却仍裁员数千人。这不是创造性的破坏，而是彻底的毁灭。公司董事和高级管理人员必须认识到，他们有保护员工和提升其利益的社会责任，即使这样做可能会损害公司的利润。同样，对于如何维持公平也存在分歧，公平对待员工并不意味着向他们支付同等的报酬，人才、行业和技能应该得到奖励，但平衡股东回报和员工薪酬之间的关系是一个棘手的问题，因为这必然涉及各种冲突。"看不见的手"往往对工人的诉求置之不理，而CEO们则更愿意采纳他们的意见。[1]

六　不要破坏地球

不要破坏地球听上去并不难。但是，"看不见的手"显示出一种令人不安的倾向：只见树木，不见森林。公司往往过于关注自己内部的成功衡量标准，以至于它们看不到这些标准对世界造成的影响。经济学家们都清楚知道这个问题，并将其影响称为外部性*。我们的行为所造成的伤害往往并不是由自己承担，而是由别人来承担。如果没有某种机制迫使公司承担造成这些危害的责任，它们就会制造更多危害。虽然一家公司的某一决定可能不会摧毁地球，但如果全球数千家公司都做出不考虑社会福祉的决定，灾难则很有可能会降临。气候变化是其中最紧迫的问题之一。但同时也存在很多其他环境问题，比如化工厂将危险毒素排进供水系统；机场造成噪声污染，降低生活在航线下的无数民众的生活质量；科技公司推出新项目，对言论自由、公民话语甚至仅仅是人们与世界联系的能力产生威胁，并产生一系列外部性。造成这些危害的公司往往不会承担相应后果，受影响的是整个社会。

埃克森石油公司的例子就证明了这一点。埃克森石油公司的前身是标准石油公司——一家由约翰·戴维森·洛克菲勒在19世纪末成立的大型企业集团，该集团在20世纪初的取缔垄断运动中解体。但到了19世纪70年代，埃克森石油公司开始重组，成为世界上少数几家拥有专利技术和国际影响力的公司之一，致力于从世界各地寻找和开采石油。为了保证国民温饱和交通出行，各国越来越依赖石油，在这样的背景下，埃克森石油公司在全球范围内对石油展开疯狂追逐，并在石油行业中处

317

---

* 外部性是指在社会经济活动中，一个经济主体（国家、企业或个人）的行为直接影响到其他相应的经济主体，却没有给予受影响方相应的补偿或收入。如果这种影响是有利的，称为正外部性；反之，则称为负外部性。

于领先地位。在这个过程中，埃克森石油公司创造了一种新型跨国公司，这类公司在全球范围内开展业务，以寻找世界各地的廉价资源。但跨国公司也带来了新的风险。在一些国际交易中，埃克森石油公司不得不与腐败或反民主的政府打交道，其冒险行为也迫使其捍卫在美国的联盟。接着，关于跨国公司忠诚何在的问题出现了，人们担心这些跨国公司会成为不称职的企业公民，并剥削它们所依赖的国家。最令人担忧的是，温室气体正导致全球气候变化，而埃克森石油公司为了继续刺激石油消费则将这些相关证据隐藏起来。在许多人眼里，埃克森石油公司就是毁灭地球的代名词。

公司领导者可以引领其公司成为良好的集体；承诺促进可持续发展，并遵循行业领先的安全防范措施；投入资金研究绿色创新；也可培养良好的企业公民文化，投入时间和精力来思考公司政策如何促进更大的利益。在很多情况下，虽然这些决定可能会减少利润，但它们与蓬勃发展的资本主义制度相适应，是公司生存的必需条件。

政府也要积极发挥自身的作用，毕竟并不是每家公司的管理者都具有远见卓识，能够为地球的福祉考虑。在某些情况下，公司会通过拒绝充当良好的企业公民来获得竞争优势，例如它们会在遵守环境、废物处理或网络安全法规和保护方面偷工减料。当这种情况发生时，政府必须介入以创造公平的竞争环境。政府可以通过起草、制定和执行规则来奖励良好行为；对污染者进行罚款；对碳排放征税；制定管理大型科技公司的消费者保护规则。在 20 世纪，政府已经花了大量时间来制定这些规则，但要确保"看不见的手"培育地球的"花园"，尚有大量工作有待开展。

七　不要带走所有的"蛋糕"

公司的存在是为了促进公共利益，实现这一目标的有效途径包括种植作物、建造房屋和发明新技术。公司的目标是创造价值，扩大经济"蛋糕"的规模。"蛋糕"越大，每个人能分到的就越多，毕竟这不是一场零和博弈[*]。不过，一个群体能比另一个群体额外分得多少"蛋糕"并不是固定的，比如一部分归公司高管所有，一部分归员工所有，一部分归公司客户所有，还有一部分归社会所有。但通常情况下，公司高管会拿走大部分"蛋糕"，其他人只能享有一些碎屑。这种情况既不公平，也不符合资本主义精神。因此，有必要按照贡献和需求，公平合理地分配资本主义的成果。

以 KKR 为例，到 20 世纪 70 年代，该公司已经发展到了所能达到的最高形式，即在国家证券交易所上市的大型跨国公司。这类公司由一批职业经理人管理，进行商品和服务的大规模生

---

[*]　零和博弈表示所有博弈方的利益之和为零或一个常数，即一方有所得，其他方必有所失。

产。大型跨国公司的出现催生了"美国梦"，但随后，一种新型公司突然冒了出来，威胁着传统公司。这类新公司有各种各样的名字，如杠杆收购公司、私募股权投资公司、公司掠夺者等，与当时的公司巨头形成鲜明对比。这些公司规模较小、操作灵活、人员精干、在一间办公室里办公。这些公司一致认为，公司的整体发展有些力不从心，比如管理变得松散拖拉、董事们日益骄傲自负、高管们缺乏纪律约束。因此，公司掠夺者起初的发展比较缓慢，然后发展速度越来越快，它们瞄准了那些传统公司并最终接管了它们。这类公司都遵循着一套类似的策略，该策略最初由公司掠夺者中的领头羊科尔伯格·克拉维斯·罗伯茨公司发明。KKR 的策略是通过恶意收购，即收购经营不善的公司来赚钱，不管这些公司是否愿意，让它们先复苏，几年后就迅速卖掉。KKR 的尖锐策略使它成了华尔街的祸害，但也迫使大公司适应股东赋权的新世界。尤其是在 KKR 成功收购美国商界的中流砥柱 RJR Nabisco 之后，很快，就连美国最大的公司也开始担心受到这些野蛮公司的迫害。由于杠杆收购策略能够带来巨大回报，私募股权投资公司纷纷开始效仿这一做法。超级资本主义的新时代受到越来越复杂的金融体系的推动，它们改变了股票市场的本质，催生了现代并购行业。

与此同时，私募股权投资革命带来了新的风险。在私募股权投资公司巨额债务的重压之下公司纷纷破产，残酷无情地追逐效率也加速了公司裁员的步伐。追求短期利润的私募股权投资经理所采用的大规模裁员策略对公司造成了长期破坏，然而，这对他们赚取巨额利润毫无影响。政界的观察员们都有这样的疑问：金融体系是否正在从美国经济中抽取价值。正如罗伯特·莱克所说："从来没有这么少的人有这么大的权力来重新分配美国'蛋糕'。"如今，顶级私募股权投资经理每年的报酬高达数千万美元，2020 年，仅黑石集团收入最高的两位高管就将8.27 亿美元揽入囊中。

当然，关于公平与应得的问题很复杂。如果一家私募股权投资公司以 100 美元的价格收购一家公司，然后以 200 美元的价格出售，它赚取了多少利润？公司经理可能会争辩说，公司应该得到100 美元，因为如果没有它们，额外的 100 美元就不存在。但是，一开始为它们提供收购公司资金的养老基金该怎么计算？完成公司日常工作的员工的工资呢？部分利润源自应向政府缴纳的税款，或是裁员，这又该怎样衡量？有人可能会得出这样的结论：公平的结果仅仅是市场达到的结果。如果私募股权投资公司只获得了 20% 的利润，那这就是公平的结果。当然，这需要交易以正当的方式完成，然而这个世界充满了低效、偏见和强迫，交易有时是不公平的、出于私利的，甚至是无知的，由此产生的后果不是由谈判者承担，而是由整个社会来共同承担。某些交易虽然经过谈判，但并不意味着就是公平的。保罗·纽曼（Paul Newman）在《铁窗喋血》（*Cool Hand Luke*）中这样说道："说这是你的工作并不能说明其正当性。"我们应基于更宏大的道德义务来考虑什么有利于公共利益、什么是正义的、什么又是比例得当的。公司不能对公平和正义视而不见。

其实很多方法都能让创意无限的商业领袖采取更公平的方式来分配"蛋糕"，比如按利润变化来确定薪酬结构、给职工分配股份、公开薪酬分配情况、保障职工的发言权、设置补偿机制的上限和下限等。政府也可以采取累进税制、堵住税收漏洞和规范高管薪酬等措施来保障公平。一些人认为，这些分配计划与自由市场不匹配，不利于调动工作积极性和激发独创性。但"看不见的手"不是完美的，为了所有人的更大利益，社会必须确保公司与参与者共同分享"蛋糕"。

八 切忌冒进或打破过多常规

321   公司在设计之初就是为了让人们能够承担风险并为其雄心勃勃的目标而奋斗。有限责任这一制度设定使所有者免受公司倒闭、产品滞销、市场环境不佳等风险所带来的影响。即使公司倒闭了，公司所有者也不会破产。因为股东的责任是有限的，他们在投资公司的时候不用担心拿自己的个人资产冒险。

但成立公司的本意并不是鼓励不计后果的冒险。它不应只是为企业家提供一张"空白支票"，让他们随心所欲地玩弄社会规则而无需考虑潜在的危害。然而，有时公司恰恰会这样做以掩盖其故意不作为的失职。如在17世纪时，英国的股份公司从毫无戒心的公众那里集资，投资于明显不具有可行性的项目，然后在公众反应过来之前把钱全部卷走。19世纪的铁路公司也背负了它们可能永远无法偿还的债务。而如今，科技公司推出的产品会产生巨大的风险，但它们却从不考虑后果。硅谷的创业文化最能体现这一点，它们倡导失败不会带来任何后果。事实上，它们常常将这种文化视为荣誉的象征。

公司的强大力量能够塑造我们的生活，而互联网行业将这一点体现得淋漓尽致。我们在谷歌上搜索信息，在Amazon上购物，在Facebook上交友，并在iPhone上完成这些事情，几家大型科技公司的决策主导着全球数十亿人的日常生活体验。也许更值得一提的是，除了苹果公司，这些公司在30年前都不存在。创业时代始于互联网的发明。Facebook由哈佛大学一名19岁的大二学生在宿舍创立，该网站在成立一年内就拥有了100万用户。如今，它拥有33亿用户，他们平均每天在该网站上要花费50分钟，可见其影响力的广泛和深远。Facebook的成功建立在人类天生渴望彼此联系的基础上，也建立在其创始人马克·扎克伯格非凡的雄心之上。他会聚了一支顶尖的计算机科学家团队，帮助他在极短的时间内实现了建立全球社交网络的梦想。

然而，为了达到这个庞大的规模，Facebook经常鲁莽行事。"快速行动，打破常规"是公司的信条。这一策略的确有效，但也让用户和社会付出了代价。Facebook利用无穷无尽的动态消息、通知和其他策略来吸引用户，并诱使他们长时间地浏览Facebook，导致用户社交媒体成瘾。该公司还在网络上跟踪用户，收集有关数据，再利用这些数据来匹配个人偏好，投放对应的广告。2016 年，由于外国军事情报机构和极端主义团体向选民传播虚假、仇恨和两极分化的信息，Facebook 一时沦为干预选举的工具。当 Facebook 还在大学宿舍的笔记本电脑上运行时，这家初创公司的"快速行动，打破常规"的文化有一定意义；但当它成长为一个为数十亿人服务的全球网络时，这种企业文化就会产生极其危险的后果。

我们生活的这个时代与从前的公司时代截然不同，但我们尚未厘清公司冒进带来的不良影响，社会仍在努力应对其后果。这就引出了"看不见的手"的第八条规则：切忌冒进或打破过多常规。公司不能借着有限责任的由头便鲁莽冒进。公司可通过尽快推出产品或尽可能成倍增长用户群来获得竞争优势。但在这样做之前，公司必须考虑风险和回报，这不仅是为了它们自己，也是为了用户和社会。如果风险过大，即使有机会获得可观的利润，它们也应暂缓推进。政府会保护负责任的公司决策者，同时创造公平的竞争环境，而"冒进行为"则不在其奖励范围内。此外，政府还可以对公司及其高管施加大范围的产品责任规则，积极调查不良行为；保护主动检举滥用职责的人；开发监管沙箱，有意开发新技术的公司可通过沙箱与监管机构密切互动，了解相关的规则和政策。民主和资本主义必须是盟友而非对手，它们应携手合作，通过公司实现共赢，而这也正是二者的初衷。

※ ※ ※

读完这一长串的问题清单后，人们可能会得出这样的结论："看不见的手"是一个神话。作为现代资本主义基石的公司已经腐败到了无以复加的境地，沦为富人和权贵将自己的意志强加于社会的工具。我们只能毫无选择地依赖一个一心想要剥削我们的破坏性机构，若说公司仅为公众服务，那只是白日做梦罢了。

但我们一定要记住，公司一直推动着人类伟大创造的出现。它帮助建立了古罗马和文艺复兴时期的佛罗伦萨，在大航海时代打开了世界贸易和探索的大门，通过铁路和汽车网络把美国联系在一起，推动 20 世纪创造空前繁荣并为其提供资金支持。如今，它引领了新技术的爆炸式增长，让所有人都能接触到全世界的知识。各个公司的伟绩皆如此辉煌。

更重要的是，公司不是没有灵魂、没有面孔的实体，而是将人们聚集在一起朝着共同目标努力的机构。从本质上讲，公司所取得的成就有效证明了人类有着强大的合作能力。无数男男女女共同努力，创造了令我们敬畏的重大突破。我们应该把它们的故事——那些关于野心、勇敢、希望和信任的故事——作

324

为资本主义的真正遗产来庆祝。虽然公司往往未能履行对社会的义务，但社会总能一次又一次地迎接挑战，纠正、约束这些公司的行为，并使这些强大的商业巨轮走上更好的道路。公司的历史提醒我们一个简单的事实：人类只有团结一致才能发挥最大的作用。

致　谢

　　为本书中的观点提供过帮助的人不胜枚举，我无法向他们一一表达我的感激之情，但我至少可以感谢其中一些人。感谢迈克尔·科恩为我提供构思和独特的写作风格。感谢雅各布·艾斯勒、詹姆斯·科尔曼、马克·拉姆塞尔、莱纳·克拉克曼、塞思·戴维斯、哈罗德·科赫、凯塔琳娜·皮斯托、兰迪·戈登、亚当·温克勒、蒂姆·穆尔瓦尼、鲍比·阿迪耶、凡妮莎·卡萨多－佩雷斯、奥利·洛贝尔、伊丽莎白·德·芬德娜、B.J. 阿德、亨氏·克鲁格、亚龙·尼利、约翰·奥内佐格、尼娜·瓦尔萨瓦、杰森·雅基、格雷格·希尔、克里斯·麦克纳、安德鲁·塔奇、约翰·弗莱明、杰克·戈德史密斯、安·利普顿、马特·佩罗、伊丽莎白·波尔曼、费利克斯·莫曼、史蒂夫·哈里根、玛莎·莱文、约翰·米克尔思韦特、阿德里安·伍尔德里奇及道格拉斯·布林克利等人给予我重要的评论和鼓励。感谢来自 Basic Books 的杰出编辑艾玛·贝瑞，感谢她对本书在各方面的改进和润色。感谢霍华德·约恩对这个项目的信任，并使其能够连贯地推进。感谢我的父亲为我提供许多巧妙的思路，不断激发我的想象力。感谢我的母亲给予我众多感受和平与爱的时刻。感谢我的姐姐在新的路径上给予我的启发。感谢简、凯瑟琳和艾玛给我灵感。

注　释

引言

1. William Blackstone, *Commentaries on the Laws of England*, Vol. 1 186 (1876); *The Case of Sutton's Hospital*, 5 Co. Rep. 23, 32b (1526–1616).

2. Milton Friedman, *Capitalism and Freedom* 133 (2d ed., 1982).

3. 托马斯·杰弗逊给汤姆·洛根（Tom Logan）的信（Nov. 12, 1816）; Karl Marx, *Das Kapital: A Critique of Political Economy*, Vol. 3, part 5, ch. 27 (1867); Matt Taibbi, "The Great American Bubble Machine," *Rolling Stone*, Apr. 5, 2010。

第 1 章　经济体

1. Livy, *History of Rome*, bk. 23, ch. 49 (Frank Gardener Moore, trans., 1940).

2. Livy, *History of Rome*, bk. 23, ch. 49.

3. Dante Alighieri, *De monarchia* 39 (Donald Nicholl and Colin Hardie, trans., 1954); *Plutarch's Lives and Writings* (A. H. Clough, ed., 1909), 2:351.

4. 辩论案例可比较 Ulrike Malmendier, "Roman Shares," in *The Origins of Value: The Financial Innovations That Created Modern Capital Markets* (William Goetzmann and K. Geert Rouwenhorst, eds., 2005)；Andreas Martin

Fleckner, "Roman Business Associations," in *Roman Law and Economics: Institutions and Organizations*, Vol. 1 (Giuseppe Dari-Mattiacci and Dennis P. Kehoe, eds., 2020)。

5. Luke 5:27–30.

6. William Blackstone, *Commentaries on the Laws of England*, Vol. 1 187 (1876); Dionysius of Halicarnassus, *Roman Antiquities*, bk. 6, ch. 17; Pliny, *Natural History*, bk. 10, ch. 26; Livy, *History of Rome*, bk. 5, ch. 47.

7. Livy, *History of Rome*, bk. 24, ch. 18; Malmendier, "Roman Shares" 32–33.

8. Cassius Dio, *Roman History*, Vol. 4193 (Earnest Cary, trans., 1954); Michael Lovano, *All Things Julius Caesar: An Encyclopedia of Caesar's World and Legacy*, Vol. 1 805 (2015).

9. Livy, *History of Rome*, bk. 24, ch. 18.

10. *The Orations of Marcus Tullius Cicero*, Vol. 3 112 (C. D. Yonge, trans., 1852).

11. *Digest* 46.1.22; Ulrike Malmendier, "Law and Finance at the Origin," 47 *J. Econ. Lit.* 1076, 1090 (2009); Cicero, *In Vatinium* 29. 庞波尼乌斯（Pomponius）写道："我们不能毫无保留地说合伙人的继承者可以全盘接收其成员资格，因为在合伙人死后，公司也会随之解体。私人合伙企业的情况确实如此。但对于大税吏公司而言，只要已故合伙人的份额被赠予其继承者，那即使合伙人中有人去世，合伙企业也仍然存在。因此，份额的继承是必需的。"参见 Malmendier, "Roman Shares" 36。

12. Ernst Badian, *Publicans and Sinners: Private Enterprise in the Service of the Roman Republic* 72 (1983).

13. Badian, *Publicans and Sinners* 29, 67; Lovano, *All Things Julius Caesar* 807.

14. Georg Brandes, "High Finance in the Time of Caesar," in *The Living Age* 156 (Jan. 1923); Badian, *Publicans and Sinners* 58.

15. Keith Hopkins, "The Political Economy of the Roman Empire," in *The Dynamics of Ancient Empires* 178, 183 (Ian Morris and Walter Scheidel, eds., 2009); Polybius, *Histories*, bk. 6, ch. 17; Michail Rostovtzeff, *The Social and Economic History of the Roman Empire* 31 (1957); William Cunningham, *An Essay on Western Civilization in Its Economic Aspects* 164 (1898).

16. Livy, *History of Rome*, bk. 24, ch. 3–5.

17. Diodorus Siculus, *Library of History* 5.38, in Matthew Dillon and Lynda Garland, *Ancient Rome: A Sourcebook* 311 (2013); Badian, *Publicans and Sinners* 69.

18. Livy, *History of Rome*, bk. 45, ch. 1 8; Badian, *Publicans and Sinners* 11.

19. 评论家们普遍认同罗马元老们被禁止加入大税吏公司，但对于这项禁令来自《克劳迪法》还是其他法律仍存疑。参见 William V. Harris, *War and Imperialism in Republican Rome, 327–70 B.C.* 80 (1979)。

20. *Select Orations of M. T. Cicero* 153–54 (C. D. Yonge, trans., 1877).

21. Cicero, *Letters to Quintus and Brutus* 33 (D. R. Shackleton Bailey, trans., 2002); *Cicero's Letters to Atticus*, Vol. 3 115 (D. R. Shackleton Bailey, trans., 1968).

22. Charles Oman, *Seven Roman Statesmen of the Later Republic* 170 (1903).

23. *Cicero's Letters to Atticus*, Vol. 1 99–100 (D. R. Shackleton Bailey, trans., 1999).

24. Lovato, *All Things Julius Caesar* 808; Cicero, *Vatinus* 29.

25. Max Weber, *The Agrarian Sociology of Ancient Civilizations* 315–25 (R. I. Frank, trans., 1976).

26. Adrian Goldsworthy, *Caesar: The Life of a Colossus* 70–74 (2006).

27. Peter A. Brunt, "Publicans in the Principate," in *Roman Imperial Themes* (Peter A. Brunt, ed., 1990).

第 2 章 银行

1. Richard Stapleford, *Lorenzo de' Medici at Home* 18 (2013).

2. John Kenneth Galbraith, *Money: Whence It Came, Where It Went* 23 (2017).

3. *The Works of Walter Bagehot*, Vol. 5 365 (1891).

4. Raymond de Roover, *The Rise and Decline of the Medici Bank, 1397– 1494* 2 (1999).

5. Giovanni Boccaccio, *The Decameron* 11 (Wayne A. Rebhorn, trans., 2014); de Roover, *Rise and Decline* 35.

6. John V. Fleming, *An Introduction to the Franciscan Literature of the Middle Ages* 258 (1977).

7. de Roover, *Rise and Decline* 11–12.

8. Richard Goldthwaite, *The Economy of Renaissance Florence* 221 (2009).

9. de Roover, *Rise and Decline* 132–34.

10. de Roover, *Rise and Decline* 103.

11. Mandell Creighton, *A History of the Papacy During the Period of the Reformation* 202–4 (1882); Goldthwaite, *The Economy of Renaissance Flor- ence* 612; Mary Hollingsworth, *The Family Medici: The Hidden History of the Medici Dynasty* 66 (2018).

12. de Roover, *Rise and Decline* 194.

13. de Roover, *Rise and Decline* 293, 309. 部分评论家推断美第奇家族送的

长颈鹿在佛罗伦萨的时候就已经死了。参见 Marina Belozerskaya, *The Medici Giraffe and Other Tales of Exotic Animals and Power* 127–28 (2006)。

14. Goldthwaite, *The Economy of Renaissance Florence* 231–32.

15. de Roover, *Rise and Decline* 77–81. 美第奇银行在那不勒斯和日内瓦等地注册为"有限合伙企业"，享有正式的有限责任权利。

16. de Roover, *Rise and Decline* 75–88.

17. de Roover, *Rise and Decline* 47–48; Stapleford, *Lorenzo de' Medici at Home* 14.

18. de Roover, *Rise and Decline* 143; Harold Acton, *The Pazzi Conspiracy: The Plot Against the Medici* 11 (1979).

19. de Roover, *Rise and Decline* 51; Alfred von Reumont, *Lorenzo de' Medici: The Magnificent*, Vol. 1 36 (Robert Harrison, trans., 1876).

20. de Roover, *Rise and Decline* 47–70; Niccolò Machiavelli, *History of Florence and of the Affairs of Italy* 190 (Hugo Albert Rennert, ed., 1901); Francesco Guicciardini, *Florentine History*, ch. 9; Jean Lucas-Dubreton, *Daily Life in Florence in the Time of the Medici* 58 (A. Litton Sells, trans., 1961).

21. Christopher Hibbert, *The House of Medici* 19, 49 (1975).

22. de Roover, *Rise and Decline* 361–63.

23. Guicciardini, *Florentine History*, ch. 9.

24. Guicciardini, *Florentine History*, ch. 9.

25. Marcello Simonetta, *The Montefeltro Conspiracy: A Renaissance Mys-tery Decoded* 69 (2008).

26. Simonetta, *The Montefeltro Conspiracy* 1.

27. Lauro Martines, *April Blood: Florence and the Plot Against the Medici* 179 (2003); de Roover, *Rise and Decline* 160–61; Hibbert, *The House of Medici* 157.

第 3 章　股票

1. *The Journal of John Jourdain, 1608–1618* 47 (William Foster, ed., 1905).

2. *Journal of John Jourdain* 303–4.

3. *Journal of John Jourdain* 304.

4. *Journal of John Jourdain* 304–6.

5. E. A. Bond, *Speeches of the Managers and Counsel in the Trial of Warren Hastings*, Vol. 1 15 (1859).

6. Glenn J. Ames, *Vasco da Gama: Renaissance Crusader* 50 (2005).

7. Robert Leng, *Sir Francis Drake's Memorable Service Done Against the Spaniards*

in 1587 51 (1863).

8. Richard Hakluyt, *Voyages and Discoveries* 312 (Jack Beeching, ed., 2006).

9. John Shaw, *Charters Relating to the East India Company from 1600 to 1761* 1 (1887); William Blackstone, *Commentaries on the Laws of England*, Vol. 1 185 (1876). 关于布莱克斯通公司论中发人深省的见解，我强烈推荐 Adam Winkler 撰写的 *We the Corporations: How American Businesses Won Their Civil Rights* (2018); 有关公司目的条款的历史，参见 Elizabeth Pollman, "The History and Revival of the Corporate Purpose Clause," 99 *Tex. L. Rev.* 1423 (2021)。

10. Alexander Brown, *The Genesis of the United States*, Vol. 1 99 (1890); John Davis, *The Voyages and Works of John Davis the Navigator* 71 (Albert Hastings Markham, ed., 1880).

11. James Lancaster, *The Voyages of Sir James Lancaster to the East Indies* 63–64 (Clements R. Markham, ed., 1877).

12. John Keay, *The Honourable Company: A History of the English East India Company* 15–17 (1994); Lancaster, *The Voyages of Sir James Lancaster* 94; William Dalrymple, *The Anarchy: The East India Company, Corporate Violence, and the Pillage of an Empire* 20 (2019).

13. Gary Taylor, "*Hamlet* in Africa 1607," in *Travel Knowledge: European "Discoveries" in the Early Modern Period* (Ivo Kanps and Jyotsa G. Singh, eds., 2001); Keay, *The Honourable Company* 113–14.

14. Stephen R. Bown, *Merchant Kings: When Companies Ruled the World, 1600–1900* 38 (2010).

15. Nick Robins, *The Corporation That Changed the World: How the East India Company Shaped the Modern Multinational* 46 (2006).

16. John Blanch, *An Abstract of the Grievances of Trade Which Oppress Our Poor* 10–13 (1694).

17. *Historical Manuscripts Commission, Calendar of the Manuscripts of the Marquis of Salisbury* 445 (1904). 学者们就东印度公司股东是否真的从有限责任中获得了收益展开了激烈的辩论。反方观点参见 Edward H. Warren, "Safeguarding the Creditors of Corporations," 36 *Harv. L. Rev.* 509 (1923)（该作认为对于 16 世纪以来的英国特许贸易公司而言，仅因享有其成员身份便对公司的债务负有有限责任这一观点没有充分根据）; Ron Harris, "A New Understanding of the History of Limited Liability: An Invitation for Theoretical Reframing," 16 *J. Inst. Econ.* 643 (2020)（该作认为有限责任直到 1800 年才成为"公司属性"）; John Armour et al.,

"What Is Corporate Law?," in *The Anatomy of Corporate Law: A Comparative and Functional Approach* (2017)（该作认为有限责任直到 19 世纪中叶才成为英国股份公司相关法律的标准特征）。

18. Keay, *The Honourable Company* 242; *Records of Fort St. George, Despatches from England, 1717–1721* 15–16 (1928); James Long, *Selections from Unpublished Records of Government*, Vol. 1 127–28 (1869).

19. James Talboys Wheeler, *Early Records of British India* 68–69 (1878).

20. Robins, *The Corporation That Changed the World* 47.

21. Dalrymple, *The Anarchy* 109; Richard B. Allen, *European Slave Trading in the Indian Ocean, 1500–1850* 38 (2015).

22. P. G. M. Dickson, *The Financial Revolution in England: A Study in the Development of Public Credit, 1688–1756* 490 (1967).

23. Kirti N. Chaudhuri, *The Trading World of Asia and the East India Company, 1660–1760* 77 (1978); Daniel Defoe, *The Anatomy of Exchange- Alley* 14–15 (1719).

24. *Journals of the House of Commons*, Vol. 11 595.

25. John Francis, *Chronicles and Characters of the Stock Exchange* 37 (1850); *The Manuscripts of the House of Lords, 1695–1697*, Vol. 2 11 (1903); Captain Cope, *A New History of the East Indies* 285 (1754).

26. James Mill, *The History of British India*, Vol. 1 24 (1858); George Herbert Perris, *A Short History of War and Peace* 141 (1911); Philip Anderson, *The English in Western India* 82 (1854).

27. Stephen Pincus, "Whigs, Political Economy and the Revolution of 1688–89," in *Cultures of Whiggism: New Essays on English Literature and Culture in the Long Eighteenth Century* (David Womersley, Paddy Bullard, and Abigail Williams, eds., 2005); Romesh Chunder Dutt, *History of India*, Vol. 6 57 (1907).

28. Dalrymple, *The Anarchy* 15; William Hunter, *A History of British In- dia* 248 (1900).

29. Keay, *The Honourable Company* 247.

30. Robins, *The Corporation That Changed the World* 11; Dalrymple, *The Anarchy* 69–70; Keay, *The Honourable Company* 323.

31. *A Vindication of Mr. Holwell's Character* 93 (1764); Dalrymple, *The Anarchy* 62; Robins, *The Corporation That Changed the World* 72. 历史学家对加尔各答攻占事件中确切的死亡人数持不同意见——部分学者认为监禁人数仅 64 人，死亡仅 43 人。参见 Stanley Wolpert, *A New History of India* 185 (2009)。

32. 参见 P. J. Marshall, *Problems of Empire: Britain and India, 1757–1813* 17 (1968)。

33. Samuel Charles Hill, *Bengal in 1756–1757: A Selection of Public and Private Papers*, Vol. 1 240 (1905); John Malcolm, *The Life of Robert, Lord Clive*, Vol. 3 133 (1836).

34. Robins, *The Corporation That Changed the World* 79; George Forrest, *The Life of Lord Clive*, Vol. 2 258 (1918).

35. W. W. Hunter, *The Annals of Rural Bengal* 26–27 (1868).

36. *Life and Writings of John Dickinson*, Vol. 2 460 (Paul Leicester Ford, ed., 1895).

37. Adam Smith, *An Inquiry into the Nature and Causes of the Wealth of Nations*, Vol. 2 225 (1869).

38. Karl Marx, "The Government of India," *New York Daily Tribune*, July 20, 1853.

第 4 章　垄断

1. *The Complete Works of Abraham Lincoln*, Vol. 7 253 (John G. Nicolay and John Hay, eds., 1894).

2. Grenville M. Dodge, *How We Built the Union Pacific Railway* 10 (1910); *Report of the Select Committee of the House of Representatives on Credit Mobilier and Union Pacific Railroad* 551 (1873).

3. Edwin Legrand Sabin, *Building the Pacific Railway* 130 (1919).

4. 参见 Alfred B. Chandler, *The Visible Hand: The Managerial Revolution in American Business* (1977)。

5. Stephen Ambrose, *Nothing Like It in the World: The Men Who Built the Transcontinental Railroad, 1863–1869* 28 (2000); John H. White, *A History of the American Locomotive: Its Development, 1830–1880* 211–12 (1979).

6. Horace Greeley, *An Overland Journey from New York to San Francisco in the Summer of 1859* 272 (1860).

7. John P. Davis, *The Union Pacific Railway* 89–90 (1894).

8. Horace Greeley, "The Pacific Railroad," 19 *Am. R.R. J.* 592 (1863).

9. *Railroad Record*, Sept. 11, 1862, 339.

10. George Francis Train, *My Life in Many States and in Foreign Lands* 285 (1902).

11. Maury Klein, *Union Pacific: The Birth of a Railroad* 24–25 (1987); Dodge, *How We Built the Union Pacific Railway* 12.

12. Ambrose, *Nothing Like It in the World* 125–26.

13. J. R. Perkins, *Trails, Rails and War: The Life of General G. M. Dodge* 35 (1929); Dodge, *How We Built the Union Pacific Railway* 11.

14. Ulysses S. Grant, *Personal Memoirs*, Vol. 2 47, 352 (1886).

15. Union Pacific, *Progress of the Union Pacific Railroad* 9 (1868).

16. Klein, *Union Pacific* 76.

17. George Bird Grinnell, *The Fighting Cheyennes* 256–58 (1915).

18. Henry Morton Stanley, *My Early Travels and Adventures in America and Asia*, Vol. 1 156–57 (1895).

19. *Report of Major General John Pope to the War Committee* 204–5 (1866).

20. Klein, *Union Pacific* 70.

21. Klein, *Union Pacific* 165; Perkins, *Trails, Rails and War* 222.

22. Dodge, *How We Built the Union Pacific Railway* 29. 大卫·霍华德·贝恩（David Haward Bain）对这个故事的真实性提出质疑："在所有的电报、信件、期刊和当代报纸中都找不到这种激烈冲突的证明。"David Haward Bain, *Empire Express: Building the First Transcontinental Railroad* 658 (1999).

23. Robert Glass Cleland, *A History of California* 395 (1922). 关于斯坦福和杜兰特谁打下道钉的争论以及他们最后双双没有钉中的故事尚且存疑，一些人认为这是后人为了贬低他们而编造的谣言。Bain, *Empire Express* 666.

24. Klein, *Union Pacific* 269.

25. Stanley, *My Early Travels and Adventures in America and Asia* 165–66.

26. *Federal Coordinator of Transportation, Public Aids to Transportation*, Vol. 1 110 (1940); Josiah Bushnell Grinnell, *Men and Events of Forty Years* 86 (1891).

27. *The Congressional Globe*, Vol. 41 536 (1869).

28. *The Works of Ralph Waldo Emerson*, Vol. 2 293 (1901); Martin W. Sandler, *Iron Rails, Iron Men, and the Race to Link the Nation* 176 (2015); *Annual Report of the Auditor of Railway Accounts for the Year Ending June 30, 1889* 322 (1880).

29. *North American Review*, Vol. 108 145 (1869).

30. Robert T. Swaine, *The Cravath Firm and Its Predecessors* 158 (2007).

31. *North American Review*, Vol. 108 145–48 (1869).

32. Harold Crimmins, *A History of the Kansas Central Railway* 24 (1954).

33. Klein, *Union Pacific* 307.

34. Maury Klein, *The Life and Legend of Jay Gould* 457 (1986); Klein, *Union Pacific* 308–10, 482.

35. Klein, *Union Pacific* 308–16.

36. Klein, *Union Pacific* 402–13; Henry Villard, *Memoirs* 283 (1904).

37. Klein, *Union Pacific* 360.

38. Henry George, *Progress and Poverty* 173 (1996).

39. Charles Postel, *Equality: An American Dilemma, 1866–1896* 43 (2019); Solon Justus Buck, *The Granger Movement* 58 (1913); Jonathan Periam, *The Groundswell* 286 (1874).

40. Charles Francis Adams, "Railway Problems in 1869," 110 *N. Am. Rev.* 123 (1870).

41. 21 Cong. Rec. 2,457 (1890).

42. Crimmins, *A History of the Kansas Central Railway* 24.

43. *Scribner's Magazine*, Vol. 5 429 (1889); Klein, *Union Pacific* 495.

44. Edward Chase Kirkland, *Charles Francis Adams, Jr, 1835–1915: The Patrician at Bay* 126 (1965); Thomas Warner Mitchell, *The Collateral Trust Mort- gage in Railway Finance*, 20 *Qu. J. Econ.* 443 (1906); Klein, *Union Pacific* 655–57.

第 5 章　流水线

1. "New Industrial Era Is Marked by Ford's Shares to Laborers," *Detroit Free Press*, Jan. 6, 1914.

2. Garet Garrett, "Henry Ford's Experiment in Good-Will," *Everybody's Magazine*, Apr. 1914.

3. "An Industrial Utopia," *New York Times*, Jan. 7, 1914.

4. *The American Flint*, Vol. 5 No. 4 25 (Feb. 1914); Daniel M. G. Raff and Lawrence H. Summers, "Did Henry Ford Pay Efficiency Wages?," 5 *J. Lab. Econ.* S57, S57 (1987).

5. Henry Ford, "How I Made a Success of My Business," *System: The Magazine of Business* 448–49 (Nov. 1916).

6. Enzo Angelucci and Alberto Bellucci, *The Automobile: From Steam to Gasoline* 115 (1976).

7. *The American Flint*, Vol. 5 No. 4 25 (Feb. 1914).

8. James Truslow Adams, *The Epic of America* 404 (1931).

9. John Cote Dahlinger, *The Secret Life of Henry Ford* 118 (1978).

10. Henry Ford, *My Life and Work* 200 (1922).

11. Henry Ford and Samuel Crowther, "The Greatest American," *Cosmopolitan*,

July 1930, 191.

12. Ford, *My Life and Work* 33.

13. Dixon Wecter, *The Hero in America* 418 (1941); Allan Nevins and Frank Ernest Hill, *Ford: The Times, the Man, the Company* 167 (1954); Ford and Crowther, "The Greatest American" 36–38.

14. Douglas Brinkley, *Wheels for the World: Henry Ford, His Company, and a Century of Progress* 28–30 (2003).

15. J. Bell Moran, *The Moran Family: 200 Years in Detroit* 126 (1949).

16. Brinkley, *Wheels for the World* 35.

17. Steven Watts, *The People's Tycoon: Henry Ford and the American Cen- tury* 60 (2006); Ford, *My Life and Work* 86.

18. Bruce W. McCalley, *Model T Ford: The Car That Changed the World* 8 (1994); Ford, *My Life and Work* 56.

19. Richard Crabb, *Birth of a Giant: The Men and Incidents That Gave America the Motorcar* 202 (1969).

20. Ford, *My Life and Work* 18. 一些评论家对福特关于钒钢是如何被发现的说法持怀疑态度，并认为这些说法是冶金学家威尔斯从另一位冶金学家那里听说的。参见 Brinkley, *Wheels for the World* 102。

21. Ford, *My Life and Work* 73.

22. Ford, *My Life and Work* 80; Nevins and Hill, *Ford: The Times* 471– 72 (1954); David Hounshell, *From the American System to Mass Production, 1800–1932: The Development of Manufacturing Technology in the United States* 255 (1985).

23. Watts, *The People's Tycoon* 139.

24. Julian Street, *Abroad at Home* 93–94 (1914).

25. Stephen Meyer, *The Five Dollar Day: Labor Management and Social Control in the Ford Motor Company, 1908–1921* 72–80 (1981).

26. Nevins and Hill, *Ford: The Times* 533. In other renditions of the story, it was James Couzens who first had the idea for a five-dollar day and proposed it to Ford. 该故事的其他版本称，是詹姆斯·库岑斯首先提出了一天5美元的想法，并向福特提出该建议。Brinkley, *Wheels for the World* 167–68; Harry Barnard, *Independent Man: The Life of Senator James Couzens* 85–90 (1958).

27. Allan Nevins and Frank Ernest Hill, *Ford: Expansion and Challenge, 1915– 1933* 91 (1957); Robert Lacey, *Ford: The Men and the Machine* 168 (1986).

28. Ford, *My Life and Work* 162; cross-examination of Henry Ford, *Dodge v. Ford*

Motor Co., 170 N.W. 668 (Mich. 1918) in Linda Kawaguchi, "Introduction to *Dodge v. Ford Motor Co.*: Primary Source and Commentary Mate- rial," 17 *Chap. L. Rev.* 493 (2014).

29. *Dodge v. Ford Motor Co.*, 204 Mich. 459, 507 (1919).

30. Charles Madison, "My Seven Years of Automotive Servitude," in *The Automobile and American Culture* (David L. Lewis and Laurence Goldstein, eds., 1983).

31. Anthony Harff, *Reminiscences* 18–19 (Benson Ford Research Center, 1953).

32. John A. Fitch, "Ford of Detroit and His Ten Million Dollar Profit Sharing Plan," *The Survey*, Feb. 7, 1914, 547–48.

33. James O'Connor, *Reminiscences* 31 (Benson Ford Research Center, 1955); Ida Tarbell, *New Ideals in Business: An Account of Their Practice and Their Effect upon Men and Profits* 129 (1917).

34. Ford, *My Life and Work* 120; "'Shun Unions,' Ford Advises Workers," *New York Times*, Feb. 20, 1937; F. Raymond Daniell, "Ford Confidently Faces a Labor Duel," *New York Times*, Oct. 17, 1937; Frank Cormier and William J. Eaton, *Reuther* 98 (1970).

35. "Final Report and Testimony Submitted to Congress by the Commission on Industrial Relations," Senate Documents, Vol. 26, 64th Cong., 1st Sess., 7627–28; W. J. Cunningham, *"J8": A Chronicle of the Neglected Truth About Henry Ford and the Ford Motor Company* 38–40 (1931).

36. "Ford Men Beat and Rout Lewis Union Organizers," *New York Times*, May 27, 1937.

37. Henry Ford, "Why I Favor Five Days' Work with Six Days' Pay," *World's Work*, Oct. 1926, 613–16; Ford, *My Life and Work* 154.

38. Henry Ford, "When Is a Business Worthwhile?," *Magazine of Business*, Aug. 1928.

39. Bruce Barton, "'It Would Be Fun to Start Over Again,' Said Henry Ford," *American Magazine*, Apr. 1921, 7; Norval A. Hawkins, *The Selling Process: A Handbook of Salesmanship Principles* 216–18 (1920).

40. John Maynard Keynes, *The General Theory of Employment, Interest and Money* 92 (2018).

41. Alfred D. Chandler Jr., *Giant Enterprise: Ford, General Motors, and the Automobile Industry* 3–7 (1964).

42. Brinkley, *Wheels for the World* 526.

43. Allan Louis Benson, *The New Henry Ford* 99 (1923).

第 6 章   跨国公司

1. Bernard Weinraub, "Oil Price Doubled by Big Producers on Persian Gulf," *New York Times*, Dec. 24, 1973.

2. Richard Eder, "U.S. Chief Target," *New York Times*, Oct. 18, 1973; "Saudis Cut Oil Output 10% to Put Pressure on U.S.," *New York Times*, Oct. 19, 1973.

3. Robert B. Stobaugh, "The Oil Companies in the Crisis," *Daedalus*, Vol. 104 179, 184 (1975); US Congress, Senate, Foreign Relations Committee, Subcommittee on Multinational Corporations, Multinational Corporations and United States Foreign Policy, part 7 546–47 (1975).

4. Richard Nixon, "Radio Address About the National Energy Crisis," Jan. 19, 1974.

5. US Congress, Senate, Foreign Relations Committee, Subcommittee on Multinational Corporations, Multinational Corporations and United States Foreign Policy, part 7 515–17 (1975).

6. Daniel Yergin, *The Prize: The Epic Quest for Oil, Money, and Power* 613 (2008).

7. Joseph A. Pratt and William E. Hale, *Exxon: Transforming Energy, 1973–2005* 15 (2013); Exxon, 1972 Annual Report 18.

8. Federal Energy Administration and Senate Multinational Subcommittee, *U.S. Oil Companies and the Arab Oil Embargo: The International Allocation of Constricted Supply* 8–10 (1975).

9. Raymond Vernon, *The Oil Crisis in Perspective* 179–88 (1976); "We Were Robbed," *The Economist*, Dec. 1, 1973; Anthony Sampson, *The Seven Sisters: The Great Oil Companies and the World They Shaped* 313 (1975).

10. Thomas L. Friedman, "The First Law of Petropolitics," *Foreign Policy* 28, 36 (May/June 2006).

11. Harold F. Williamson and Arnold R. Daum, *The American Petroleum Industry: The Age of Illumination, 1859–1899* 320 (1959).

12. Ron Chernow, *Titan: The Life of John D. Rockefeller* 132 (2004); Yergin, *The Prize* 43–53; Allan Nevins, *Study in Power: John D. Rockefeller, Industrialist and Philanthropist* 402 (1953).

13. Ralph W. Hidy and Muriel E. Hidy, *Standard Oil*, Vol. 1 213–14 (1955); Yergin, *The Prize* 104; Ida M. Tarbell, *The History of the Standard Oil Company*, Vol. 2 288 (1963).

14. Theodore Roosevelt, Message to Congress on Worker's Compensation, Jan. 31, 1908.

15. Harold F. Williamson et al., *The American Petroleum Industry*, Vol. 2, *The Age of Energy, 1899–1959* 443–46 (1963).

16. Winston S. Churchill, *The World Crisis*, Vol. 1 130–36 (1928).

17. H. A. Garfield, *Final Report of the U.S. Fuel Administration* 261 (1921); Yergin, *The Prize* 176; Burton J. Hendrick, *The Life and Letters of Walter H. Page*, Vol. 2 288 (1930); R. W. Ferrier, *The History of the British Petroleum Company*, Vol. 1, *The Developing Years, 1901–1932* 248–49 (1982).

18. Yergin, *The Prize* 178, 194; US Energy Information Administration, US Field Production of Crude Oil.

19. Bennett H. Wall and George S. Gibb, *Teagle of Jersey Standard* 48–49 (1974).

20. Wall and Gibb, *Teagle of Jersey Standard* 71–72.

21. George Otis Smith, "Where the World Gets Oil and Where Will Our Children Get It When American Wells Cease to Flow?," *National Geographic* 292 (Feb. 1929); Secretary of State Memo to Diplomatic and Consular Officers, Aug. 16, 1919.

22. George Gibb and Evelyn H. Knowlton, *History of Standard Oil Company (New Jersey)*, Vol. 2, *The Resurgent Years, 1911–1927* 384–90 (1956).

23. Yergin, *The Prize* 233–35.

24. Yergin, *The Prize* 176.

25. E. H. Carr, *The Bolshevik Revolution, 1917–1923*, Vol. 3 352 (1985); Wall and Gibb, *Teagle of Jersey Standard* 222–25.

26. Yergin, *The Prize* 330.

27. Harold L. Ickes, "After the Oil Deluge, What Price Gasoline?," *Saturday Evening Post*, Feb. 16, 1935.

28. Arthur J. Marder, *Old Friends, New Enemies: The Royal Navy and the Imperial Japanese Navy* 166–67 (1981); US Strategic Bombing Survey, *Oil Division Final Report* 36–39 (1947); B. H. Liddell Hart, *The Rommel Papers* 328 (Paul Findlay, trans., 1953).

29. Yergin, *The Prize* 373; John G. Clark, *Energy and the Federal Government: Fossil Fuel Policies, 1900–1946* 337–44 (1987).

30. Erna Risch, *Fuels for Global Conflict* ix (1945); Everette Lee De- Golyer, "Petroleum Exploration and Development in Wartime," *Mining and Metallurgy* 188–90 (Apr. 1943); Yergin, *The Prize* 384; Harold Ickes, *Fightin'*

Oil 6 (1943).

31. Yergin, *The Prize* 410; "Jersey Standard Lists Dip in Profit," *New York Times,* Jan. 27, 1959.

32. Douglas Martin, "The Singular Power of a Giant Called Exxon," *New York Times*, May 9, 1982.

33. Exxon, 1975 Annual Report 4; Pratt and Hale, *Exxon* 112.

34. Daniel Yergin, "Britain Drills—and Prays," *New York Times*, Nov. 2, 1975; Pratt and Hale, *Exxon* 151.

35. Pratt and Hale, *Exxon,* 159.

36. Bennett H. Wall, *Growth in a Changing Environment: A History of Standard Oil Company (New Jersey), 1960–1972, and Exxon Corporation, 1972–1975* xxxviii–xxxvix (1988).

37. US Congress, Senate, Foreign Relations Committee, Subcommittee on Multinational Corporations, The International Petroleum Cartel, the Iranian Consortium, and US National Security 57–58 (1974).

38. "A Conversation with Lee Raymond," *Charlie Rose* (PBS), May 6, 2004; Steve Coll, *Private Empire: ExxonMobil and American Power* 71 (2012).

39. Detlev F. Vagts, "The Multinational Enterprise: A New Challenge for Transnational Law," 83 *Harv. L. Rev.* 739, 745 (1970).

40. "Incident Archive—Taylor Energy Oil Discharge at MC-20 Site and Ongoing Response Efforts," Bureau of Safety and Environmental Enforcement, www.bsee.gov/newsroom/library/incident-archive/taylor-energy-mississippi-canyon/ongoing-response-efforts.

41. Ad Hoc Study Group on Carbon Dioxide and Climate, *Carbon Di- oxide and Climate: A Scientific Assessment* vii (1979); James Hansen et al., "Climate Impact of Increasing Atmospheric Carbon Dioxide," 213 *Science* 957 (1981).

42. Brian Flannery, "Global Climate Change: Speech to Esso Italiana," Sept. 14, 1996.

43. Lee Raymond, "Energy—Key to Growth and a Better Environment for Asia-Pacific Nations," Address to the World Petroleum Congress, Oct. 13, 1997.

44. Draft Global Climate Science Communications Action Plan, American Petroleum Institute (1998).

第 7 章　掠夺者

1. Smith, *Wealth of Nations* 326.

2. Michael C. Jensen and William H. Meckling, "Theory of the Firm: Managerial Behavior, Agency Costs, and Ownership Structure," 3 *J. Fin. Econ.* 305, 312 (1976).

3. George Anders, *Merchants of Debt: KKR and the Mortgaging of Ameri- can Business* 6, 29 (1992).

4. Anders, *Merchants of Debt* 5.

5. Anders, *Merchants of Debt* 7; George P. Baker and George David Smith, *The New Financial Capitalists: Kohlberg Kravis Roberts and the Creation of Corporate Value* 53–54 (1998).

6. Bryan Burrough and John Helyar, *Barbarians at the Gate: The Fall of RJR Nabisco* 136 (2009); Anders, *Merchants of Debt* xix.

7. Burrough and Helyar, *Barbarians at the Gate* 138.

8. Anders, *Merchants of Debt* 14.

9. Baker and Smith, *The New Financial Capitalists*; Anders, *Merchants of Debt* 45.

10. Robert Metz, "Takeover Hope and Houdaille," *New York Times,* July 7, 1978.

11. Anders, *Merchants of Debt* 26.

12. Anders, *Merchants of Debt* 33–34.

13. Anders, *Merchants of Debt* 34–36.

14. David Carey and John E. Morris, *King of Capital: The Remark- able Rise, Fall, and Rise Again of Steve Schwarzman and Blackstone* 13–14 (2012).

15. Carey and Morris, *King of Capital* 13.

16. Burrough and Helyar, *Barbarians at the Gate* 140.

17. Sarah Bartlett, "Gambling with the Big Boys," *New York Times,* May 5, 1991.

18. Anders, *Merchants of Debt* 44; Sarah Bartlett, *The Money Machine: How KKR Manufactured Power and Profits* 118 (1992); Baker and Smith, *The New Financial Capitalists* 79–80; Anders, *Merchants of Debt* 54.

19. Allen Kaufman and Ernest J. Englander, "Kohlberg Kravis Roberts & Co. and the Restructuring of American Capitalism," 67 *Bus. Hist. Rev.* 52, 71 (1993); Anders, *Merchants of Debt* 54.

20. Anders, *Merchants of Debt* 23.

21. Carey and Morris, *King of Capital* 38; Anders, *Merchants of Debt* 83.

22. Anders, *Merchants of Debt* 160.

23. Lawrence M. Fisher, "Safeway Buyout: A Success Story," *New York Times*, Oct. 21, 1988; Anders, *Merchants of Debt* 158–61.

24. Anders, *Merchants of Debt* 158; "N.Y. Fed President Takes Swipe at Junk Bond King," Associated Press, May 1, 1989; Carey and Morris, *King of Capital* 43.

25. Susan C. Faludi, "The Reckoning: Safeway LBO Yields Vast Profits but Exacts a Heavy Human Toll," *Wall Street Journal*, May 16, 1990; Anders, *Merchants of Debt* 180; Fisher, "Safeway Buyout."

26. Baker and Smith, *The New Financial Capitalists* 207; Anders, *Merchants of Debt* 36.

27. Burrough and Helyar, *Barbarians at the Gate* 144; Anne de Ravel, "The New Formalities: The Menus," *New York Times*, Oct. 26, 1986; "Those Gilded Moments," *Esquire*, June 1990.

28. Anders, *Merchants of Debt* 179; *Toledo Blade*, March 21, 1987.

29. Laura Saunders, "How the Government Subsidizes Leveraged Take-overs," *Forbes*, Nov. 28, 1988; Anders, *Merchants of Debt* 158. 阿尔文·沃伦（Alvin Warren）是哈佛大学的一名税法学学者，他总结了当时的观点：公司利息支付的全额扣除和股息的不可扣除，最初旨在暂时让步于第一次世界大战的超额利润税，但自那以后该做法成了联邦公司所得税中的一个长期问题。Alvin C. Warren Jr., "The Corporate Interest Deduction: A Policy Evaluation," 83 Yale L. J. 1585, 1618–19 (1974).

30. Anders, *Merchants of Debt* 243.

31. Theodore Forstmann, "Corporate Finance, Leveraged to the Hilt," *Wall Street Journal*, Oct. 25 1988; Colin Leinster, "Greed Really Turns Me Off," Fortune, Jan. 2, 1989.

32. Burrough and Helyar, *Barbarians at the Gate* 142.

33. Burrough and Helyar, *Barbarians at the Gate* 144–45; Anders, *Merchants of Debt* 149.

34. Burrough and Helyar, *Barbarians at the Gate* 71–72, 93.

35. Alison Leigh Cowan, "Investment Bankers' Lofty Fees," *New York Times*, Dec. 26, 1988; Smith, "KKR to Receive $75 Million Fee in RJR Buy-Out," *Wall Street Journal*, Feb. 1, 1989; Burrough and Helyar, *Barbarians at the Gate* 508.

36. Frederick Ungeheuer, "If I Fail, I'm on the Hook," *Time Magazine*, Dec. 5, 1988.

37. Jim Hightower, "Where Greed, Unofficially Blessed by Reagan, Has Led," *New York Times*, June 21, 1987.

38. Baker and Smith, *The New Financial Capitalists* 26–27; Robert B. Reich, "Leveraged Buyouts: America Pays the Price," *New York Times*, Jan. 29, 1989.

39. 参见 Peter Lattman, "KKR Duo: $1.65 Billion Stock Stake," *Wall Street Journal*, July 7, 2010。

40. Bartlett, *The Money Machine* 214.

41. Anders, *Merchants of Debt* 152.

第 8 章　初创公司

1. US Bureau of Labor Statistics, American Time Use Survey 2019.

2. 猫鼬并不像它们看起来那么温和。一项研究发现，在所有哺乳动物中，猫鼬最有可能被自己的同类谋杀。Jose Maria Gomez, "The Phylogenetic Roots of Human Lethal Violence," 538 *Nature* 233 (2016).

3. John Cassidy, "Me Media," *New Yorker*, May 14, 2006; Michael M. Grynbaum, "Mark E. Zuckerberg '06: The Whiz Behind thefacebook.com," *Harvard Crimson*, June 10, 2004.

4. Claire Hoffman, "The Battle for Facebook," *Rolling Stone*, Sept. 15, 2010; S. F. Brickman, "Not-So-Artificial Intelligence," *Harvard Crimson*, Oct. 23, 2003.

5. Steven Levy, *Facebook: The Inside Story* 13 (2020).

6. Interview with Mark Zuckerberg, "How to Build the Future," Y Combinator, Aug. 16, 2016.

7. Katharine A. Kaplan, "Facemash Creator Survives Ad Board," *Harvard Crimson*, Nov. 19, 2003.

8. Kaplan, "Facemash Creator Survives Ad Board"; Hoffman, "The Battle for Facebook."

9. "Put Online a Happy Face," *Harvard Crimson*, Dec. 11, 2003.

10. Nicholas Carlson, "At Last—the Full Story of How Facebook Was Founded," *Business Insider*, Mar. 5, 2010.

11. Grynbaum, "Mark E. Zuckerberg '06."

12. Jose Antonio Vargas, "The Face of Facebook," *New Yorker*, Sept. 13, 2010; Hoffman, "The Battle for Facebook."

13. Nicholas Carlson, "Here's the Email Zuckerberg Sent to Cut His

Cofounder Out of Facebook," *Business Insider*, May 15, 2012.

14. Alan J. Tabak, "Hundreds Register for New Facebook Website," *Harvard Crimson*, Feb. 9, 2004.

15. Nicholas Carlson, "Well, These New Zuckerberg IMs Won't Help Facebook's Privacy Problems," *Business Insider*, May 13, 2010.

16. Sebastian Mallaby, *The Power Law: Venture Capital and the Making of the New Future* (2022).

17. Levy, *Facebook* 214, 525.

18. Levy, *Facebook* 144.

19. Levy, *Facebook* 110.

20. Levy, *Facebook* 108; Henry Blodget, "Mark Zuckerberg on Innovation," *Business Insider*, Oct. 1, 2009.

21. Levy, *Facebook* 123–27.

22. Hannah Kuchler, "How Facebook Grew Too Big to Handle," *Financial Times*, Mar. 28, 2019.

23. Levy, *Facebook* 267.

24. Levy, *Facebook* 141.

25. Levy, *Facebook* 180.

26. Dan Farber, "Facebook Beacon Update: No Activities Published With- out Users Proactively Consenting," *ZDNet*, Nov. 29, 2007.

27. Levy, *Facebook* 195–96.

28. Robert Hof, "Facebook's Sheryl Sandberg: 'Now Is When We're Going Big' in Ads," *Robert Hof*, Apr. 20, 2011; Emily Stewart, "Lawmakers Seem Confused About What Facebook Does—and How to Fix It," *Vox*, Apr. 10, 2018.

29. Antonio Garcia Martinez, *Chaos Monkeys: Obscene Fortune and Random Failure in Silicon Valley* 5 (2018); Levy, *Facebook* 197.

30. Martinez, *Chaos Monkeys* 275; Ashlee Vance, "This Tech Bubble Is Different," *Bloomberg*, Apr 14, 2011; Mike Allen, "Sean Parker Unloads on Facebook: 'God Only Knows What It's Doing to Our Children's Brains,'" *Axios*, Nov. 9, 2017.

31. Levy, *Facebook* 247–48.

32. "Facebook Nudity Policy Angers Nursing Moms," Associated Press, Jan. 1, 2009.

33. Levy, *Facebook* 166.

34. Levy, *Facebook* 153.

35. Josh Constine, "Facebook Is Shutting Down Its API for Giving Your Friends' Data to Apps," *TechCrunch*, Apr. 28, 2015.

36. Sandy Parakilas, "We Can't Trust Facebook to Regulate Itself," *New York Times*, Nov. 19, 2017.

37. R. Jai Krishna, "Sandberg: Facebook Study Was 'Poorly Communicated,'" *Wall Street Journal*, July 2, 2014.

38. Levy, *Facebook* 272–73.

39. Robert M. Bond, "A 61-Million-Person Experiment in Social Influence and Political Mobilization," *Nature*, Sept. 2012.

40. Levy, *Facebook* 354.

41. Soroush Vosoughi, Deb Roy, and Sinan Aral, "The Spread of True and False News Online," 359 *Science* 1146 (2018).

42. Donie O'Sullivan and Dylan Byers, "Fake Black Activist Accounts Linked to Russian Government," *CNN*, Sept. 28, 2017; Indictment, *US v. Internet Research Agency*, Feb. 16, 2018, 1:18-cr-00032-DLF.

43. Casey Newton, "Zuckerberg: The Idea that Fake News on Facebook Influenced the Election Is 'Crazy,'" *The Verge*, Nov. 10, 2016.

44. Alex Stamos, "An Update on Information Operations on Facebook," *Facebook Newsroom*, Sept. 6, 2017; Craig Timberg, "Russian Propaganda May Have Been Shared Hundreds of Millions of Times, New Research Says," *Washington Post*, Oct. 5, 2017; Levy, *Facebook* 373–74.

45. David Remnick, "Obama Reckons with a Trump Presidency," *New Yorker*, Nov. 28, 2016.

结　语

1. Lawrence Mishel and Julia Wolfe, "CEO Compensation Has Grown 940% Since 1978," *Economic Policy Institute*, Aug. 14, 2019.

索 引

（索引中页码为英文原书页码，即本书页边码）

图书在版编目(CIP)数据

逐利而生：3000年公司演变史 / (美) 威廉·马格
努森 (William Magnuson) 著；张洁，黄志华译. -- 北
京：社会科学文献出版社，2024.3（2024.6重印）
书名原文: For Profit: A History of
Corporations
ISBN 978-7-5228-2867-1

Ⅰ.①逐… Ⅱ.①威… ②张… ③黄… Ⅲ.①企业管
理－研究－世界 Ⅳ.①F279.12

中国国家版本馆CIP数据核字（2023）第225385号

逐利而生：3000年公司演变史

著　　者 / 〔美〕威廉·马格努森（William Magnuson）
译　　者 / 张　洁　黄志华

出 版 人 / 冀祥德
责任编辑 / 王　雪　杨　轩
文稿编辑 / 陈丽丽
责任印制 / 王京美

出　　版 / 社会科学文献出版社（010）59367069
　　　　　　地址：北京市北三环中路甲29号院华龙大厦　邮编：100029
　　　　　　网址：www.ssap.com.cn
发　　行 / 社会科学文献出版社（010）59367028
印　　装 / 三河市东方印刷有限公司

规　　格 / 开　本：889mm×1194mm 1/32
　　　　　　印　张：13.5　字　数：268千字
版　　次 / 2024年3月第1版　2024年6月第3次印刷
书　　号 / ISBN 978-7-5228-2867-1
著作权合同
登 记 号 / 图字01-2023-0616号
定　　价 / 98.00元

读者服务电话：4008918866